외국어 평가의 이론과 실제

외국어 평가의 이론과 실제

신 상 근 지음

한국문화사

외국어 평가의 이론과 실제

1판 1쇄 발행 2010년 12월 30일
1판 2쇄 발행 2011년 6월 1일
1판 3쇄 발행 2015년 3월 5일
1판 4쇄 발행 2019년 9월 10일

지은이 | 신상근
펴낸이 | 김진수
펴낸곳 | 한국문화사
등 록 | 제1994-9호
주 소 | 서울특별시 성동구 광나루로 130 서울숲 IT캐슬 1310호
전 화 | 02-464-7708
팩 스 | 02-499-0846
이메일 | hkm7708@hanmail.net
웹사이트 | www.hankookmunhwasa.co.kr

ISBN 978-89-5726-839-1 93700

· 이 책의 내용은 저작권법에 따라 보호받고 있습니다.
· 잘못된 책은 구매처에서 바꾸어 드립니다.
· 책값은 뒤표지에 있습니다.

| 머 | 리 | 말 |

    이 책의 목적은 외국어 평가 분야를 처음 접하는 학생들이나 현장 교사, 그리고 외국어 평가에 관심 있는 연구자들에게 외국어 평가의 원리와 실제를 소개하는 데 있다. 외국어 평가만의 고유한 특성을 소개하고 평가 도구의 개발과 실시, 채점, 결과 해석, 사용 등 외국어 평가의 전 분야에 걸쳐 이론적 기초와 실제적인 정보를 제공하고 있다. 특히 외국어 평가를 포함하여 언어 평가 분야의 고전이라고 볼 수 있는 Bachman(1990)의 Fundamental Considerations in Language Testing 이후에 등장한 여러 가지 이론과 논의를 빠짐없이 소개하여 언어 평가의 현황과 발전 과제를 파악하는데 도움이 되리라고 본다. 단순히 이론을 소개하는데 머무르기보다는 왜 그 주제에 대하여 평가자들이 고민해야 하고 지금까지 밝혀진 내용은 무엇이며 여전히 탐구해야만 하는 문제는 무엇인지 소개하여 언어 평가의 큰 그림을 그릴 수 있도록 도와주는데 역점을 두었다.

    책 제목을 결정하는 일이 책을 쓰는 일 못지않게 어려웠다. 외국어 평가와 언어 평가 중에서 하나를 고르는데 꽤 많은 시간을 보내야 했다. 외국어 평가라고 하면 책의 내용이 외국어 평가에만 국한된다는 인상을 줄 수도 있어서 언어 평가의 이론과 실제라는 제목도 고려해 보았지만 이 책에서 소개되는 평가의 예가 대부분 외국어 평가의 예이기 때문에 외국어 평가의 이론과 실제가 더 적절하다고 판단하였다. 모국어 평가나 외국어 평가나 고려해야 하는 기본적인 내용은 동일하기 때문에 책 곳곳에서 언어 평가와 외국어 평가를 크게 구별하지 않고 사용하였다. 제시된 평가 사례나 자료가 외국어로서의 한국어 평가와 대부분의 독자가 익숙할 것으로 기대되는 영어 평가에 치중되어 있지만 다른 외국어 평가를 전공하는 연구자에게도 도움이 되리라 기대한다.

이 책을 쓰면서 다음 몇 가지 점을 염두에 두었다. 먼저 외국어 평가가 우리 사회에서 여러 가지 중요한 결정을 내리기 위해 광범위하게 활용되고 있는 반면에 외국어 평가에 대한 관심은 매우 부족하다는 점을 지적하였다. 우리 사회에서 외국어 평가가 차지하는 위상을 고려할 때 외국어 평가 도구를 제작하거나 사용하는 모든 사람들이 외국어 평가에 대한 관심을 갖고, 평가 역량을 갖추어야 한다는 점을 강조하였다. 이를 위하여 이론적인 논의와 함께 다양한 평가 사례를 제시하려고 노력하였다.

두 번째로 언어 평가가 단순히 고급 통계를 사용하여 평가 결과를 분석하는 분야가 아니라는 점을 전달하고자 노력하였다. 평가의 각 단계에서 수없이 많은 결정이 내려지며 이러한 결정 하나 하나가 모두 평가 결과에 영향을 미칠 수 있다는 점을 강조하여 언어 평가 분야가 역동적인 분야라는 점을 강조하였다. 중요한 내용은 원문을 제시하여 독자들이 연구 결과를 접할 수 있도록 하였고, 매 챕터를 생각해보기로 시작하여 해당 단원에서 평가자가 고민해야 하는 대표적인 주제와 참고할 수 있는 선행연구도 제시하였다. 연습문제도 각 챕터에서 다룬 내용을 실제 평가 상황에서 적용해 볼 수 있도록 설계하였다.

마지막으로 언어 평가 분야가 도전해 볼만한 재미있는 분야라는 생각이 들게 책을 쓰고 싶었다. 새로운 챕터를 생각해보기 질문으로 시작하고 연구 논문 주제로 삼을 수 있는 아이디어를 최대한 많이 제시하려고 노력한 것도 이런 바람 때문이다. 언어 평가를 전공한 국내 학자들의 연구 업적을 되도록 많이 인용하여 우리 언어 평가 학계가 그동안 이루어 낸 학문적 성과를 반영하려고 노력하였다. 이 책을 읽고 언어 평가를 전공해야겠다고 결심하는 연구자가 많이 나왔으면 하는 소망을 품어본다.

책을 쓰는 일은 생각보다 쉽지 않았다. 평가 강의를 할 때마다 조금씩 원고를 작성했지만 마무리된 챕터가 없었다. 이런 저런 일로 공부할 시간이 점점 더 줄어들어 초조해질 때마다 이 책에 매달렸다. 읽지 않은 내용은 절대로 인용하지 않겠다는 나 자신과의 약속을 지키기 위하여 많은 논문을 새로 읽어야 했고 새로 발표된 책과 논문을 읽는데 거의 한 해를 보냈다.

하루가 멀다 하고 좋은 언어 평가 분야 학술서가 출판되고 있다. Fulcher와 Davidson(2007)도 천천히 생각하면서 읽어나가야 할 역작이고 이 책을 완성해갈 무렵에 Douglas(2010)와 Fulcher(2010)가 출판되어 시간을 내어 읽어야 했다. 각 책마다 나름의 장단점이 있기 마련이고 우리말로 출판된 외국어 평가 분야 학술서가 많지 않다는 점을 위안 삼아본다.

공부를 하면 할수록 모르는 내용이 많아지고 책을 읽으면 읽을수록 아직 읽지 못한 책이 더 많다는 사실을 절감하게 된다. 몇 년 전에 쓴 글을 읽으면 낯이 뜨거워지듯이 이 책도 몇 년 뒤에 읽으면 십중팔구 부족한 점이 너무 많아 얼굴을 들기 힘들어 질 것이다. 책에 담고 싶은 내용이 더 있지만 그래도 이 책을 출판해야 한 단계 도약할 수 있을 것 같은 마음에 출판하기로 결정하였다. 이 책을 읽으면서 오류를 지적해주시거나, 수업자료나 연구와 관련해서 질문하실 분은 sangshin@ewha.ac.kr로 연락주시기 바란다.

평가 강의를 개설할 수 있는 학과로 인도해주신 하나님, 늘 격려해주시고 이끌어 주시는 은사님들과 이화여대 영어교육과 동료 교수님들에게 감사의 말씀을 드린다. 강의실에서 소중한 의견을 나누어 준 평가 과목 수강생들에게도 고마움을 표한다. 특히 본 교재를 편집하는 마지막 단계에서 열심히 도와준 김수경 선생의 노고에 감사를 표한다. 아울러 훌륭한 언어평가학자의 모델을 보여주시는 유학시절 지도교수이신 Lyle Bachman 교수님께 앞으로 더 노력하겠다는 약속을 드린다. 끝으로 혼자 바쁜 척 하는 아들, 사위, 남편과 아버지를 이해해 준 가족들에게 고맙다는 말을 전하고 싶다.

2010년 7월 31일
이화여자대학교 영어교육과 신 상 근

|차|례|

■ 머리말_____ 5

제1장_ 외국어 평가의 특성 _____ 13
  1. 외국어 평가의 특성 _____ 18
  2. 외국어 평가에 대한 오해 _____ 21
  3. 맺음말 _____ 24

제2장_ 외국어 평가의 종류 _____ 26
  1. 평가의 목적에 따른 분류 _____ 27
  2. 평가의 준거와 관련된 분류 _____ 35
  3. 과제의 특성에 따른 분류 _____ 38
  4. 기타 분류 _____ 43
  5. 평가에 관한 용어 _____ 46
  6. 맺음말 _____ 48

제3장_ 의사소통능력 _____ 49
  1. 언어 기능별 하위 구성 요소 모델 _____ 51
  2. 단일 언어 능력 가설 _____ 52
  3. 다요인가설 _____ 53
  4. 수행평가 모형 _____ 59
  5. 상호작용능력 모형 _____ 61
  6. 특수목적을 위한 언어 능력 모형 _____ 63
  7. 과업수행능력 모형 _____ 64
  8. 언어의 네 기능 접근법의 한계 _____ 65
  9. 맺음말 _____ 66

제4장_ 타당도 _____ 68
  1. 평가 도구 평가 원칙 _____ 69
  2. 타당도의 정의 _____ 70
  3. 안면 타당도 _____ 76
  4. 결과 타당도 _____ 76
  5. 타당도 검증 방법 _____ 77
  6. 맺음말 _____ 92

제5장_ 신뢰도 _____ 95
  1. 정의 및 추정 원칙 _____ 97
  2. 측정의 표준오차 _____ 98
  3. 신뢰도 추정 방법 _____ 100
  4. 준거참조평가 일치도 추정 _____ 108
  5. 신뢰도 제고 _____ 110
  6. 신뢰도와 타당도의 관계 _____ 113
  7. 맺음말 _____ 114

제6장_ 진정성, 영향, 실용성 _____ 117
  1. 진정성 _____ 118
  2. 영향 _____ 123
  3. 실용성 _____ 131
  4. 새로운 모형 _____ 132
  5. 맺음말 _____ 134

제7장_ 외국어 평가 도구 개발 및 선정 _____ 136
  1. 시험 개발 절차 _____ 140
  2. 시험 선정 절차 _____ 152
  3. 맺음말 _____ 155

제8장_ 평가 방법 ____ 158
1. 평가 방법의 정의 ____ 159
2. 평가 방법의 영향 ____ 160
3. 주요 평가 방법 ____ 162
4. 맺음말 ____ 177

제9장_ 문항 및 평가 결과 분석 ____ 183
1. 문항분석 ____ 184
2. 평가 결과 분석 ____ 192
3. 평가 결과 보고 ____ 197
4. 맺음말 ____ 202

제10장_ 읽기 평가 ____ 204
1. 읽기 능력 ____ 205
2. 조작적 정의 ____ 206
3. 평가 방법 ____ 208
4. 제작 원리 ____ 218
5. 맺음말 ____ 221

제11장_ 듣기 평가 ____ 224
1. 듣기 능력 ____ 225
2. 조작적 정의 ____ 226
3. 평가 방법 ____ 228
4. 제작 원리 ____ 234
5. 맺음말 ____ 236

제12장_ 쓰기 평가 ____ 238
1. 쓰기 능력 ____ 239
2. 조작적 정의 ____ 239
3. 평가 방법 ____ 241

4. 채점 방법 _____ 247
5. 제작 원리 _____ 252
6. 맺음말 _____ 254

제13장_ 말하기 평가 _____ 260
1. 말하기 능력 _____ 261
2. 조작적 정의 _____ 262
3. 평가 방법 _____ 264
4. 채점 방법 _____ 278
5. 제작 원리 _____ 280
6. 맺음말 _____ 283

제14장_ 어휘·문법 평가 _____ 284
1. 어휘 평가 _____ 285
2. 문법 평가 _____ 294
3. 맺음말 _____ 305

제15장_ 외국어 평가의 전망과 과제 _____ 307
1. 의사소통 능력 _____ 308
2. 평가 방법의 영향 _____ 309
3. 평가 도구 개발 _____ 310
4. 타당도 _____ 311
5. 평가 도구 사용 _____ 312
6. 학교 평가 _____ 313

■ 참고문헌_____ 315

■ 부록_____ 336

■ 찾아보기_____ 347

제1장
외국어 평가의 특성

> **생각해보기**
>
> 외국인이 우리나라 국적을 취득하기 위해서 보는 귀화 시험에 한국어 문제가 포함되어 있습니다. 어떤 문제가 출제되는지 확인해 봅시다. 귀화 시험에 한국어 문제가 포함되어야 하는지, 포함되어야 한다면 우리나라 국적을 취득하는데 어느 수준의 한국어 실력을 요구해야 하는지 생각해 봅시다. (Shohamy & McNamara, 2009)

언어 평가, 특히 외국어 평가에 관심이 있는 사람이라면 한 번쯤은 왜 다른 분야의 평가와는 다르게 언어 평가 분야가 특히 많은 주목을 받는가 라는 질문을 던져보게 된다. 언어 평가를 다룬 전문 서적도 많고 언어 평가만을 다루는 학술지도 있다. 물론 다른 교과에서도 평가가 중요한 분야이기는 하지만 언어 평가처럼 독립된 영역으로 자리 잡고 있는 경우는 거의 없다. 자신이 알고 있는 외국어 시험의 예를 들어보라고 하면 토플(TOEFL)이나 토익(TOEIC)과 같은 시험의 이름을 댈 수 있는 사람은 많아도 전 세계에서 많은 사람들이 응시하는 수학 시험이나 과학 시험을 알고 있는 사람은 별로 많지 않다. 주위에서 이런 저런 이유로 외국어 시험을 준비하는 사람들을 자주 볼 수 있고 응시자 수가 일 년에 무려 1,300만 명이 넘는 CET(College English Test)도 있다(Jin, 2005).

언어 평가가 이처럼 각광을 받게 된 주된 이유는 두말할 필요도 없이 언어가 우리 삶에서 차지하는 비중이 그만큼 크기 때문이다. 세계화가 진행되면서 서로 다른 언어를 구사하는 사람들끼리 의사소통해야하는 경우가 점점 더 많아지게 되고 따라서 언어 능력을 평가해야 하는 경우도 점점 더 증가하게 되었다.

지금처럼 공식적인 언어 시험의 형태는 아니더라도 언어를 통해서 사람들을 구분하고 평가하는 일은 오래 전부터 있어 왔다. 구약 성경 사사기 12장 5-6절에 나오는 다음 구절이 그 좋은 예이다.

> 길르앗 사람이 에브라임 사람 앞서 요단 나루턱을 잡아 지키고 에브라임 사람의 도망하는 자가 말하기를 청컨대 나로 건너게 하라 하면 그에게 묻기를 네가 에브라임 사람이냐 하여 그가 만일 아니라 하면 그에게 이르기를 십볼렛이라 하라 하여 에브라임 사람이 능히 구음을 바로 하지 못하고 씹볼렛이라 하면 길르앗 사람이 곧 그를 잡아서 요단 나루턱에서 죽였더라. 그 때에 에브라임 사람의 죽은 자가 사만 이천 명이었더라.

구약 성경에 나오는 이 이야기는 관동대지진 당시 일본인들이 재일 한국인을 선별해서 박해하기 위해 일본어 발음을 시켰던 역사적 사건을 상기시킨다.

> 자경단은 길을 가는 사람들에게 十五圓五十錢(십오원오십전)등을 일본어로 말하게 하여, 발음이 이상한 사람과 한국어를 사용하는 자는 즉시 현장에서 죽였다.
>
> Because people with Korean accents pronounced "G" or "J" in the beginning of words differently, 15円 50錢(jū-go-en, go-jū-sen) and がぎぐげご (gagigugego) were used as tests of ethnic identity. Anyone who failed to pronounce them properly was deemed Korean. Some were told to leave, but many were beaten or killed. Moreover, anyone mistakenly identified as Korean, such as Chinese, Okinawans, and Japanese speakers of some regional dialects, suffered the same fate.

이러한 일을 과거의 일로만 간주한다면 오산이다. 언어 평가가 오늘날에도 비슷한 목적으로 사용되고 있는데 예를 들어 우리나라 법무부에서 실시하는 귀화시험은 필기시험과 면접으로 구성되며 필기시험은 국어와 국사, 실생활과 관련된 문제로 선다형 20문항으로 출제 된다. 필기시험의 합격률은 약 60%정도(조선닷컴, 2007년 10월 19일)로 높지 않은 편이다. 응시 기회가 1년에 2회로 제한되어 있어서 필기시험에서 탈락한 수험자는 다음 시험에 응시하기 위해 최소 6개월을 기다려야한다. 시험의 합격 여부가 경제적 목적으로 귀화를 신청한 수험자의 삶에 큰 영향을 미치는 좋은 예이다.

발음을 통해 망명 신청자의 출생지를 판별해 내는 LADO(Language Analysis used for the Determination of Origin)도 호주와 독일을 포함한 많은 국가에서 실행되고 있다. 예를 들어 아프가니스탄 출신이라고 주장하면서 망명을 신청한 사람의 짧은 구술 면접 녹음을 분석한 후 호주 정부가 아프가니스탄이 아닌 파키스탄 Quetta 지역의 억양을 사용하는 것으로 판단하여 망명을 거부했지만 망명심사위원회(Refugee Review Tribunal)가 그 판단이 잘못되었다고 판결내리고 망명을 허락한 사례도 있다(Eades, 2009, p. 32).

> An asylum seeker in Australia who claimed to be from Afghanistan was denied refugee status by the immigration department on the basis of a report by a Scandinavian language analysis company. This company analysed a short tape-recording of the asylum seeker speaking to an interpreter in the refugee camp in Australia, and found that the man was speaking the Hazargi dialect of Dari, which is "mainly spoken in central Afghanistan but also in Pakistan and Iran." On the basis of the interviewee's use of one Urdu camp and his pronunciation of "some words with a slight Urdu accent," the conclusion of the analyst was that the dialect used by the asylum seeker "may with considerable certainty be said to originate from the Quetta region" of Pakistan. The immigration department's acceptance of this language-based determination of origin was later overturned by an appeal to the RRT, which raised a number of doubts over the assumptions in the language analysis.

이처럼 언어 평가의 결과에 따라 한 사람의 운명이 좌우되는 극단적인 상황은 아니더라도 언어 평가는 입사, 승진, 유학, 입학, 졸업 등 여러 분야에서 사람들의 인생에 크고 작은 영향을 미치는 문지기(gate keeper) 역할을 하고 있다.

외국어 평가는 외국어 교육 분야의 연구에서 외국어 습득 정도나 교수법의 효과를 알아보기 위해서도 많이 실시된다. 예를 들어 연구에 참가한 학습자의 언어 능숙도를 판단하거나 특정 교수 활동이 언어 능력에 변화를 가져왔는지를 알아보기 위해서는 해당 언어 능력을 평가해야 한다. 수험자의 언어 능력을 판단할 수 있는 절대적인 기준이 없기 때문에 연구자에 따라서 참여자의 능숙도를 구분하는 기준이 달라지기도 하고 목표가 되는 영역과 직접적으로 연관이 되지 않는 평가 도구가 사용되기도 한다(Thomas, 1994). 당연히 측정 도구의 수준이 연구 결과의 신뢰도나 타당도에 영향을 미칠 것이다(Douglas, 2001).

외국어 평가라고 하면 토플, 토익, IELTS, TOPIK과 같은 대규모 능숙도 시험을 연상하는 경우가 많은데 실제로 가장 많은 수험자가 응시하는 외국어 시험은 교실 내에서 이루어지는 여러 가지 평가라고 할 수 있다. 우리나라에서는 대학 입시의 영향으로 학생들의 실력을 변별하는 기능이 주된 관심사이지만 평가는 교수 활동의 효율성을 높일 수 있는 중요한 도구이다. 예를 들어 학생들을 적절한 강좌에 배치해서 수준에 맞는 교육을 제공하거나 교수 활동을 시작하기 전에 학생들이 이미 잘 알고 있는 내용과 잘 모르는 내용을 파악해서 잘 모르는 내용에 더 많은 시간을 할애하는 방법으로 교수 활동의 효율성을 제고할 수도 있다. 교수 활동 기간 중에는 형성평가를 실시해서 학생들의 학습 진행상황을 점검할 수도 있고 교수 활동이 끝난 후에는 성취도 검사를 실시해서 학습한 정도를 파악할 수 있다. 이처럼 평가는 교수 활동의 효율성을 제고할 수 있는 여러 가지 중요한 정보를 제공하기 때문에 평가와 교수는 동전의 양면처럼 밀접하게 관련되어 있다.

언어 교육에 종사하는 사람이라면 누구나 시험을 출제하거나 채점을 하는 등의 언어 평가와 관련된 일을 하게 된다. 때로는 시험을 선정하거나 시험 결과에 따라 결정을 내려야 하는 경우도 있다. 따라서 좋은 평가 도구를 개발하여 공정하게 실시하고 제대로 채점해서 그 결과를 적절하게 사용할 수 있는 평가 문식성(assessment literacy)은 외국어 교육 분야에 종사하거나 외국어 평가와 직간접적으로 연관된 업무를 수행하는 사람이 필수적으로 갖추어야 할 자질이다.

안타깝게도 우리나라에서는 언어 평가에 대한 관심이 평가의 결과에만 국한되어 있다고 해도 과언이 아니다. 대부분 시험을 보는 데만 익숙해져 있고 응시하는 평가 도구가 제대로 만들어 졌는지, 채점은 올바르게 이루어지고 있는지, 실제로 해당 언어 능력이 필요한 사람들에게 시험 점수를 요구하는지와 같은 질문을 던져보는 사람은 많지 않다. 수험생들은 그저 주어진 시험에서 최대한 높은 점수를 얻는데 치중하고, 교사는 자신이 가르치는 학생들이 가능한 한 높은 점수를 얻도록 도와주는데 목표를 둔다.

평가를 실시하는 목적은 수험자의 인생에 영향을 미칠 수 있는 여러 가지 결정을 내리기 위해서이다. 시험 결과를 바탕으로 점수가 낮은 사람과 높은 사람을 구별해내고 합격, 불합격, 승진, 졸업, 면제 등 여러 가지 결정을 내린다. 공정하고 올바른 결정을 내리기 위해서는 평가 도구의 제작, 선정, 실시, 채점, 결과 해석 및 사용 등 평가의 모든 단계에서 평가의 수준을 확인하는 작업이 반드시 이루어져야 한다. 잘못된 평가 때문에 엉뚱한 사람이 합격하고 실력이 더 뛰어난 사람이 불합격하는 일은 없어야 하기 때문이다. 따라서 평가와 관련된 과제를 성공적으로 수행하기 위해서는 평가의 전 분야에 대한 지식이 필수적이다.

1. 외국어 평가의 특성

언어 평가도 평가의 한 분야로서 다른 분야의 평가와 공유하는 특성이 많이 있다. 그러나 수험자의 언어 능력을 정확하게 측정해 낼 수 있는 평가 도구를 개발하고 평가 결과를 올바르게 해석하기 위해서는 언어 평가의 특성을 이해할 필요가 있다.

언어 평가의 가장 큰 특징은 평가 대상이 언어라는 데 있다. 따라서 평가하고자 하는 대상과 평가하는 도구가 동일하다(Bachman, 1990). 평가 도구와 평가하는 대상이 일치한다는 사실이 왜 문제가 되는지 언뜻 이해가 되지 않을 수도 있는데 다른 분야의 평가와 언어 평가를 비교해

보면 언어 평가의 특징이 잘 드러난다. 예를 들어 수학과에서 이루어지는 평가의 경우 한 자리 수 덧셈, 인수분해처럼 평가해야 할 내용이 분명하다. 역사 과목이라면 임진왜란, 병자호란, 갑오경장처럼 평가해야 할 역사적인 사실이 존재한다. 이러한 평가의 내용을 언어를 사용하여 측정하기 때문에 측정하고자 하는 능력과 방법이 구분된다. 이들 과목과는 달리 언어 평가는 언어라는 파악하기 힘든 추상적인 대상을 언어로 평가하게 된다.

대학수학능력시험의 수리영역과 외국어 영역 출제 매뉴얼에 제시된 두 영역에서 평가하고자 하는 내용을 비교해 보면 언어 평가의 특성이 잘 드러난다. 아래 자료에서 볼 수 있듯이 수학의 경우 평가해야 하는 항목이 구체적으로 제시되어 있는 반면에 외국어 영역의 경우 매우 추상적으로 진술되어 있다.

〈표 1-1〉 대학수학능력시험 수리영역과 외국어영역 평가 목표

수리영역	외국어(영어)영역
① 수학 Ⅰ 행렬, 지수와 로그, 지수함수와 로그함수, 수열, 수열의 극한, 순열과 조합, 확률, 통계	① 듣기 대화나 담화를 듣고 내용을 전체적으로 이해하고 추론하거나 세부 내용을 파악하는 능력을 측정한다.
② 수학 Ⅱ 방정식과 부등식, 함수의 극한과 연속성, 다항함수의 미분법, 다항함수의 적분법, 이차곡선, 공간도형과 공간좌표, 벡터	② 말하기 대화나 담화를 듣고 화자가 할 말을 의사소통 상황에서 추론하여 표현하는 능력을 측정한다.
③ 미분과 적분 삼각함수, 함수의 극한, 미분법, 적분법	③ 읽기 과학, 음악, 문학, 실용문, 시사적인 내용 등 다양한 소재의 글을 신속하고 정확하게 읽는 능력을 측정하며, 사실적 이해력과 추론적 이해력을 측정한다.

④ 확률과 통계	④ 쓰기
자료의 정리와 요약, 확률, 확률변수와 확률분포, 통계적 추정	문장과 문장의 논리적인 흐름을 파악하는 능력과 문단의 내용을 요약하는 능력을 측정한다.

평가 내용이 비교적 분명한 다른 분야와는 달리 언어 평가의 경우 측정하고자 하는 능력이 분명하지 않아서 시험이 평가하고자 하는 내용을 파악하기가 쉽지 않다. 예를 들어 읽기 평가를 제작하기 위해서는 먼저 측정하고자 하는 대상인 읽기 능력, 즉 글을 읽을 때 요구되는 능력을 정확하게 파악하여야 한다. 대개 주제 찾기, 세부사항 파악하기, 저자의 의도 파악하기처럼 읽기의 하위 기술을 중심으로 읽기 능력을 정의하는 경우가 많은데 이런 하위 기술은 과학적인 근거 없이 도출된 경우가 많고, 학자마다 제안하는 하위 기술의 종류와 개수도 다르다. 예를 들어 Davis(1968)는 읽기 기술을 어휘 인지, 글의 내용 파악, 추론, 글쓴이의 목적, 태도인지, 글쓴이가 사용한 글의 기교 파악, 글의 구조 파악 등 8가지로 나눈데 반하여 Munby(1978)는 무려 19개의 하위기술을 제안하였다.

평가하고자 하는 하위 기술이 파악되면 각 하위 기술을 측정할 수 있는 문항을 제작하여야 하는데, 다른 읽기 기술은 측정하지 않고 해당 하위 기술만 측정하는 문항을 만들기는 거의 불가능하다. Alderson(2000)이 지적한 것처럼 한 문항을 푸는데 몇 가지 기술이 동시에 사용되는 경우가 대부분이기 때문이다.

이런 기초적인 작업이 이루어지고 난 다음에도 끝없는 선택과 판단의 과정이 이어져야 한다. 예를 들어 우리 주위에서 접할 수 있는 다양한 장르의 수많은 지문 중에서 어떤 지문을 선택할지, 읽기 능력을 측정할 수 있는 수많은 방법 중에서 어떤 평가 방법을 사용할지를 결정해야 한다. 또한 읽기 문제의 몇 %를 맞히면 읽기 능력을 최상급, 중급 등으로 판단할 것인가와 같은 기준도 세워야 한다.

언어 평가의 또 다른 특성은 언어를 언어로 묻기 때문에 측정하고자 하는 능력과 측정하는 방법 사이의 경계가 분명하지 않다는 점이다. 수험자가 측정하고자 하는 언어 내용을 알고 있음에도 불구하고 시험 문제가 목표어로 제작될 경우 질문을 이해하지 못해서 답을 하지 못하는 경우가 있을 수 있고, 읽기 평가에서 답을 목표어로 적게 할 경우 지문의 내용을 모두 파악하고도 목표어로 답을 적지 못해서 정답을 제시하지 못할 수도 있다. 이런 문제가 발생할 경우 어디까지가 평가하고자 하는 언어 능력의 문제이고 어디까지가 평가 방법의 영향인지 분간하기가 쉽지 않다.

마지막으로 언어 평가가 측정해야 할 대상이 언어에 관한 지식이 아니라 언어를 의사소통 상황에서 사용할 수 있는 능력이라는 점도 언어 평가의 중요한 특성이다. 문법 시험이 평가해야 하는 문법 능력은 문법 학자를 뽑는 경우가 아니라면 문법 규칙을 정확하게 설명할 수 있는 능력이 아니라 해당 문법을 실제로 글을 쓰거나 말을 할 때 사용할 수 있는 능력이다. 어휘 능력의 경우에도 해당 어휘를 제시했을 때 그 어휘의 뜻을 말할 수 있는 지식보다는 읽기 지문이나 듣기 자료에 사용된 그 어휘를 이해하고 말을 하거나 글을 쓸 때 그 어휘를 적절하게 사용할 수 있는 능력이 측정의 대상이 되어야 할 것이다.

따라서 선다형 시험과 같은 전통적인 시험 방식으로는 언어 사용 능력을 제대로 측정하기 어렵기 때문에 언어 평가는 수행 평가로 실시되어야 한다. 실제 의사소통 상황과 유사한 평가 상황에서 목표 의사소통 과제와 유사한 평가 과제를 수행하게 하여 목표 상황에서 수험자가 얼마나 성공적으로 과제를 수행할 수 있을지를 추정(extrapolation)해 내어야 한다.

2. 외국어 평가에 대한 오해

언어 평가에 대해서 많은 사람들이 흔히 하고 있는 오해를 살펴보는 방법으로 언어 평가의 특성을 알아보고자 한다.

1) 외국어 평가는 다른 분야에 비해 과학적이다.

평가 결과가 대부분 숫자로 보고되고 통계 분석 결과와 함께 제시되기 때문에 언어 평가 분야가 다른 분야에 비해 더 과학적이라고 생각하는 경향이 있다. 이러한 오해는 언어 평가를 제대로 이해하기 위해서는 통계에 관한 지식이 필수적이라는 또 다른 오해를 불러일으킨다.

다른 어떤 분야 못지않게 언어 평가 분야는 평가와 관련된 사람의 전문적인 판단에 의존하는 경우가 많은 분야이다. 통계적인 분석은 평가의 여러 단계 중에서 자료 분석 단계에만 국한되며 이전 단계가 제대로 진행되어야 원하는 자료 분석 결과가 나올 것이다. 앞에서 소개한 읽기 시험의 예에서 볼 수 있듯이 언어 평가 분야는 언어 교육 분야의 다른 어떤 분야보다도 선택과 결정을 많이 해야만 하는 분야이다. 평가의 모든 단계에서 내리는 결정 하나 하나가 평가 결과에 차이를 가져올 수 있으므로 그 결정이 타당했음을 보여주는 근거를 제시할 수 있어야 한다.

2) 평가 결과는 정확하다.

많은 사람들이 평가 점수를 과신한다. 예를 들어 분할점수(cut score)가 950으로 설정되어 있으면 950점에서 단지 1점이 부족한 사람이 불합격해도 당연하게 여긴다. 하지만 모든 시험점수에는 수험자의 언어 실력 이외에도 어느 정도의 오차 점수가 포함되어 있다. 한 사람이 같은 시험을 두 번 보았을 때 동일한 점수를 받기는 힘들고, 동일한 읽기 지문으로 선다형 시험과 단답형 시험을 출제했을 때 점수가 달라지는 것은 시험 결과에 수험자의 언어 능력 이외에도 다양한 요소가 영향을 미쳤다는 점을 알려준다.

평가 결과가 숫자로 제시되기 때문에 많은 사람들이 평가 결과가 정확하다고 무조건적으로 신뢰하는 경향이 있다. 그러나 위에서 지적한 것처럼 수험자의 언어 능력 이외에도 시험 보는 방식이나 과정 등 많은 요소들이 평가 결과에 영향을 미친다. 따라서 숫자의 힘을 맹신하고 시험 점수에만 근거해서 중요한 결정을 내릴 경우 잘못된 결정이 내려질 가능성이 있다는 점에 항상 유의할 필요가 있다. 평가 방법마다 장단점이 다르기 때문에 한 가지 평가 방법보다는 몇 가지 평가 방법을 사용해야 하고 중요한 결정일수록 다양한 자료를 수집해서 판단해야 한다.

3) 최고의 언어시험이 있다.

최근 들어 자체적으로 평가 도구를 개발하기 보다는 잘 알려진 몇 가지 시험을 만병통치약처럼 여러 가지 목적으로 활용하는 경우가 많아지고 있다. 사법고시 1차, 병원 인턴사원, 공인 회계사, 영어 교사 선발 등 다양한 직종에서 실제로 요구되는 영어에 상관없이 토플과 같은 잘 알려진 시험이 사용되는 경우가 좋은 예이다. 영어가 모국어가 아닌 학생이 미국이나 캐나다 소재 대학에 유학을 가서 공부하는데 요구되는 영어와 미래의 법률가나 의사에게 필요한 영어가 다른데도 동일한 평가 도구로 평가하고 있는 실정이다. 목감기에 처방된 약을 독감 환자나 설사 환자에게 처방하고 있는 셈이다. 모든 평가 도구는 원래 제작된 목적과 다른 목적으로 사용될 경우 정확하지 않은 정보를 제공하므로 모든 평가 상황에서 사용될 수 있는 최고의 평가 방법이나 평가 도구는 없다.

4) 시험을 통해서 학교 교육을 변화시킬 수 있다.

시험이 수험자뿐만 아니라 사회 전반에 미치는 영향은 무시할 수 없다. 우리나라에서 입시 제도가 바뀔 때마다 학교 교육의 내용이나 학습 교재가 그에 따라 변화하는 사실이 이를 잘 보여준다. 그러나 시험의 힘을 지나치게 확대 해석해서 시험의 내용이나 방식의 변화를 통해서 현장 교육의 내용을 원하는 방향으로 변화시킬 수 있다고 주장하는 경우가 많다.

물론 시험의 변화를 통해서 어느 정도의 변화는 유도할 수 있겠지만 단순히 시험이 변화했다고 해서 학교에서 이루어지는 교육의 내용이나 방식이 모두 원하는 방식으로 변화할 것이라고 단정하는 것은 무리이다. 시험의 변화가 교수 내용이나 방법에 미치는 영향은 6장에서 다룬다.

3. 맺음말

언어 평가가 수험자의 삶에 미치는 크고 작은 영향을 고려할 때 공정한 평가가 이루어지기 위해서는 평가 하고자 하는 대상에 대한 정확한 이해가 필요하다. 평가하고자 하는 대상을 잘 모르는 상태에서 제대로 평가하기 힘들기 때문이다. 본 장에서는 평가의 대상과 방법이 구별되지 않고, 언어에 대한 지식이 아니라 언어를 사용할 수 있는 능력이 평가의 대상이 되어야하는 언어 평가의 특성을 살펴보고 언어 평가에 대한 네 가지 오해도 소개하였다. 다음 장에서는 언어 평가의 다양한 종류에 대해서 살펴본다.

참고자료

언어 평가의 특징은 Bachman(1990)의 1장과 8장에 잘 정리되어 있고, Bachman과 Palmer(1996, 2010) 1장에 언어 평가에 대한 오해가 소개되어 있다. Bachman(1990)은 언어 평가를 전공하는 사람이라면 넘어야 할 산이고 Hughes(2003)는 언어 평가의 이론과 실제적인 측면을 다루고 있는 대표적인 입문서이다. 이 외에도 Cohen(1994), Brown(2005) 그리고 Alderson, Clapham과 Wall(1995)이 언어 평가의 전반을 다루고 있으며 국내 학술서로는 이완기(2003)가 대표적이다. McNamara(2000)는 짧은 분량이지만 읽을 때마다 생각할 거리를 던져주는 역작이다. 언어 평가분야의 최근 연구 경향을 정리하고 있는 논문(state of the art paper)인 Bachman(2000), Alderson과 Banerjee(2001, 2002)를 읽어 보는 것도 언어 평가의 큰 그림을 그리는 데 도움이 된다.

연습문제

1. 다음 직종을 선발할 때 어떤 영어 시험을 실시하는지 조사해 봅시다.
   1) 경찰관   2) 공인회계사
   3) 병원 인턴   4) 변호사
   5) 항공기 조종사   6) 영어교사
   7) 관광가이드

2. 본인이 지금까지 응시했던 언어 시험을 적어보고, 잘 만들어 졌다고 생각하는 시험을 찾아서 그 이유를 설명해 봅시다.

3. 우리나라 영어 학습자의 토플 시험 결과가 얼마나 심각한 수준인지 다른 나라 수험생의 점수와 비교해서 생각해 봅시다.
   (자료: TOEFL Test and Score Data Summaries at
   http://www.ets.org/toefl/research/test_score_data_summary)

제2장
외국어 평가의 종류

> **생각해보기**
>
> 우리나라에서 벌어졌던 토플 대란에 관한 New York Times지 2007년 5월 14일 기사를 읽고 이 문제가 발생하게 된 이유는 무엇이고 시험을 실시한 ETS의 책임 범위는 어디까지인지 생각해 봅시다.

"It would have been easier for a camel to pass through a eye of a needle than to sit for the TOEFL in Korea," said Oh, 31, who spent two days cramming for the test in her Bangkok hotel room, took it on the third day, and then caught the six-hour redeye back to Seoul. (부록 2)

언어 평가를 종류 별로 나누어 살펴보는 이유는 각 유형마다 실시하는 목적과 측정하는 능력이 다르고, 그에 따라서 평가 도구의 개발 절차와 결과 해석에 차이가 있기 때문이다. 주어진 목적에 적절한 평가 도구를 개발하거나 평가 결과를 바탕으로 올바른 결정을 내리기 위해서는 각 평가 유형의 특성을 정확하게 이해하고 있어야 한다.

본 장에서는 먼저 언어 평가를 평가의 목적에 따라 크게 네 가지(성취도 평가, 능숙도 평가, 진단평가, 배치평가)로 나누어 살펴보고, 이어서 제작 및 해석 방법의 차이에 따라 규준참조평가와 준거참조평가로 나누어 각 유형의 특징을 살펴본다. 마지막으로 과제의 특성에 따라 여러 가지 유형으로 나누어 살펴본다. 물론 이런 구분이 서로 배타적이지 않고 중첩되는 경우가 많다는 점에 유의할 필요가 있다.

1. 평가의 목적에 따른 분류

평가 도구를 분류할 수 있는 기준의 하나가 평가의 목적이라고 할 수 있다. 평가 도구를 개발하거나 평가 결과를 사용하는 목적에 따라 평가 도구를 개발하는 절차나 결과 해석 방법에 차이가 나기 때문이다.

1) 성취도 평가(Achievement tests)

성취도 평가는 수험자가 학습한 내용을 얼마나 성취했는지를 알아보기 위해서 실시된다. 학교에서 실시하는 중간고사나 기말고사가 성취도 평가의 대표적인 예이다. 한마디로 말해서 교수 활동이 이루어진 다음에 학습자가 수업 시간에 다룬 내용을 어느 정도 학습하였는지 알아보는 시험이다.

성취도 평가의 경우 가르친 내용을 평가하기 때문에 평가할 내용을 선정하기가 수월하다. 가르친 내용의 성취 정도를 측정해야 하기 때문에 외부에서 만들어진 표준화 시험보다는 가르친 내용을 반영해서 프로그램 자체적으로 제작한 시험이 학생들의 성취 정도를 파악하는데 더 유리하다.

물론 배우지 않은 내용을 평가해서는 안 된다. 가르치지 않은 내용을 평가하고 그 결과로 학생들의 성취도를 판단하는 것은 말이 되지 않기 때문이다. 배우지 않은 내용을 평가해서 중요한 결정을 내린다면 학생들은 사교육에 의지할 수밖에 없기 때문에 학습 능력이 아닌 학습자의 사회 경제적 배경이 평가 결과에 큰 영향을 미칠 수도 있다. 아래에 소개된 판례도 이러한 원칙에 근거해서 내려진 경우이다.

> In Debra P. vs. Turlington (1981), the ground for legal challenge was curricular after African American students who took a minimum competency test had initially approximately ten times the failure rate of White students. The Court found for the plaintiff stating that if the test covers material not taught for students, it is unfair and violates the Equal Protection and Due Process clauses of the US Constitution.

성취도 평가의 내용이 수업 시간에 배운 내용을 모두 반영하지 않을 경우 이후에 이루어지는 학생들의 학습 태도 및 전략에 영향을 미칠 수도 있다. 학생들은 시험에 나오는 내용 위주로 공부하려고 하기 때문이다. 이런 점을 고려해서 학생들이 배운 내용 혹은 교사가 가르친 내용이 아니라 교사가 가르쳤어야 하고, 학생이 배웠어야 하는 내용이 출제되어야 한다는 주장도 있다(Hughes, 2003). 예를 들어 우리나라의 경우 언어의 네 가지 기능이 모두 교육 과정에 명시되어있고 교과서도 네 기능을 모두 다루고 있지만 말하기나 쓰기 영역을 다른 영역에 비해 소홀하게 다루는 경우가 많다. 가르친 내용만 평가한다면 교육과정에 명시된 중요한 교수 목표를 지금처럼 가르치지도 않고 평가하지도 않는 문제가 발생할 수 있지만 만약 가르쳐야 하는 내용을 평가한다면 교사들이 지금은 잘 가르치지 않는 표현기능을 가르칠 수밖에 없을 것이다. 물론 이 경우 초기에는 배우지도 않은 내용이 시험에 출제되어서 가르치지 않은 내용은 시험에 출제해서는 안 된다는 원칙과 마찰이 생길 수도 있으나 장기적으로 보면 현장 교육을 정상화 할 수 있는 방안이 될 수도 있다.

성취도 평가와 관련하여 우리나라에서는 여러 가지 바람직하지 못한 상황이 발생하곤 한다. 먼저 학교 시험이 대학수학능력시험의 문제 형식을 따르는 경향이 있다. 그 결과 학교에서 다룬 내용과 평가하는 내용이 일치하지 않는 문제가 발생한다. 또 시험 범위가 정해져 있기 때문에 시험에 출제할 수 있는 내용이 제한되어 언어능력보다는 기억력과 같은 다른 요인이 평가 결과에 영향을 미칠 수도 있다. 예를 들어 학생들이 수업시간에 이미 읽은 지문의 내용과 관련된 문제가 출제되면 학생들이 지문을 굳이 읽지 않고도 정답을 맞힐 수 있다. 게다가 학생들이 기출 문제를 풀어보는 경우가 많아서 교사로서는 예전 문제와 중복되지 않는 문제를 출제해야 하는 부담도 크다. 마지막으로 출제하는 교사에 따라서 시험 문항의 형식이나 내용이 달라지는 경우도 있다. 그만큼 현장 교사의 평가 전문성이 요구된다고 하겠다.

성취도 평가와 관련하여 이루어진 선행연구들은 대개 학교 현장에서 실시된 성취도 평가의 양호도를 분석하는데 초점을 맞추고 있다. 국내 연구의 예로는 중학교 교사들이 만든 중간고사 선다형 문항을 분석한 Kim(2009)과 대학 교양영어의 시험문제 양상에 관한 김은정(2005)이 있다.

2) 능숙도 평가(Proficiency tests)

능숙도 평가는 어떤 수험자가 특정 시점에서 해당 분야의 언어를 얼마나 잘 구사하는지 알아보기 위해서 제작되며 숙달도 평가라고 번역하기도 한다. 수험자가 어떤 환경에서 어떤 방법으로 언어를 습득했는지에 상관없이 주어진 시점에서 수험자의 언어 능력을 알아보는데 목적이 있다. 우리 주위에서 흔히 보는 토플, 토익, 텝스(TEPS) 같은 시험이 대표적인 능숙도 평가이다.

능숙도 평가를 제작할 때 경험하는 가장 어려운 문제는 성취도 평가와는 달리 평가 내용을 선정하기가 쉽지 않다는 점이다. 1장에서 언어 평가의 특성이자 어려움으로 언어 구사력에 대한 정의를 내리기가 쉽지 않다는 점을 지적하였는데 능숙도 평가를 제작할 때 이러한 어려움에 자주 직면하게 된다. 평가해야 할 언어 능력, 즉 구인(construct)이 파악되어야만 평가 도구를 제작할 수 있기 때문이다. 예를 들어 어휘 시험을 제작하는 경우 어휘의 여러 가지 특성 중에서 어디까지를 평가할 지 결정하여야 한다. 의미만 물어 볼 것인지, 동의어나 같이 사용되는 연어(collocation)까지 물어 볼 것인지, 제대로 발음할 수 있는지도 평가할 것인지 등 측정하고자 하는 어휘 능력을 명확하게 정의해야 한다. 예를 들어 아래에 제시된 두 가지 어휘 평가 방법은 측정하는 어휘 능력에 있어 차이가 있다.

TOPIK 제20회 일반 한국어(S-TOPIK) 고급 B형

※ [1-5] 다음 (   ) 안에 알맞은 것을 고르십시오. (각 3점)

1. 이 작품은 각 부분들이 서로 (   )를 잘 이루고 있어서 안정적인 느낌을 준다.
① 토대   ② 화해   ③ 조화   ④ 격차

2. 심장에 아무 이상이 없다는 진단 결과를 듣고 어둡던 얼굴이 (   ) 밝아졌다.
① 간혹   ② 이내   ③ 미처   ④ 장차

(한국교육과정평가원, 2010)

VKS Elicitation Scale (Paribakht & Wesche, 1997)

I. I don't remember having seen this word before.
II. I have seen this word before but I don't know what it means.
III. I have seen this word before, and I think it means _____ .
 (synonym or translation)
IV. I know this word. It means _____ . (synonym or translation)
V. I can use this word in a sentence: _____ .
 (Write a sentence.)

 이어서 수많은 어휘 중에서 어떤 어휘를 선정해서 시험에 출제할 지 결정하여야 한다. 수없이 많은 어휘 중에서 어떤 어휘를 출제할 것인지 선정 기준을 정하는 일은 쉬운 일이 아니다. 물론 몇 개의 어휘를 출제할 지도 결정해야 한다. 또 다른 어려움은 시험의 결과를 해석하기 힘들다는 점이다. 어떤 수험자가 시험에 출제된 어휘 중에서 몇 개의 어휘를 알고 있을 때 원어민에 준하는 어휘 실력이 있다거나 상급 수준의 어휘실력이 있다고 판단할 지를 결정하는 일은 수학 문제처럼 정답이 있는 문제가 아니다. 물론 측정하고자 하는 목표 언어 사용 영역이 넓을수록 기준 설정이나 결과 해석이 더 어려워진다.

 성취도 평가와는 달리 능숙도 평가가 특정한 프로그램에서 학습한 내용을 전제로 하지 않는다고 해서 하나의 능숙도 평가를 여러 상황에서 사용해서는 안 된다. 모든 능숙도 평가는 특정 분야에서 수험자가 언어를 얼마나 잘 구사하는지를 측정하기 위해 제작되기 때문에 원래 제작된 목적 이외의 다른 목적으로 능숙도 평가를 사용한다면 그 목적에 정확하게 부합되는 수험자의 언어 능력을 정확하게 측정하기 힘들다. 예를 들어 토플 시험은 미국이나 캐나다에 유학을 오는 비원어민 학생이 영어로 진행되는 수업을 따라갈 정도의 언어 실력이 있는가를 측정하기 위해 제작된 시험이다(ETS, 2010). 따라서 시험의 내용과 과제가 대학교 캠퍼스에서 일어나는 과제 위주로 구성되어 있는데 이 시험을 다른 목적으로, 예를 들어 은행원이나 법조인, 혹은 병원에서 근무할 인턴을 선발하기 위해 사용하는 경우 해당 수험자가 실제 근무지인 은행이나 법정, 혹은 응급실에서 맡은 업무를 영어로 얼마나 잘 처리할 수 있을지 정확하게 판단하기 힘들 것이다.

언어 평가 분야에서 진행된 연구의 대부분이 능숙도 평가와 관련된 연구라고 해도 과언이 아닐 정도로 능숙도 평가에 대한 연구가 많이 진행되고 있다. 언어 능숙도 구인, 능숙도 평가의 타당도, 평가 방법이 능숙도 결과에 미치는 영향, 채점 과정과 채점 결과의 신뢰도, 평가도구 개발 등이 주로 다루어지는 연구주제이다.

3) 배치평가(Placement tests)

학생들을 비슷한 실력을 가진 그룹으로 나누어 적절한 수준의 강좌에 배치하여 학생의 수준에 맞는 교육을 제공하기 위해서 실시하는 시험이 배치평가이다. 배치평가가 실시되지 않거나 그 결과가 정확하지 않은 경우 실력 차이가 큰 학생들이 같은 교실에서 공부해야 하기 때문에 수업의 효율성이 낮아질 것이다. 대부분 배치평가 점수를 기준으로 학생들을 배치한 다음 강좌 초반부에 학생들이 적절한 수준에 배치되었는지 확인하고 잘못 배치된 학생은 재배치하는 과정을 거친다.

배치평가를 제작할 때는 시험의 내용이 학생들이 강좌에서 앞으로 배우는 내용이 바탕이 되어야 한다. 예를 들어 작문 수업에 학생들을 작문 시험이 아닌 듣기·읽기 시험 점수에 따라 배치하면 듣기·읽기 영역에서는 비슷한 수준의 학생일지 모르지만 이 학생들이 쓰기 영역에서도 같은 수준이라는 보장이 없기 때문에 실력이 상이한 학생들이 같은 교실에 배치될 위험이 있다. 해당 프로그램에서 개설되는 강좌의 내용이 제대로 반영되지 않은 외부에서 제작된 평가 도구를 배치평가 목적으로 사용하는 것은 이러한 이유에서 바람직하지 않다.

각 수준의 강좌에서 배우는 내용을 배치평가에 골고루 출제해서 수험자가 이미 도달한 수준보다 한 단계 더 높은 수준의 분반으로 배치하여야 한다. 따라서 배치평가는 뒤에 소개하는 규준참조평가보다는 준거참조평가로 제작되는 것이 바람직하다.

배치평가의 내용이 강좌에서 다루는 내용을 제대로 반영하는 경우 배치평가가 성취도 평가의 목적으로 사용될 수도 있다. 학기말에 배치평가를 실시하여 수강생들이 다음 단계로 올라갈 준비가 되었는지 확인해볼 수 있기 때문이다.

배치평가 시험의 타당성에 관한 연구로 Wall외 2인(1994)과 Fulcher(1997)가 있고, 배치 고사의 수준을 향상 시킬 수 있는 방법을 제시한 Brown(1989)도 있다. 또한 미국 대학교 외국어 프로그램의 반배치 전략을 연구한 Sohn과 Shin(2007), 국내 대학 교양 영어프로그램과 언어 교육원에서 학생들의 반배치가 이루어지는 실태를 연구한 Yu외 2인(2007)도 있다.

4) 진단평가(Diagnostic tests)

교수 활동을 시작하기 전에 학습자가 알고 있거나 잘 모르는 내용을 미리 파악할 수 있다면 학생들이 이미 알고 있는 부분보다는 잘 모르는 부분에 더 많은 시간을 할애할 수 있으므로 더 효율적인 교수 활동이 이루어질 수 있을 것이다. 이러한 목적으로 제작되는 시험이 진단평가이다. 유럽 연합의 17개 회원국 언어로 제작한 자가 진단 평가 시험인 DIALANG(Diagnostic Language Assessment System)이 진단평가의 대표적인 예이다.

진단평가를 제작하는 일은 쉽지 않은데 그 이유는 이론적인 측면과 실제적인 측면의 어려움으로 나누어 볼 수 있다. 우선 이론적인 측면에서 보면 진단평가를 제작하기 위해서는 외국어 습득 단계에 대한 이해가 선행되어야 한다. 문법을 예로 들어보면 특정 문법 항목의 발달 순서가 알려져 있는 경우 개별 학생의 문법 습득이 어느 수준까지 이루어졌는지 판단을 내릴 수 있겠지만 안타깝게도 발달 순서가 제대로 밝혀진 문법 항목이 많지 않다. 또 다른 어려움으로 읽기나 쓰기와 같은 언어의 네 기능의 진단평가를 제작하기 위해서는 각 기능의 하위 구성 요소와 발달 단계가 파악되어야 하고 각 구성 요소별로 평가 문항을 제작하여야 하는데 앞 장에서 지적한 것처럼 진단 평가를 제작할 수 있을 만큼의 이론적 기반과 평가 방법에 대한 연구가 축적되어 있지 못한 실정이다. 그 결과 대부분의 진단평가가 어휘나 문법 영역에서 선다형이나 빈칸 채우기와 같은 전통적인 방식으로 제작되고 있다.

이러한 이론적인 차원의 어려움뿐만 아니라 한 분야의 진단 평가를 제작하기 위해서는 굉장히 많은 수의 문제가 출제되어야 하는 실제적인 어려움도 있다. 예를 들어 만약 어휘 분야의 진단평가를 제작하는 경우 수많은 어휘 항목이 모두 평가의 대상이 되어야 하고, 우연의 일치로 정답을 맞히는 경우를 막기 위해서 각 어휘마다 최소 두 문항씩만 출제한다고 해도 엄청난 분량의 평가가 제작될 것이다.

이런 이유로 해서 실제로 개발되어 이용되고 있는 외국어 진단평가가 많지 않다. 그러나 진단평가가 가지는 여러 가지 장점을 고려해 볼 때 진단평가를 이용하려는 노력이 더 많이 이루어질 필요가 있다. 특히 표준화된 진단평가보다는 가르쳐야 하는 항목이 구체적으로 정해져 있는 학교 현장에서 소규모 진단 평가를 제작해서 활용하는 노력이 더 많이 기울여져야 할 것이다.

진단평가에 관한 논문으로 DIALANG 시험을 분석한 Alderson과 Huhta(2005)가 있다. 한 학기 동안 교과서 내용에 기반을 둔 진단평가를 제작해서 실시한 후 교육적 효과를 연구한 Shin과 Shin(2010)도 있다.

Alderson(2006)은 외국어 교육 분야의 진단평가의 현황을 개괄한 연구서이다.

2. 평가의 준거와 관련된 분류

먼저 규준참조평가와 준거참조평가는 평가 제작 원리 및 결과 해석 측면에서 큰 차이가 난다.

1) 규준참조평가(Norm-referenced testing)

규준참조평가는 시험 결과를 수험생의 상대적인 서열, 즉 등수로 해석하는 평가로 같이 시험을 본 수험생 중에서 몇 번째로 시험 성적이 높은지가 주된 관심사이기 때문에 상대평가라고도 부른다. 각 학생이 학습 목표를 어느 정도 달성했는지의 여부보다는 1등에서 꼴찌까지 수험생의 등수를 매기는 데 목적이 있다. 따라서 이 시험의 결과로 학습자가 학습 목표를 어느 정도 달성했는지, 혹은 학습자의 언어 구사력이 어느 정도인지 판단하기 어렵다.

규준참조평가의 주된 목적이 수험자의 순위를 가리는데 있기 때문에 수험자의 실력을 변별해내기 위해서는 쉬운 문제에서 아주 어려운 문제까지 다양한 난이도의 문제가 출제되어야 한다. 시험이 지나치게 쉽거나 어려운 경우 수험자의 언어 능력의 차이를 제대로 변별해내기 어렵기 때문에 규준참조평가의 관점에서 보면 바람직하지 못하다.

2) 준거참조평가(Criterion-referenced testing)

준거참조평가는 수험자의 실력을 다른 수험자와의 비교를 통해서 판단하기 보다는 미리 설정한 기준에 따라서 수험자의 언어 능력을 평가한다. 수험자의 상대적인 서열보다는 개별 수험자가 시험을 제작하기 전에 이미 설정된 성취 목표를 어느 정도 달성했는지에 관심이 있다. 규준참조평가에서 던지는 질문이 '다른 학생에 비해 얼마나 잘했는가' 라면 준거참조평가의 질문은 '성취목표를 얼마나 달성하였는가'이다.

Brown(2005)은 규준참조평가와 준거참조평가의 차이점을 6가지 측면에서 비교하여 제시하였다.

〈표 2-1〉 규준참조평가와 준거참조평가의 특성 비교

Characteristic	Norm-referenced	Criterion-referenced
Type of Interpretation	Relative(A student's performance is compared to those of all other students in percentile terms.)	Absolute(A student's performance is compared only to the amount, or percentage, of material learned.)
Type of Measurement	To measure general language abilities	To measure specific objectives
Purpose of Testing	Spread students out along a continuum of general abilities	Assess the amount of material known, or learned, by each student
Distribution of Scores	Normal distribution of scores	Varies, usually nonnormal (students who know all of the material should all score 100%)
Test Structure	A few relatively long subtests with a variety of question contents	A series of short, well-defined subtests with similar question contents
Knowledge of Questions	Students have little or no idea what content to expect in questions	Students know exactly what content to expect in test questions

규준참조평가에서는 시험이 너무 쉽거나 너무 어려워서는 안 되지만 준거참조평가에서는 모든 학생이 높은 점수를 받을 수록 바람직한 결과이다. 만약 모든 수험자가 0점을 받아도 교수 활동의 문제이지 평가 도구

의 문제는 아니다. 모든 수험자가 정답을 제시했다면 교수 목표가 달성되었다는 긍정적인 신호이고 정답률이 0%라면 교수 활동이 실패했다는 의미이다. 준거참조평가에서는 수험자가 해당 목표를 달성하였는지 판단해야 하기 때문에 판단의 준거를 설정하여야 한다. 물론 성적 부풀리기와 같은 문제가 발생해서는 안될 것이다. 준거 점수를 설정하는 구체적인 방법은 9장에서 다룬다.

우리나라에서 이러한 절대평가의 의미를 잘못 이해하고 있는 경우가 있다. 예를 들어 중·고등학교에서 몇 점 이상을 받은 학생 모두에게 '수'나 '우'와 같은 성적을 부여하는 것을 절대평가라고 부르는 경우가 있는데 이를 준거참조평가라고는 할 수 없다. 앞에서 설명한 것처럼 학교 평가가 준거참조평가가 되기 위해서는 학습자가 달성해야 할 목표가 미리 정해져 있어야 하고, 시험 문제가 학습 목표를 골고루 측정하고 있어야 하며, 각 등급의 기준도 시험을 실시하기 전에 미리 설정되어 있어야 하기 때문이다.

한편 대규모 표준화 시험에서 총점을 점수대별로 나누어 등급에 따라 다른 의미를 부여하는 경우가 있는데 이 경우도 준거참조평가라고 보기 어렵다. 시험의 개발 단계에서부터 절대평가의 원리가 적용되어야 하기 때문이다.

우리나라에서는 아직 대부분의 시험이 규준참조평가의 관점에서 제작되고 있다. 그러나 학생들의 상대적인 실력보다는 개별 학습자의 학습목표 달성여부가 중요하므로 준거참조평가가 더 바람직할 것이다. 모든 학생이 교육과정상의 목표를 달성하였는지 파악한 다음 학생들이 도달하지 못한 성취목표를 집중해서 다시 가르치거나 성취목표 달성 정도가 낮은 학생들을 도와주어 모든 학생들이 일정 수준에 도달할 수 있도록 배려해야 할 것이다.

3. 과제의 특성에 따른 분류

1) **직접평가와 간접평가**(Direct testing vs. Indirect testing)

언어 평가를 직접평가와 간접평가로 나누는 경향이 있는데 말하기와 쓰기 기능을 평가하는 시험을 분류할 때 주로 사용한다. 수험자가 직접 말을 하거나 글을 쓰는 시험을 직접평가라고 부르고 반대로 직접 말하거나 글을 쓰지 않고 다른 방법을 통해 수험자의 말하기 능력과 쓰기 능력을 평가하는 시험을 간접평가로 분류한다.

말하기 평가에서는 OPI, IELTS, FCE 구술 면접처럼 수험자가 다른 사람과 직접 대화를 주고받는 경우를 직접평가라고 부르고 Test of Spoken English(TSE)처럼 테이프나 컴퓨터에서 나오는 지시문을 듣고 답을 하는 경우를 반직접평가(semi-direct testing)라고 부른다.

쓰기 평가의 경우에는 어휘, 문법 또는 글쓰기 절차나 전략에 관한 문제로 글쓰기 능력을 추론하려는 평가를 간접평가로 보고 에세이 시험처럼 수험자가 직접 글을 쓰는 시험은 직접평가에 속한다. 간접평가의 예로 가장 많이 인용되는 시험은 Test of Written English(TWE)가 도입되기 이전에 문법 시험을 통해서 쓰기 능력을 간접적으로 평가하려고 했던 ETS(Educational Testing Service)의 시도이다. 대학수학능력시험 외국어 영역에도 쓰기와 말하기를 간접적으로 측정하고자 제작된 문항이 있다. 예를 들어 다음 문항은 말하기 능력을 간접적으로 측정하기 위해 제작된 문항으로 시험 안내서에 명시되어 있다.

---

14. 대화를 듣고, 남자의 마지막 말에 대한 여자의 응답으로 가장 적절한 것을 고르시오.

Woman: _____

① I think so. My uncle like the game, too.
② All right. I'll go to the website right now.
③ No really. The packages will arrive in time.
④ It's my fault. I wish I hadn't returned the game.
⑤ I agree. We shouldn't download games illegally.

You hear:

M: Jane, you look excited. What's in the package?
W: It's from my uncle in France. I asked him to send me a game DVD that's sold out here.
M: Oh, you mean that popular computer baseball game?
W: Yeah, that's the one. *[Pause]* Oh, no! Everything's written in French.
M: Didn't you ask him to send you the English version?
W: No, I didn't even think about asking him to check the language it's in.
M: I heard that some game companies offer language support on their websites.
W: Right. Since this company is world-famous, there should be something available.
M: Yeah. Why don't you check it out?
W: _____

(2010학년도 대학수학능력시험 외국어영역, 교육과정평가원)

아래 예시처럼 쓰기 능력을 개요 작성이나 자료에서 이끌어 낼 수 있는 화제, 개요를 구체화한 내용, 글의 수정 방향과 퇴고 과정 등과 관련된 선다형 문항으로 간접적으로 측정하기도 한다.

41. 글을 쓰기 위해 〈보기〉와 같이 개요를 작성할 때 적절하지 않은 것은?

<보기>

제목: 바람직한 선거 문화 정착을 위하여

1. 선거의 의의
 (1) ┌─────── (가) ───────┐
 (2) 선거를 통해 권력을 견제하는 기능을 실현할 수 있다.

2. 선거에서 지켜야 할 일
1) 입후보자는 선거의 매너를 지켜야….
 (1) 후보자는 정책 대결을 통해 다른 후보자와 경쟁해야 한다.
 (2) ┌─────── (나) ───────┐
 (3) 선거권자들의 감정에 호소하여 지역 갈등, 계층 갈등을 조장해서는 안 된다.

2) 선거권자는 객관적인 관점으로 대표자를 선출해야….
 (1) ┌─────── (다) ───────┐
 (2) 지역주의나 개인감정에 치우쳐서 후보를 평가하지 않는다.
 (3) ┌─────── (라) ───────┐
 (4) 자신의 의견과 일치하지 않는 공약도 그 합리성과 실현가능성에 따라 평가한다.

3. 제도적 보완
 (1) ┌─────── (마) ───────┐
 (2) 모든 후보에게 균등한 유세 기회를 제공한다.
 (3) 선거 자금의 운용을 투명하게 처리하는 법제적 장치를 엄격화한다.
  ① (가): 선거는 국민의 기본권인 참정권을 구체적으로 실천하는 정치 행위이다.

② (나): 다른 후보에 대한 인격 모독이나 근거 없는 비방은 삼가도록 한다.
③ (다): 여러 매체에서 제공하는 정보를 바탕으로 후보자와 공약의 타당성에 대해 스스로 판단해 본다.
④ (라): 언론에서는 특정 후보에 대하여 지지하거나 반대하는 의사를 적극적으로 드러내서는 안된다.
⑤ (마): 후보자의 공약 검증을 위한 공개 토론회를 활성화하여 선거권자가 풍부한 정보를 얻을 수 있도록 배려한다.

(제 8회 KBS 한국어 능력시험 기출문제)

언어 평가는 특수한 상황을 제외한다면 그 특성상 직접평가로 실시되는 것이 바람직하다. 아무리 잘 제작된 간접평가라고 해도 그 시험의 결과를 바탕으로 실제 수험자가 목표어로 말을 잘하고 글을 잘 쓸 수 있는지 판단하기는 어렵다. 수험자가 얼마나 목표어로 글을 잘 쓰고 말하는지 알기 위해서는 실제 글을 쓰고 말하게 해 보아야 할 것이다.

한편 직접평가라고 해도 실제 언어 사용 상황을 그대로 재현하지는 못한다는 점에 유의해야 한다. 시험관과 수험자가 실제로 대화를 주고받기 때문에 구술 면접이 실제 의사소통 상황을 거의 그대로 재현한다고 생각할 수 있지만 실제로 구술 면접 시험 내용을 분석해보면 구술 면접시험이 일상적인 대화와는 다른 구술 면접 나름의 독특한 담화 특성이 있다는 사실을 알 수 있다. 면접관이 일방적으로 질문을 하고 수험자는 그 질문에 답을 하는 형식으로 진행되므로 일상적인 상황에서 사람들이 주고받는 대화와는 차이가 난다(Lazaraton, 1992). 아무리 실제 상황을 재현하려고 하여도 시험을 실시하거나 응시하는 사람 모두 시험 상황이라는 것을 알기 때문에 시험의 진정성을 확보하기 매우 어렵다.

2) 분리평가와 통합평가(Discrete-point testing vs. Integrative testing)

평가 과제를 제작할 때 평가 항목을 개별적으로 측정하는 평가를 분리평가라고 부르고 평가 항목을 여러 개 묶어서 측정하는 평가를 통합평가라고 부른다. 분리평가는 주로 문법과 어휘 분야의 평가에 적용되는데 각 문법 항목을 따로 평가하는 시험이 이에 해당된다. 반면에 문법 항목을 나누어 평가하기 보다는 구술 면접을 하거나 작문을 하도록 해서 수험자의 문법이나 어휘 능력을 총체적으로 평가하는 방식을 통합평가라고 부른다. 학교 평가, 특히 진단평가나 성취도 평가에서는 분리평가 방식이 선호될 수 있지만 실제 구사능력보다는 지식만을 측정하는데 그치는 한계가 있다는 점에 유의해야 한다.

3) 언어 기능별 평가와 언어 기능 통합 평가(Individual-skills approach vs. Integrated-skills approach)

전통적으로 언어의 네 기능을 분리하여 평가해오고 있다. 이러한 기능별 분리 평가 방식은 언어의 네 기능이 통합되어 사용되는 실제 의사소통 현실과는 거리가 멀어 바람직하지 못하다. 예를 들어 듣기를 할 때 눈을 감고 말없이 듣기만 하는 경우는 많지 않다. 강의를 들으며 필기를 할 수 있고 교재를 읽으면서 강의를 들을 수 있다.

최근 들어 언어 기능이 통합된 평가 도구가 많이 제작되고 있다. Illinois 대학에서 실시하는 배치고사인 UIUC EPT나 새로 실시되는 인터넷 기반 토플 시험이 언어 기능간의 통합을 실시한 좋은 예이다. 아래에 제시된 토플 말하기 영역 문항의 경우 먼저 주어진 주제에 관한 강의를 듣고 이어서 관련된 읽기 지문을 읽은 다음 그 내용에 관한 질문에 말로 대답을 하는 방식으로 세 기능이 통합되어 있다.

> In this question you will **read** a short passage about a campus situation and then **listen to** a talk on the same topic. You will then answer a question using information from both the reading passage and the talk. After you hear the question, you will have 30 seconds to prepare your response and 60 seconds to **speak** (ETS, 2010).

물론 통합형 평가의 단점도 있다. 수험자가 어느 부분에 문제가 있어서 점수를 받지 못했는지 판단하기 어렵다. 예를 들어 위에서 제시한 문항에서 수험자가 낮은 점수를 받은 경우 듣는 과정에서 어려움이 있었는지, 읽기 지문을 제대로 이해하지 못해서 생긴 문제인지, 아니면 말하기 실력이 낮아서 점수가 낮은지 확인하기 힘들다. 실제 대학교에서는 최종 과제물로 학생의 수행을 판단하기 때문에 어느 부분에서 문제가 있었는지는 중요하지 않으므로 평가의 관점에서 보면 문제가 되지 않을 수도 있다. 그러나 학생에게 부족한 부분을 파악해서 도와주어야 하는 교사의 입장에서 보면 어느 부분에 문제가 있었는지 파악할 필요가 있을 것이다. 또 진단평가처럼 특정 영역의 언어 능력을 평가해야 할 경우도 있다. 하지만 대부분의 의사소통상황에서 언어의 네 기능이 통합되어 사용되기 때문에 한 가지 기능만을 평가하는 시험 과제는 실제 언어 사용상황을 잘 반영하지 못한다는 점에 유의해야 한다.

4. 기타 분류

먼저 평가가 실시되는 시기와 목적을 고려하여 형성평가(formative assessment)와 총괄평가(summative assessment)로 구분하기도 한다. 교수 활동이 이루어지는 과정에서 학습자의 학습 정도를 평가하기 위해 실시하는 평가를 형성평가라고 부르고 학습이 끝난 후에 어느 정도 학습하였는지 점검하기 위하여 실시하는 평가를 총괄평가라고 부른다. 수업 시간에 보는 쪽지 시험이나 퀴즈가 형성평가의 예이고 학기말고사가 총괄평가의 좋은 예이다. 최근 들어 형성평가에 대한 관심이 많아지고 있다. 교사들이 형성평가를 어떤 방식으로 실시하는지, 형성평가의 효과는 실제로 있는지 등에 대한 연구가 진행되고 있다.

기존의 선다형 평가(multiple choice test)를 대치하는 평가 방식을 흔히 대안적 평가(alternative assessment)라고 부른다. 제시된 선택지 중에서 하나를 고르거나 빈칸을 채우는 것처럼 평가자가 제시한 틀 속에서 수험자의 지식이나 기술을 평가하기 보다는 수험자가 실제 상황에서 직면하게 될 과제와 유사한 과제를 실제로 수행하게 하는 평가를 참평가(authentic assessment)라고 한다. 특히 주어진 상황 안에서 수험자의 의사소통 능력을 직접적인 수행에 근거해서 명확한 기준을 가지고 전문적인 판단을 하는 평가를 수행평가(performance assessment)라고 한다.

또 평가가 실시(deliver)되는 매체에 따라 지필평가, 컴퓨터기반 평가, 인터넷기반 평가로도 구분된다. 컴퓨터기반 평가(computer based testing)는 컴퓨터를 이용하는 시험 전체를 의미하고 컴퓨터 개인적응평가(computer adaptive testing)는 컴퓨터기반 평가의 하나로 중간 난이도의 문제가 처음 주어지고 수험자가 정답을 제시하면 난이도가 더 높은 문제가 제시되고 틀리면 더 쉬운 문제가 제시되는 방식으로 진행되어 맞춤검사(tailored test)를 실시할 수 있다. 수험자 수준에 비해 지나치게 쉽거나 어려운 문제를 풀지 않아도 되기 때문에 평가의 효율성이 높아진다.

시험 문제를 풀기에 충분한 시간을 주어 본인의 실력을 발휘할 수 있는 기회를 충분히 제공하는 시험을 역량평가(power tests)라고 부르고 많은 수의 문제를 제시해서 주어진 시간 내에 최대한 많은 수의 문제를 풀게 하는 시험을 속도평가(speed tests)라고 부른다. 평가 시간을 제한하여 수험자가 알고 있는 정도를 구별해 내고 싶을 때는 속도평가가 더 바람직하고 수험자가 얼마나 많이 알고 있는지를 파악하는데 평가의 목적이 있다면 역량평가가 더 적절하다.

우리나라의 대학수학능력시험처럼 수험자의 인생에 아주 중요한 영향을 미치는 시험을 고부담시험(high-stakes tests)이라고 부르고 수업 시간에 보는 퀴즈처럼 상대적으로 부담이 적은 시험을 저부담시험(low-stakes tests)이라고 한다. 그러나 시험의 중요성 여부는 수험자 개인이 처한 상황에 따라 달라질 수 있기 때문에 모든 시험이 다 고부담시험이라고 주장하는 학자도 있다.

채점을 하는 과정에서 채점자의 주관이 전혀 개입되지 않는 선다형 시험을 객관적인 시험(objective testing)이라고 부르고 단답형 문항이나 작문 시험처럼 채점자의 주관적인 판단이 필요한 유형의 시험을 주관적인 시험(subjective testing)이라고 한다. 우리나라에서는 선다형 시험을 객관식으로, 수험자가 답을 적는 시험을 주관식으로 부르는데 이는 정확하지 못한 분류이다.

언어적성검사(aptitude test)도 연구 목적으로 사용되는 경우가 많은데 수험자가 언어를 얼마나 잘 습득할 수 있는지를 예측하기 위해 실시되는 검사이다. 언어적성이라는 구인의 특성이 분명하지 않아서 실제로 개발되어 활용되는 적성검사는 많지 않은데 Modern Language Aptitude Test(Carroll & Sapon, 1959)가 대표적인 제 2언어 적성검사이다.

마지막으로 의사소통중심 평가(communicative language testing)는 수험자들이 실제의사소통상황에서 목표어를 얼마나 잘 구사할 수 있는지를 평가하기 위해 제작되는 시험이다. 따라서 언어 지식보다는 언어를 사용할 수 있는 능력이 측정 대상이다. 지금까지의 논의를 표로 정리하면 아래와 같다.

〈표 2-2〉 평가유형 분류

기 준	평가유형
목적에 따른 분류	성취도평가 능숙도평가 배치평가 진단평가
준거에 따른 분류	규준참조평가 준거참조평가
과제의 특성에 따른 분류	직접평가/간접평가 분리평가/통합평가
목적 및 시기에 따른 분류	형성평가 총괄평가
허용시간에 따른 분류	역량시험 속도시험
중요도에 따른 분류	고부담시험 저부담시험
형식에 따른 분류	수행평가 전통적 방식 평가

5. 평가에 관한 용어

평가 분야에서 자주 사용되는 대표적인 어휘로 measurement, test, assessment, 그리고 evaluation이 있다. 이 표현들 사이에 경계가 분명하지 않지만 그 차이를 살펴보면 다음과 같다.

먼저 측정(measurement)은 우리가 관찰할 수 없는 언어 능력을 어떤 도구나 절차를 사용하여 숫자화 하는 과정을 의미한다. 언어 능력은 키나 몸무게와는 달리 직접 측정이 불가능하기 때문에 여러 가지 검사 도구를 사용하여 측정할 수밖에 없다.

수험자의 언어 능력을 측정하기 위해서 사용되는 도구는 크게 시험

(test)과 총평(assessment)으로 구분된다. 시험(test)은 수험자의 언어 능력의 한 단면을 측정하기 위해서 사용하는 구체적인 도구를 뜻하며(an instrument or systematic procedures for measuring a sample of behavior by posing a set of questions in a uniform manner), 중간고사나 기말고사와 같은 시험을 가리킨다. 이에 비해 총평(assessment)은 언어 능력을 측정하기 위해 시험을 포함한 관찰, 포트폴리오, 구술 면접 등 다양한 방법을 동원하여 종합적으로 판단하는 것을 뜻한다. 마지막으로 평가(evaluation)는 어떤 판단이나 결정을 내리기 위한 목적으로 정보를 모으는 활동을 지칭한다. 따라서 좋다, 나쁘다와 같은 판단이 이루어진다. 예를 들어 측정 결과를 바탕으로 해당 학생이 다음 단계의 수업을 들을 준비가 되었는지 판단하는 것은 평가이다. test(testing), assessment, 그리고 evaluation이 사용되는 표현들을 정리해보면 그 차이가 잘 드러난다.

Chinese Proficiency Test (Hanyu Shuiping Kaoshi(HSK))
formative assessment
language assessment
peer-assessment
portfolio assessment
program evaluation
self-assessment
standardized test
Test of English as a Foreign Language
Test of Proficiency in Korean

6. 맺음말

본 장에서는 언어 평가를 여러 가지 기준으로 나누어 실시되는 목적이나 제작 원리, 결과 해석 방법, 주요 연구 성과 측면에서 살펴보았다. 특히 학교에서 이루어지는 교수 활동의 효과와 효율성을 제고할 수 있는 여러 가지 평가 도구를 소개하면서 평가가 언어 교육의 중요한 도구가 될 수 있다는 점을 강조하였다.

지금까지 이루어진 언어 평가에 대한 연구의 대부분이 대규모로 실시되는 표준화 시험에 맞추어져 온 경향이 있다. 본 장에서 강조한 것처럼 언어 평가는 언어 교육의 효과와 효율성을 제고할 수 있는 여러 가지 유용한 정보를 제공할 수 있기 때문에 교육 현장에서는 교육의 각 단계에서 목적에 적합한 평가 도구를 개발하여 활용하는 시도가 많이 이루어질 필요가 있다.

참고자료

최근 교실에서 이루어지는 언어 평가 중에서도 형성평가에 대한 관심이 많아지고 있는데 Rea-Dickens와 Gardner(2000), Leung과 Scott(2009)이 좋은 출발점이다. Brown과 Hudson(2002)은 준거참조평가를 다룬 대표적인 학술서이고 연구 범위가 DIALANG에 국한되어 있지만 Alderson(2006)은 진단평가에 대한 대표적인 저작이다. 배치고사의 경우 Hawaii 대학의 National Foreign Language Resource Center에서 출판된 연구물이 주목할 만하며 Lee(2006), Plakans(2009)와 Pyo(2001)는 기능 통합형 평가의 타당도를 탐색한 연구이다. 마지막으로 Dörnyei(2005)에 언어적성에 대한 여러 가지 최신 논의가 잘 정리되어 있다.

연습문제

1. 다음 시험이 어떤 목적으로 제작된 시험인지 적어봅시다.
   1) TOEFL   2) YLE   3) USMLE

2. 다음 유형에 해당되는 시험을 찾아봅시다.
   1) 배치평가   2) 진단평가
   3) 반직접평가   4) 준거참조평가

> # 제3장
> # 의사소통능력

생각해보기

듣기 시험지에 문제나 선택지를 제시할 경우 읽기 능력이 사용되어 순수한 듣기 능력을 측정하지 못하기 때문에(최인철, 1993) 문제와 선택지도 들려주는 방식으로 실시되는 시험이 있습니다. 타당한 시험방식인지 논의해 봅시다.

언어 평가 도구를 제작하기 위해서는 먼저 평가 대상인 언어 능력이 무엇인지 알아야 한다. 측정하고자 하는 대상을 모르는 상태에서 수험자가 그 능력을 어느 정도 가지고 있는지 제대로 측정하기 어렵기 때문에 언어 평가 도구가 측정하고자 하는 의사소통 능력이 무엇인지 밝히는 작업은 평가를 하는 사람이라면 누구나 다 고민해야 하는 가장 기본적인 과제이다.

언어 능력의 성격을 밝히는 작업은 비단 언어 평가 분야만의 과제는 아니다. 예를 들어 의사소통 능력의 실체는 언어교육을 담당하는 사람이라면 반드시 고민해야만 하는 질문이기도 하다. 가르치는 대상이 무엇인지 모르는 상태에서 제대로 가르칠 수 없기 때문이다. 어떤 학생이 읽기를 잘 하지 못한다고 할 때 단순히 관심 있는 글감을 골라서 많이 읽어보라는 수준의 추상적인 조언이 아닌 구체적인 학습 방법을 제시하기 위해서는 읽기 능력이 무엇인지, 읽기가 어떤 과정을 거쳐 진행되는지, 읽기 능력이 어떤 요소로 구성되어 있는지를 파악하고 있어야 읽기 능력 중에서 어떤 하위 능력에 문제가 있는지 확인하고 그 학생을 도와줄 수 있을 것이다.

제 1장에서 간단하게 다루었던 것처럼 언어 능력은 언어 지식의 수준을 넘어서서 그 지식을 사용할 수 있는 능력까지 포함해야 한다. 문법 규칙이나, 마찰음과 파열음의 차이에 대한 지식과 실제로 문법에 맞게 말을 하거나, 발음할 수 있는 능력을 구분해야 하는데 당연히 언어 평가의 대상은 후자가 되어야 한다. 따라서 언어 능력이라는 명칭보다는 실제 의사소통을 할 수 있는 능력이라는 의미에서 의사소통능력(communicative competence or communicative language ability)이라고 부르는 경우가 많다. 본 장에서는 의사소통 능력에 대한 다양한 견해를 살펴본다. 언어 능력에 대한 사람들의 견해는 언어학이나 언어교수 사조와 발맞추어 변화하는 경향이 있다.

1. 언어 기능별 하위 구성 요소 모델

　구조주의 언어학의 영향으로 1950년대와 1960년대 학자들은 언어능력이 언어의 네 가지 기능과 각 기능별 하위 요소로 구성된다고 믿었다. 예를 들어 Harris(1969)는 아래 표에서 보는 것처럼 언어 능력이 듣기, 말하기, 읽기, 쓰기의 네 기능으로 구성되고 각 기능은 다시 발음과 철자, 문법, 어휘, 그리고 속도와 유창성의 요소로 이루어진다고 주장하였다. Harris는 언어 평가는 해당 하위 요소를 하나씩 평가하는 분리평가 방식으로 이루어져야 한다고 제안하였다.

〈표 3-1〉 언어능력 하위 구성 요소 (Harris, 1969, p. 11)

Components	Language Skills			
	Listening	Speaking	Reading	Writing
Phonology/orthography				
Structure				
Vocabulary				
Rate and general fluency				

　그러나 이 모형은 언어가 사용되는 맥락이나 언어의 기능을 고려하지 않은 모델이다. 실제 의사소통상황에서는 언어의 기능이 통합되어 사용되고 있고 구성요소들도 의사소통상황마다 다양한 비율로 통합되어 사용된다는 현실을 반영하지 못하고 있다. 마지막으로 이러한 구성요소를 실제로 사용할 수 있는 능력에 대한 설명이 결여되어 있다. 앞에서 설명한 것처럼 지식이 아니라 실제 구사능력이 교수나 평가의 목표가 되어야 하기 때문이다.

2. 단일 언어 능력 가설(Unitary trait hypothesis)

Oller(1979)는 인간의 언어 능력이 여러 기능과 요소로 나눠지는 것이 아니라 한 가지의 능력이라는 단일 언어능력 가설을 주장하고 분리평가 보다는 여러 가지 요소를 한번에 평가하는 통합평가가 이루어져야 한다고 주장하였다.

그는 이 가설의 근거로 여러 가지 능력을 측정하는 시험 점수 사이의 상관관계가 높고 요인분석(factor analysis)에서 하나의 공통된 요인이 나타난다는 증거를 제시하였으며, 이 공통된 요인을 일반 언어 능력(general language ability)라고 불렀다. 아래 표에서 보는 것처럼 UCLA에서 실시하는 배치평가인 ESLPE(English as a Second Language Placement Exam)의 네 영역과 받아쓰기 시험이 일반적인 능력으로 명명된 요인에 요인부하량이 매우 높다는 분석결과를 단일 언어 능력 가설의 증거로 제시하였다.

〈표 3-2〉 UCLA ESLPE 요인 부하량(Oller, 1983, p. 7)

Subpart	Loadings on General Factor
1. Composition	.87
2. Vocabulary	.87
3. Grammar	.86
4. Phonology	.77
5. Dictation	.93

언어 능력에 대한 이러한 입장은 여러 가지 개별 시험을 실시하지 않아도 규칙 빈칸 메우기 시험(cloze test)이나 받아쓰기(dictation)와 같은 평가 방법을 통해서 수험자의 전반적인 언어구사력(overall ability)을 측정할 수 있다는 주장으로 연결되었다.

Oller의 단일 언어 능력 가설은 언어 능력의 특성을 실증적인 연구 방법을 통한 규명을 시도했다는 점에서는 주목할 만하다. 그러나 그가 선택한 요인분석방법이 공통 요인을 더 잘 추출해 내는 방법이라는 점과 EFL 환경의 학습자들의 경우 네 기능과 문법, 어휘, 발음 등 각 영역의 발달 단계에 차이가 나는 경우가 많은데 이런 현실에 부합되지 않는다는 문제점이 제기되었다. 또한 의사소통 능력에 대한 연구가 진행되면서 의사소통 능력을 구성하는 여러 가지 새로운 구성 요소가 제안되면서 단일 언어 능력 가설은 다요인가설로 대체되기 시작하였다.

3. 다요인가설(Multi-componential model)

언어 능력이 단일하기 보다는 여러 가지 요소로 구성되어 있다는 의사소통능력 모델의 등장은 의사소통 중심 교수법의 등장과 발맞추어 의사소통능력에 대한 이해가 깊어졌다는 데서 그 배경을 찾을 수 있다. 이러한 이론적인 진전과 더불어 Oller가 요인분석을 실시하면서 사용한 주성분분석법(principal component analysis)이 다른 분석방법에 비해서 공통 요인이 나올 가능성이 큰 분석 방법이라는 문제점도 제기되었다. 의사소통 능력이 다요인으로 구성되어 있다고 제안한 주요 이론을 살펴보자.

1) Hymes(1972) 모델

Hymes(1972)는 Chomsky(1965)가 제시한 언어 능력(linguistic competence)의 한계점을 지적하고 의사소통 능력(communicative competence)이라는 개념을 제안하였다. 그는 먼저 Chomsky가 아래와 같이 제시한 언어학의 연구 대상만 연구한다면 대부분의 언어 사용 자체가 연구대상에 포함되지 않는다는 점을 지적하였다.

> Linguistic theory is concerned primarily with an ideal speaker-hearer, in a completely homogeneous speech community, who knows its language perfectly and is unaffected by such grammatically irrelevant conditions as memory limitations, distractions, shifts of attention and interest, errors (random or characteristic) in applying his knowledge of the language in actual performance (Chomsky, 1965, p. 3).

한마디로 말해서 Chomsky가 말한 언어 공동체와 이상적인 화자를 찾기 힘들다는 것이다. 지식(competence)과 수행(performance)을 구분하고 언어학의 연구 분야가 지식에 국한되어야 한다는 Chomsky의 주장에도 의문을 제기하면서 실제로 사용할 수 있는 능력이 의사소통능력의 중요한 요소가 되어야 한다고 주장하였다. 그리고 실제적인 언어 사용의 모습을 담을 수 있어야 하기 때문에 Chomsky가 분석 대상에서 제외시켰던 수행을 하나의 범주로 포함시켰다.

Hymes는 Chomsky의 문법적으로 가능한가와 받아들일만한가(acceptable)를 의사소통능력이라는 큰 틀 안에서 네 가지의 범주(parameter)로 확대시켰다. 그는 의사소통능력을 크게 다음 네 가지 범주에서 언어를 구사할 수 있는 지식과 실제 사용능력이라고 주장하였다.

> 1. Whether(and to what degree) something is formally possible.
> 2. Whether(and to what degree) something is feasible in virtue of the means of implementation available.
> 3. Whether(and to what degree) something is appropriate(adequate, happy, successful) in relation to a context in which it is used and evaluated.
> 4. Whether(and to what degree) something is in fact done, actually performed, and what its doing entails. (p. 281)

이처럼 주어진 상황에서 의사소통하기 위해서는 어떤 표현이 문법적으로 가능한 표현인지, 주어진 상황에서 공식적으로 사용 가능한지, 문맥상 적절한지, 그리고 실제로 구현되고 있는지를 판단 할 수 있는 능력으로 보고 있다. 특히 이 모형에서 주목할 점은 의사소통에 대한 그의 정의에 언어 지식뿐만 아니라 실제 사용능력(ability for language use)까지 포함시켰다는 점이다.

Hymes는 의사소통을 제대로 하기 위해서는 단순히 문법이나 어휘를 아는 것으로는 충분하지 않고 언어가 사용되는 상황을 알아야 한다고 주장하면서 화자가 알고 있어야 하는 요소를 SPEAKING 모델로 요약하여 아래와 같이 제시하였다.

> **Setting and Scene**: Setting refers to the time and place of a speech act and, in general, to the physical circumstances.
> **Participants**: Speaker and audience
> **Ends**: Purposes, goals, and outcomes
> **Act Sequence**: Form and order of the event
> **Key**: Clues that establish the tone, manner, or spirit of the speech act
> **Instrumentalities**: Forms and styles of speech
> **Norms**: Social rules governing the event and the participants' actions and reaction
> **Genre**: The kind of speech act or event; for the example used here, the kind of story

2) Canale와 Swain(1980) 모델

Canale와 Swain(1980)은 의사소통능력이 아래처럼 문법적 능력, 담화적 능력, 사회언어학적 능력, 그리고 전략적 능력으로 구성된다고 주장하였다.

> - Grammatical competence was seen to encompass knowledge of lexical items and of rules of morphology, syntax, sentence-grammar semantics, and phonology.
> - Discourse competence was defined as the ability to connect sentences in

> stretches of discourse and to form a meaningful whole out of a series of utterances.
> - Sociolinguistic competence was defined as involving knowledge of the sociocultural rules of language and of discourse.
> - Strategic competence was seen to refer to the verbal and nonverbal communication strategies that may be called into action to compensate for breakdowns in communication due to performance variables or due to insufficient competence. (pp. 29-30)

문법적 능력은 어휘 지식과 형태, 통사, 문장 단위 문법적 의미, 음운 규칙에 관한 지식을 뜻하고 담화적 능력은 담화 내의 문장들을 연결해서 일련의 발화에서 의미가 있는 덩어리를 형성 할 수 있는 능력이다. 사회언어학적 능력은 언어와 담화의 사회문화적인 규칙에 대한 지식을 말한다. 마지막으로 전략적 능력은 언어 능력이 충분하지 못하거나 언어 수행상의 변인들로 인해 의사소통이 중단 되었을 때 이를 보완해 주는 언어적, 비언어적 의사소통 전략이다. 이 모델은 문장 수준에서 벗어나 담화 수준의 언어 능력을 포함하였고 의사소통과정에서 발생한 문제를 해결할 수 있는 전략적 능력을 포함시켰다는 특징이 있다.

3) Bachman(1990)의 의사소통 언어능력 모형

Bachman(1990)은 당시까지 연구된 연구 결과를 집대성하여 포괄적인 의사소통언어능력(communicative language ability) 모형을 제시하였다. Bachman에 의하면 의사소통언어능력은 언어 능력(language competence)과 전략적 능력(strategic competence)으로 구성되고 심리 생리적 기제(psychophysiological mechanisms)를 통해서 실제 발화가 이루어진다. 그의 모델이 주목을 받은 이유는 그 당시까지 알려져 있는 연구 결과를 집대성 했다는 점과 더불어 심리생리적 기제라는 장치를 도입해서 언어 지식을 실제로 사용할 수 있는 능력을 설명했기 때문이다.

Bachman에 따르면 언어 능력은 크게 조직 능력(organizational competence)과 화용 능력(pragmatic competence)으로 나뉜다. 조직능력은 다시 어휘, 형태소, 문장 구성, 그리고 음운체계·필적(문자 체계)으로 구성된 문법 능력(grammatical competence)과 응집력과 수사적 조직능력으로 구성된 텍스트 구성능력(textual competence)으로 구성된다. 한편 화용 능력은 발화 수반 능력(언표내적)(illocutionary competence)과 사회언어학적 능력(sociolinguistic competence)으로 구성된다. 발화 수반 능력을 구성하는 하부 요소로는 관념적(ideational), 조작적(manipulative), 발견적(heuristic), 상상적(imaginative) 언어기능이 있고, 사회 언어학적 능력의 하부 요소로는 방언이나 사투리에 대한 민감성, 언어 사용역(register)의 차이에 대한 감각, 자연스러움에 대한 감각, 그리고 문화적 지칭이나 비유적 표현을 해석할 수 있는 능력이 포함된다.

한편 Bachman은 전략능력을 의사소통에 문제가 생겼을 때 이를 보완해주는 보상전략(compensatory strategy)이 아니라 의사소통과정을 효율적으로 수행하는 능력, 즉 의사소통의 목적과 자신의 언어능력을 점검하고, 수행할 과제를 정하고 필요한 언어 자원을 동원해서 어떻게 사용할 것인지 의사소통의 계획을 수립한 다음 그 계획대로 실제로 수행해내는 전반적인 능력이라고 정의하였다. 전략적 능력은 크게 평가, 목표수립, 계획, 그리고 실행의 네 가지 요소로 구성된다. Bachman과 Palmer(1996)는 이 네 가지 요소를 다음과 같이 정리하여 제시하였다.

- Assessment: Respondents(in our case of language testing) assess which communicative goals are achievable and what linguistic resources are needed.
- Goal-setting: Respondents identify the specific tasks to be performed.
- Planning: Respondents retrieve the relevant items from their language knowledge and plan their use.
- Execution: Respondents implement the plan.

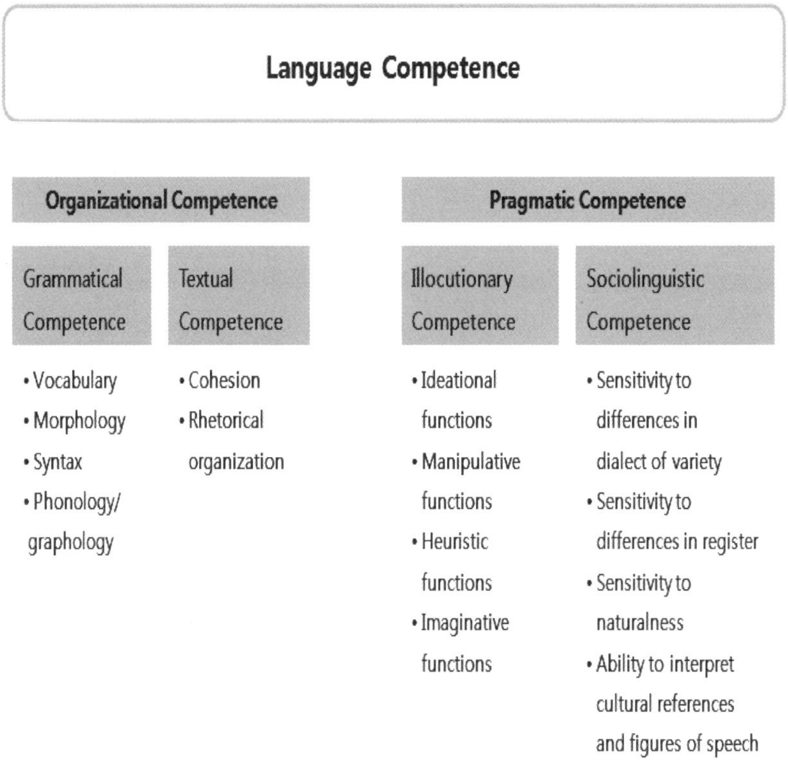

Language Competence

Organizational Competence

Grammatical Competence
- Vocabulary
- Morphology
- Syntax
- Phonology/graphology

Textual Competence
- Cohesion
- Rhetorical organization

Pragmatic Competence

Illocutionary Competence
- Ideational functions
- Manipulative functions
- Heuristic functions
- Imaginative functions

Sociolinguistic Competence
- Sensitivity to differences in dialect of variety
- Sensitivity to differences in register
- Sensitivity to naturalness
- Ability to interpret cultural references and figures of speech

〈그림 3-1〉 Bachman 모델

앞에서 설명한 것처럼 이러한 언어 능력과 전략적 능력을 사용하여 실제 발화 행위로 연결시키는 장치가 심리 생리적 기제이다.

〈그림 3-2〉 심리 생리적 기제

4. 수행평가 모형

　지금까지의 모형이 개별 수험자의 언어능력에 초점을 맞춘데 비해 수험자와 채점자가 만나거나 수험자와 수험자가 만나게 되는 수행평가 상황에서의 언어능력에 대한 여러 가지 모형이 제시되었다. 이러한 모형의 기저에는 인간의 의사소통은 매 상황마다 고유하다는 주장이 깔려있다. 대부분의 의사소통이 혼자가 아니라 상대방과 함께 이루어지기 때문에 의사소통은 누군가를 어떤 상황에서 만나서 어떤 주제에 대해서 말하느냐에 따라 그 결과가 달라진다는 것이다.

　의사소통은 의사소통 상황에 있는 참여자들이 함께 만들어가기 때문에 의사소통 실패의 책임을 수험자 한 사람에게만 돌려서는 안 된다. 의사소통이 실패했을 때 누구의 잘못인지 판단하기 어려운데 의사소통의 결과는 공동의 작품이기 때문이다. 의사소통능력이 한 개인의 머릿속에 있기보다는 대화를 하는 순간에 창조되는데도 불구하고 지금까지 살펴 본 모델들은 개별 화자에 초점을 맞추고 있으므로 이러한 의사소통의 특성을 간과하고 있다는 지적과 함께 의사소통능력의 이러한 측면을 설명하려는 모델이 제시되었는데 McNamara(1996) 모형이 대표적이다.

　McNamara(1996)는 수행평가 모형을 다음처럼 제시하였는데 그림에서 볼 수 있듯이 수행평가의 경우 면접관이나 동료수험자 또는 채점자가 평가의 과정에 참여하기 때문에 평가 결과를 순전히 수험자 개인의 것으로 볼 수는 없으므로 이들이 모델에 포함되어 있다.

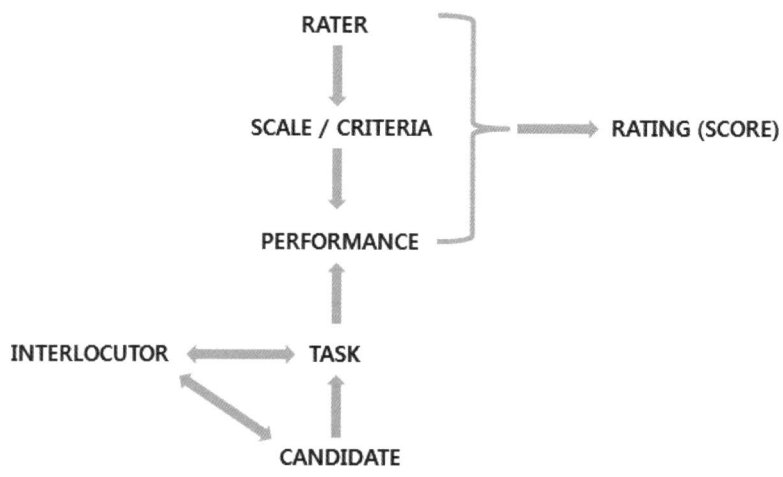

〈그림 3-3〉 McNamara의 수행평가 모델

McNamara(1996)는 수행평가의 경우 크게 SPT(strong performance test)와 WPT(weak performance test)로 나눌 수 있다고 제안하였다. 두 접근법의 차이는 수행평가의 목적과 채점 기준의 차이이다. 첫 번째 접근법은 실제 의사소통과제를 선정하여 수험자에게 수행하게 하고 과업 성공 여부를 채점의 기준으로 삼는다. 따라서 언어 구사력은 채점 기준의 한 부분일 수는 있지만 전체는 아니다. 즉 이 모형에서 언어 구사력은 과제를 수행하는데 필요한 요소이기는 하지만 충분조건은 아니다.

이에 비해서 두 번째 접근법은 언어 구사력이 평가의 주된 목적이다. 과제 성공 자체가 목적이 아니라 과제는 언어 수행을 도출하기 위한 하나의 매개에 불과하다. 수험자가 의사소통상황에서 접할 수 있는 과제와 유사한 과제를 수행하더라도 채점할 때는 언어구사력만 평가한다. 대부분의 수행평가가 두 번째 접근법을 취하고 있다. 수행평가를 이처럼 두 유형으로 나누어 살펴보는 이유는 채점기준에 따라 수행평가에서 측정하고자하는 구인, 즉 의사소통 능력의 특성이 달라지기 때문이다.

5. 상호작용능력(Interactional competence) 모형

지금까지의 모델들은 대부분 한 개인이 성공적으로 의사소통하기 위해서 필요로 하는 지식이나 능력을 다루고 있다. 그러나 상호작용능력 모형에서는 의사소통의 성공 여부에 대한 초점을 개인에게만 맞추어서는 안 된다고 주장한다. 모든 의사소통 행위는 개인에게 속하기 보다는 의사소통에 참여하는 모든 사람들에 의해서 공동으로 창조(co-construct)되기 때문이다. 따라서 의사소통에 실패할 경우 특정 개인의 책임이라기보다는 그 의사소통에 참여한 사람 전부의 책임일 수 있다. 예를 들어 Jacoby와 Ochs(1995)는 대부분의 의사소통상황에서 사람들은 혼자 이야기 하지 않고 다른 사람과 공동으로 만들어 나간다고 역설하였다. 대화 주제를 제안하기도 하고 서로 묻고 답하고 의사소통에 문제가 생기면 서로 도와서 해결해 나간다는 것이다. 따라서 대화를 성공적으로 이끌어 나가고 교대(turn taking)를 적절하게 배분하는 것은 개인의 책임이라기보다는 대화에 참여하는 사람들 모두의 책임(distributed responsibility)이라고 본다.

이러한 견해는 의사소통능력(communicative competence)이라는 용어보다는 상호작용 능력(interactional competence)이라는 개념이 더 적절하다는 주장으로 이어진다. Kramsch(1986)는 의사소통능력의 핵심으로 기능, 내용, 정확성을 강조하는 능숙도 중심의 교육과정으로는 실제 의사소통 현실을 반영할 수 없다고 주장하면서 상호작용능력이 교육의 목표가 되어야 한다고 제안하였다. 예를 들어 묻고 답하는 기능의 경우 실제로 질문을 하고 답을 하는데 필요한 화용론적인 내용은 간과된 채 문법적인 차원에서 접근되는 경우가 대부분이고, 말하기 교육의 내용도 실제 의사소통상황의 역동적인 측면은 간과된 채 지나치게 정적이며, 담화 수준의 일관성보다는 문장 수준의 문법적 정확성만 강조되고 있다고 비판하였다. 따라서 Kramsch는 당시 유행하던 능숙도 운동(proficiency movement)에서 상호작용능력으로 언어 교육의 목표가 변화되어야 한다고 주장하였다.

상호작용능력 관점은 언어 평가의 관점에서 보면 현재 이루어지고 있는 언어 평가를 위협할 수도 있는 새로운 견해이다. McNamara(1997)가 지적한 것처럼 인간의 의사소통이 함께 창조된다고 보면 시험 결과가 수험자만의 책임이라고 볼 수 없으므로 시험 결과를 누구의 수행 결과로 보아야 하는가(whose performance)라는 문제가 제기되기 때문이다. 중국어 액센트가 있는 홍콩 출신 간호사의 영어를 듣기 싫어하던 병원 직원이 이 간호사가 응급환자가 있다고 알렸음에도 불구하고 무시해서 환자의 상태가 악화된 경우 이 간호사의 영어 구사력의 문제도 있을 수 있겠지만 함께 대화를 진행한 원어민 직원의 책임도 크다고 할 것이다(McNamara, 1997).

상호작용능력 관점은 평가 도구가 측정하고자 하는 구인이나 과제 개발, 그리고 채점 기준 설정 등 여러 가지 측면에서 새로운 도전 과제를 제시한다. 만약 의사소통이 같이 창조되고 상황마다 다르다면 한 개인의 언어 능력을 따로 평가하는 시도 자체가 무의미해지기 때문이다. 이런 관점에서 측정하고자 하는 구인인 의사소통능력은 상황이나 대화의 상대방에 따라 적절하게 의사소통을 해 낼 수 있는 적응능력(adaptivity)이라고 볼 수 있을 것이다. 예를 들어 수업 시간에 교사들이 학생들의 능숙도를 고려하여 표현을 조절하거나 원어민이 외국인과 대화할 때 여러 측면에서 비원어민의 이해를 돕기 위해 조절하는 것처럼 상대방에 따라 적절하게 같이 대화를 만들어 나가는 능력이 평가의 대상이라고 하겠다. 문제는 이런 능력을 측정할 수 있는 평가 방법이나 채점 기준을 찾아낼 수 있을 지의 여부이다. 현재로서는 다양한 과제를 주고, 다양한 사람과 의사소통하는 수험 환경을 제공하는 것이 최선의 방안으로 판단된다. 또 채점 기준에 다른 사람과 상호작용할 수 있는 능력도 포함되어야 할 것이다.

6. 특수목적을 위한 언어 능력(Specific purpose language ability) 모형

대부분의 평가 상황에서 수험자의 배경 지식은 평가의 대상이 되어서는 안 된다. 따라서 일반적인 언어시험에서는 과제를 수행하는데 특정한 배경지식을 요구하지 않는다. 특정 배경지식을 가진 사람이 같은 언어 능력을 가진 다른 사람에 비해서 더 유리하다면 측정하고자 하는 언어 능력이 아닌 다른 요소가 평가 결과를 좌우하기 때문에 공정한 평가가 이루어진다고 보기 어렵다. 그러나 특수목적을 위한 평가 상황에서는 배경지식 자체가 평가 과제를 수행하는데 요구된다. Douglas(2000)는 특수목적을 위한 언어 능력을 다음과 같이 정의한다.

> Specific purpose language ability results from the interaction between specific purpose background knowledge and language ability, by means of strategic competence engaged by specific purpose input in the form of test method characteristics. (p. 40)

당연히 해당 분야의 배경지식을 많이 가진 사람이 더 유리할 것이고 특수목적을 위한 평가 상황에서는 그게 당연하다는 것이다. 예를 들어 원어민이 아닌 의료 인력의 외국어 구사능력을 평가하기 위한 시험에서는 일상생활과 관련된 듣기 지문보다는 의사와 환자가 주고받는 듣기 자료가 훨씬 더 바람직할 것이다. 의료지식이 부족한 사람이 당연히 불리하겠지만 시험의 목적 자체가 그런 내용의 대화를 이해할 수 있는 사람을 선발해내는데 있기 때문에 문제가 되지 않는다고 본다.

특수목적을 위한 언어 평가는 채점기준에 있어서도 일반적인 언어 평가와 차이가 난다. 구성원 고유 평가 기준(indigenous assessment criteria)에 대한 고민도 필요하다. 지금처럼 채점 기준을 설정할 때 목표 언어 사용 상황에 대한 분석과 언어적인 측면에서의 평가 기준도 필요하겠지만 주어진 상황에서 필요한 언어를 적절하게 구사해서 해당 커뮤니티의 구성원이 되는데 요구되는 능력도 포함되어야 한다(Jacoby & McNamara, 1999). 특히 그 분야의 구성원들이 의사소통이 제대로 되었는지 혹은 특정인이 그 커뮤니티에서 요구되는 의사소통을 가지고 있는지 평가할 때 사용하는 고유한 평가 기준을 탐색하여 포함하여야 한다(Douglas & Myer, 2000).

7. 과업수행능력 모형

최근 들어 과업중심교수방법의 등장과 함께 과업중심평가(Brown, Hudson, Norris, & Bonk, 2002)에 대한 관심도 커지고 있다. 이 접근법은 수험자가 미래에 수행해야 하는 과업을 파악해서 이와 유사한 평가 과제를 제작하고 수험자가 해당 과업을 성공적으로 수행하면 수험자에게 해당 능력이 있다고 판단하는 방식이다. 그러나 여기서 말하는 능력은 수험자의 언어 능력이 아니라 해당 과업 수행능력이라는 점에 유의해야 한다. 평가 도구가 측정하고자 하는 구인을 정의하지 않는 이러한 접근법은 전통적인 언어 평가의 관점에서 보면 다음과 같은 문제점이 있다.

우선 언어 평가의 목적은 특정 과업의 수행 여부가 아니라 수험 과제를 통해서 수험자의 언어 능력을 유추하는데 있다. 수험자가 수행해야 하는 모든 과제를 다 평가할 수는 없으므로 몇 가지 대표적인 과제를 수행하게 하고 그 결과를 근거로 수험자의 언어 능력을 추론하게 된다. 소수의 평가 과제를 성공적으로 수행했는지가 중요한 것이 아니라 그 결과를 바탕으로 수험자에게 어떤 언어 능력이 어느 정도 있는지를 추론해 내는 것이 중요하기 때문이다. 구인이 제대로 정의되어 있지 않으면 수험자가 해당 과제를 제대로 수행해 내지 못했을 경우 어떤 능력에 문제가 있었는지도 판단하기 어렵다. 해당 과업을 수행하는 데는 언어 능력 이외에도 다양한 요인이 개입될 수 있기 때문이다.

8. 언어의 네 기능 접근법의 한계

언어 교육 분야에서 언어를 읽기, 쓰기, 듣기, 말하기로 나누어 수업을 진행하고 평가도 각 기능별로 분리하여 평가하는 경우가 많다. 많은 평가 도구가 네 가지 영역으로 구성되어 있고 각 영역은 해당 언어 기능만을 평가해야 한다는 주장도 있다. 예를 들어 읽기 평가는 읽기 능력만 평가해야 하는데 단답식 문항처럼 답을 적는 방식은 쓰기 능력이 개입되므로 읽기 평가 문항으로서는 적합하지 않다고 본다.

이러한 접근법은 일상생활에서 이루어지는 여러 가지 의사소통활동이 단순히 음성 언어와 문자 언어라는 경로의 차이만으로 구분될 수 없다는 점에서 한계가 있다. 예를 들어 같은 듣기 활동이라고 분류되는 활동이라도 여러 가지 측면에서 차이가 날 수 있다. 또한 일상생활에서 네 기능이 구별되어 사용되지 않고 통합되어 사용된다는 점도 간과되고 있다.

따라서 평가 도구를 개발할 때에는 네 가지 언어 기능으로 나누어 접근하기 보다는 목표언어 사용영역에서 수험자가 수행해야 하는 의사소통과제를 파악한 다음 그와 유사한 평가 과제를 제작하여야 한다. 물론 해당 평가 과제를 수행하는데 요구되는 언어 능력을 이론적인 차원과 조작적인 차원에서 자세하게 정의내려야 한다.

9. 맺음말

지금까지 의사소통능력에 대한 대표적인 견해들을 살펴보았다. 안타까운 것은 이 분야에 대한 연구가 많이 진행되지 않고 있다는 사실이다. 평가해야 하는 대상이 무엇인지도 모르면서 평가하는 관행은 분명 바람직하지 못하다. 따라서 의사소통능력의 실체를 탐색해 나가는 작업이 끊임없이 진행되어야 한다. 특히 사람과 사람 사이의 상호작용을 탐색하는 다양한 분야의 연구 결과를 토대로 더 종합적인 모델을 정립하고 이를 평가 도구 개발이나 평가 기준을 수립하는 데 최대한 활용하여야 할 것이다.

지금까지 논의된 의사소통모델로는 실제 시험을 개발하기 어렵다는 점에 유의해야 한다. 예를 들어 문법적 능력이나 담화적 능력, 혹은 사회언어적 능력을 측정하는 문항 위주로 평가도구를 제작하기는 힘들다. 그런 이유로 해서 대부분의 시험이 기존의 각 기능별 하위기능이나 ACTFL scale이나 Common European Framework of Reference(CEFR)과 같은 능숙도 척도(proficiency scale) 형태로 구체화 된다. 그러나 이러한 모형도 많은 경우 실증적인 근거 없이 개발된 경우가 많다. 따라서 제시되는 모형의 타당성을 확인하는 연구도 이루어져야 할 것이다.

참고자료

의사소통능력에 관한 다양한 의견은 본 장에 소개된 문헌을 정독할 필요가 있다. Bachman(1990)과 McNamara(1996)가 좋은 출발점이 된다. 상호작용능력에 관한 연구로는 Young과 He(1998)가 좋은 출발점이다. 구인에 관한 관점을 크게 new behaviourism, trait theory, 그리고 interactionist 관점으로 분류한 Chapelle(1998)도 많이 인용되는 자료이다. 특수목적을 위한 언어 평가는 Douglas(2000, 2001)가 대표적이며 전공 지식의 영향을 살펴본 Clapham(1996, 1998)과 Lee와 Anderson(2007)은 반드시 읽어보아야 할 연구이다.

연습문제

1. Bachman 모형에 나오는 언어 능력의 하위 요소 중 다음 요소를 측정할 수 있는 방법을 제시해 봅시다.

   1) Sensitivity to differences in register

   2) Sensitivity to naturalness

2. 다음 자료에 등장하는 공항 관제사와 중국 비행기 조종사의 말하기 실력을 상호작용능력 관점에서 분석해 봅시다.

   http://www.youtube.com/watch?v=HQETCmzCOFE

제4장
타당도

> **생각해보기**
>
> 해외 공관에 근무할 공관장을 대상으로 실시되는 시험과 관련된 다음 신문 기사를 읽고 이 시험의 적절성에 대해서 평가해 봅시다.
>
> 20년 이상 미국 생활을 한 김 내정자는 시험을 보고 난 뒤 청와대 인사들을 찾아가 "시험 내용이 외교관 업무 수행과 상관없는 것들이다. 외교부가 외부 인사를 배척하려고 일부러 그랬을 것"이라는 취지로 말했다고 한다. 그가 예로 든 문제는 '(물리학의) 끈 이론과 상대성이론에 대한 지문을 읽고 영어로 설명하라', '밍크 털과 토끼 털의 차이에 대해 영어로 설명하라' 등이었다. (부록 3)

언어 시험을 보고나서 '엉터리 시험이다', 혹은 '잘 만든 시험이다'라는 식으로 평가해 본 경험이 누구에게나 한두 번은 있을 것이다. 특정 시험이 다른 시험에 비해 더 뛰어난 시험이라는 시험 광고도 자주 접하게 된다. 4, 5, 6장에서는 이러한 주관적인 평가가 아니라 평가 도구가 얼마나 좋은지, 평가 결과가 얼마나 양호한지를 판단할 수 있는 기준에 대하여 살펴본다.

평가 도구를 평가하는 일은 비단 수험자의 관심사는 아니다. 평가 도구를 제작하는 경우에는 제대로 제작되었는지 확인해 보아야 하고 평가가 실시된 이후에는 평가 결과를 근거로 중요한 결정을 내려도 되는지 점검해보아야 한다. 여러 평가 도구 중에서 하나를 선정해야 하는 경우에도 평가 도구의 수준을 비교할 수 있는 기준이 필요하다. 이런 평가가 정당성을 확보하기 위해서는 누구나 받아들일 수 있는 기준이 있어야 할 것이다.

이번 장에서는 언어 평가 도구의 양호도를 점검하는 여러 가지 기준 중에서 전통적으로 가장 많이 사용되고 있는 타당도에 대해 살펴본다. 다음 장에서는 신뢰도에 대하여 알아보고 6장에서는 진정성, 영향, 실용성과 최근 들어 관심을 받고 있는 다른 기준에 대해서도 간략하게 살펴본다.

1. 평가 도구 평가 원칙

평가 도구를 평가할 때에는 몇 가지 원칙을 염두에 두어야 한다. 먼저 평가 도구의 수준은 절대적이지 않고 주어진 평가 상황마다 달라진다는 데 유의할 필요가 있다. 같은 평가 도구라 하더라도 어떤 상황에서 어떤 목적으로 사용하느냐에 따라 그 양호도에 차이가 나기 때문이다. 예를 들어 성인을 대상으로 제작된 시험을 아동에게 실시하거나 모국어 화자를 대상으로 제작된 시험을 외국어 학습자에게 실시한다면 동일한 시험이지만 이 경우 시험이 제공하는 자료의 수준은 떨어질게 분명하다. 따라서 모든 평가 상황에 최고인 시험은 없고 어떤 시험이 최고의 시험인가라는 질문에도 답이 없다. 주어진 상황에 따라 그 답이 달라지기 때문이다.

두 번째로 평가 도구의 수준을 높거나 낮은 두 경우의 수로만 판단해서는 안 된다. 위에서 설명한 것처럼 어떤 평가 상황에서 어떤 목적으로 사용되는가에 따라서 수준이 달라지기 때문에 높거나 낮은(all or nothing) 두 경우의 수로만 판단하기 보다는 정도(degree)의 문제로 보아야 한다. 즉 타당도란 있고 없고의 개념이 아니라 어느 정도로 높은가의 개념이다.

세 번째로 평가 도구의 수준을 판단할 때 양적인 연구 방법만 고집해서는 안 된다. 평가라고하면 숫자가 연상되고 복잡한 통계를 사용해서 평가 결과를 보고하는 경우가 많다보니 평가 도구나 평가 도구의 수준을 판단할 때 양적인 분석 자료에 기초해야 한다고 오해하는 경우가 있는데 이는 편협한 태도이다. 평가의 수준을 평가하기 위해서는 양적 연구 방법을 비롯한 여러 가지 방법을 사용하여 가능한 한 다양한 자료를 수집하고 분석해야 하며 수집된 증거와 자료를 분석하는 과정에서는 평가하는 사람의 전문적인 판단이 요구된다.

마지막으로, 평가 도구의 수준을 평가가 실시된 후 평가 결과를 분석하는 단계에서만 확인할 것이 아니라 평가 도구의 개발, 선정, 실시, 채점, 그리고 결과 해석 등 평가의 모든 과정에서 염두에 두어야 한다. 평가가 완료된 후에 확인하면 사후약방문이 될 가능성이 크기 때문에 평가의 각 단계에서 평가 도구의 수준을 높이려고 노력해야 한다. 제작, 실시, 채점 과정에서 문제가 발생하였다면 십중팔구 좋지 않은 결과가 나올 것이 분명하다.

2. 타당도의 정의

타당도(validity)는 글자 그대로 풀어보면 '妥當'이라는 말과 '度'가 결합된 단어로 '타당한 정도'라는 뜻이다. '타당하다'라는 말은 '일의 이치로 보아 옳다'는 뜻이므로 평가 도구의 타당도가 높다는 말은 평가의 결과가 올바르다는 의미이다.

전통적으로 평가의 타당도는 '평가 도구가 측정하고자 하는 바를 측정하는 정도'로 정의되어왔다. 두말할 필요도 없이 측정하고자 하는 바를 제대로 측정할수록 타당도가 높다고 보았으며, 타당도에는 '내용 타당도' '준거 타당도', 그리고 '구인 타당도' 세 가지 종류가 있다고 보았다.

> - 내용 타당도(content validity): 검사가 평가해야 할 내용을 제대로 평가하고 있는가?
> - 준거관련 타당도(criterion-related validity)
>   ① 공인 타당도(concurrent validity): 비슷한 능력을 측정하는 다른 검사와 평가 결과가 얼마나 비슷한가?
>   ② 예측 타당도(predictive validity): 평가 결과가 미래의 과업수행 정도를 얼마나 잘 예측하는가?
> - 구인 타당도(construct validity): 측정하고자 하는 구인을 실제로 측정하고 있는가?

그러나 80년대 후반에 들면서 타당도는 '시험점수에 근거해서 내리는 추론이나 결정의 적절성'으로 정의되고 있다. 다시 말해 타당도를 확인하는 작업(validation)은 '시험 결과의 해석이나 사용이 얼마나 적절한지를 보여주는 여러 가지 증거를 수집하여 분석, 판단하는 과정'이다.

> Validity refers to the degree to which evidence and theory supports the interpretations of test scores entailed by proposed by tests (AERA, 1999)
>
> An integrated evaluative judgement of the degree to which empirical evidence and theoretical rationales support the adequacy and appropriateness of inferences and actions based on test scores (Messick, 1989)

따라서 타당도를 검증하는 과정은 평가의 결과를 근거로 이런 결정을 내려도 되는가라는 질문에 대한 답을 찾아가는 과정이다. 동일한 시험이라고 하더라도 어떤 목적으로 어떻게 사용하느냐에 따라서 타당도가 달라지기 때문에 평가가 이루어지는 상황마다 타당도를 확인하는 작업이 이루어져야 한다.

타당도 검증의 대상은 평가 도구가 아니라, 수험자의 언어능력에 대해 평가 결과에 근거하여 내린 해석과 결정이기 때문에 타당도는 시험의 특성이라기보다는 시험의 사용이나 결과 해석의 문제이다. 따라서 어떤 시험이 타당하다고 말하는 것은 엄격한 의미에서 적절하지 않은 표현이다.

새로운 관점에서는 더 이상 세 가지 유형의 타당도가 아닌 구인 타당도(construct validity) 하나만 있다고 본다. 타당도를 위에서처럼 세 가지 종류로 구분하기보다는 다양한 종류의 증거를 수집해서 평가 결과의 해석이 적절한지를 판단하는 단일한 개념으로 본다. 따라서 '-타당도'가 아니라 '-와 관련된 타당도 증거'나 '-에 기초한 증거'라는 표현을 사용한다.

새로운 관점의 타당도 개념을 체계적으로 정립한 학자는 Messick(1989)이다. Messick은 <표 4-1>에서 처럼 평가의 결과 해석과 사용을 정당화할 수 있는 증거에는 크게 두 가지, 즉 증거 기준과 결과중심 근거가 있다고 보았다. <표 4-1>의 시험 해석 칸은 시험의 타당도를 특정 시험 상황이 아닌 일반적인 상황에서 살펴보는 경우에 해당되고 시험 사용 칸은 시험의 타당도를 특정 상황에서 살펴보는 경우에 해당된다. 증거와 관련해서 첫 번째 줄의 증거 기준은 과학적인 증거에 기초하여 평가하는데 반해 두 번째 줄의 결과중심 근거에서는 언어 평가가 가치 중립적인 진공상태에서 이루어지는 활동이 아니기 때문에 평가 사용과 관련된 사회적 가치를 고려하여 판단한다.

〈표 4-1〉 Messick의 타당도 개념

Sources of Justification	Test Interpretation	Test Use
Evidential Basis	Construct validity	Construct validity + Relevance / Utility

| Consequential Basis | Construct validity
+ Value implications | Construct validity
+ Relevance / Utility
+ Social Consequences |

위의 표에서 알 수 있듯이 평가 결과 해석과 관련하여 증거기준 측면에서는 구인타당도를 확인하여야 하며 결과중심 근거측면에서는 구인타당도와 동시에 가치 판단을 필요로 한다. 평가의 사용과 관련해서는 증거기준 측면에서는 구인타당도에 대한 연구와 동시에 적절성과 유용성에 관한 탐색도 포함된다. 한편 결과중심 근거에서는 구인 타당도, 적절성과 유용성에 더해서 시험을 사용할 때 사회적으로 초래될 유·무형의 결과에 대한 탐색을 필요로 한다. 이어서 그는 구인타당도를 저해할 수 있는 요소를 크게 구인과소표본(construct under-representation)과 구인외변량(construct irrelevant variance)으로 분류하였다. 전자는 글자 그대로 평가해야 하는 구인을 제대로 다 측정하지 못해서 발생하는 문제이고 후자는 측정하고자 하는 구인이 아닌 다른 요소가 평가 결과에 영향을 미치는 문제를 뜻한다.

Chapelle(1999)은 타당도를 바라보는 전통적인 관점과 새로운 관점을 다음 표와 같이 비교하고 있다.

〈표 4-2〉 타당도 개념변화

과 거	현 재
Validity was considered a characteristic of a test: the extent to which a test measures what it is supposed to measure.	Validity is considered an argument concerning test interpretation and use: the extent to which test interpretations and uses can be justified
Reliability was seen as distinct from and a necessary condition for validity	One type of validity evidence
Validity was often established through correlations of a test with other tests.	Validity is argued on the basis of a number of types of rationales and evidence, including the consequences of testing.

Construct validity was seen as one of three types of validity(content, criterion-related, and construct)	Unitary concept with construct validity as central(content and criterion-related evidence can be used as evidence about construct validity)
Establishing validity was considered within the purview of testing researchers responsible for developing large-scale, high-stakes tests	Justifying the validity of test use is the responsibility of all test users.

이 관점은 Kane(1992)이 제안한 '주장에 기초한 접근(argument-based approach)'과도 일맥상통한다. 그에 따르면 시험 결과를 해석할 때 우리는 평가 결과를 바탕으로 주장을 하게 된다. 예를 들어 '어떤 시험에서 일정 점수를 받은 사람은 무엇을 할 수 있는 능력이 있다'는 식의 주장을 하게 되는데 Kane은 평가의 타당도를 검증하는 과정을 이러한 주장의 근거를 밝히는 과정으로 본다. 이 견해 또한 타당도를 평가 도구의 특징이라기보다는 평가 도구의 해석상의 문제로 본다는 점에서 타당도를 평가 결과 해석의 적절성이라고 보는 정의와 맥을 같이 한다고 볼 수 있다. Bachman과 Palmer(2010)는 Kane(1992, 2006)의 주장을 발전시켜 '평가 사용 주장(Test Use Argument)'이라는 개념을 제안하였다. 그들에 따르면 평가자들은 시험 결과를 바탕으로 어떤 주장(claim)을 하게 되며 이 주장을 뒷받침할 수 있는 근거(warrant)를 제시하여야 한다. 물론 이 결론에 대하여 반박(rebuttal) 하는 사람이 있을 것이고 이 사람은 자신의 주장을 지지할 수 있는 근거(rebuttal backing)를 제시하면서 반론(counter claim)을 제기할 것이다.

그들은 언어 평가를 <그림 4-1>에서 보는 것처럼 시험 수행(performance), 평가 결과(assessment records), 해석(interpretations), 결정(decisions), 그리고 영향(consequences)의 다섯 단계로 구분하고 상위 네 단계에서 다음과 같은 주장을 하여야 한다고 제안하였다.

- Assessment records are consistent
- Interpretations are meaningful, impartial, generalizable, relevant, and sufficient
- Decisions are value sensitive and equitable
- Consequences are beneficial

물론 각 단계마다 위에서 제시한 것처럼 주장에 대한 근거 제시와 반박, 반박에 대한 근거 제시와 반론 등을 통해 평가 도구 사용의 적절성을 밝혀내어야 한다.

Chapelle외 2인(2008)은 Kane(2006)의 접근법을 활용하여 iBT TOEFL의 타당성을 검토한 대표적인 연구이다.

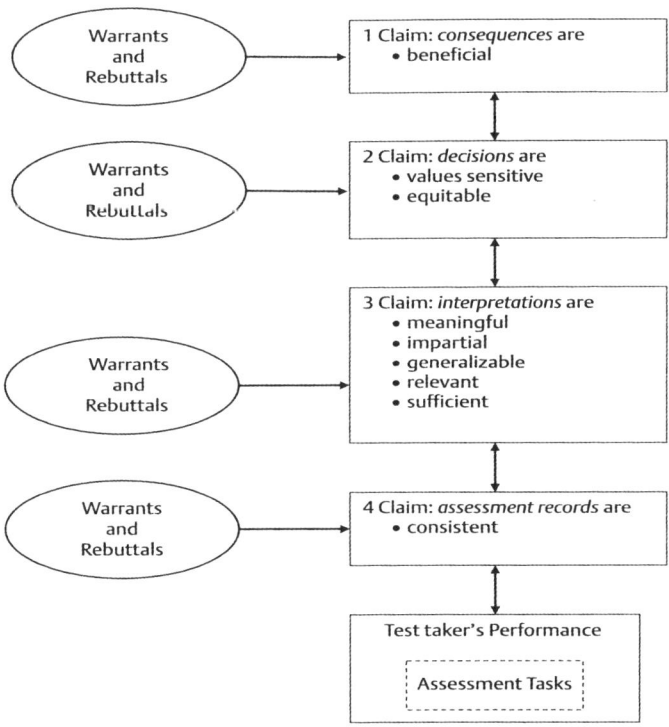

〈그림 4-1〉 Test Use Argument (Bachman & Palmer, 2010, p. 104)

3. 안면 타당도(Face validity)

안면타당도는 시험이 평가 하고자 하는 능력을 제대로 평가하는 것처럼 보이는지에 대한 수험자나 시험을 사용하는 사람들의 판단을 가리킨다. 체계적으로 수집된 자료 분석에 근거하지 않고 주관적인 인상으로 판단하기 때문에 비과학적이라는 이유로 안면타당도라는 개념 자체를 인정하지 않는 견해도 있다. 예를 들어 Bachman(1990)은 안면타당도라는 용어 대신 '시험의 외양'(test appearance)이라는 용어를 사용하고 있다. 그러나 수험자의 주관적인 판단에 근거하기 때문에 다른 자료에 비해서 가치가 떨어지거나 중요하지 않다는 주장에는 동의하기 어렵다. 수험자나 사용자에게 평가에 대한 인상을 물어봐서 손해 볼 일은 없기 때문이다. 때로는 평가자가 간과했거나 깨닫지 못한 소중한 정보를 얻을 수도 있다. 물론 안면타당도라는 개념 자체를 고집할 필요는 없지만 수험자나 사용자에게 시험에 대한 피드백을 구하는 일은 매우 중요하다.

4. 결과 타당도(Consequential validity)

평가를 실시하는 대부분의 목적은 수험자의 실력을 측정하고 그 결과를 바탕으로 각종 결정을 내리는 데 있다. 따라서 평가는 결과를 수반할 수밖에 없고 평가의 수준을 판단하는 기준의 하나가 평가가 바람직한 결과를 가져온 정도라는 주장이 있다. 평가 도구가 의도한 결과를 가지고 왔는지, 특히 의도하지 않은 부정적인 결과는 가져오지 않았는지가 평가의 양호도를 판단하는 중요한 요건이 되어야 하며 이를 결과타당도라고 부른다.

그러나 결과타당도라는 개념 자체가 모순이라고 주장하는 학자도 있다. 평가가 원래 제작된 목적 이외의 용도로 사용되어 바람직하지 못한 결과를 낳았더라도 평가 결과에 근거해서 수험자의 언어능력에 대해 정확하게 추론하였다면 결과가 잘못 사용되더라도 이를 평가의 타당도 문제라고 볼 수는 없다는 것이다(Popham, 2005).

안면타당도와 마찬가지로 결과타당도라는 개념 자체가 필요한지에 대해서는 논의가 필요하다. 다만 평가의 모든 단계에서 이루어지는 평가의 수준을 점검하는 활동의 일환으로 평가가 어떠한 결과를 가져왔는지에 대한 조사는 반드시 이루어져야 할 것이다.

5. 타당도 검증 방법

위에서 평가의 타당도란 시험 결과에 근거해서 내리는 수험자의 언어 능력에 대한 추론이나 각종 결정의 적절성이라고 정의하였다. 따라서 어떤 평가 도구의 타당성을 알아보기 위해서는 주어진 상황에서 평가의 결과에 근거해서 내려진 각종 수험자의 언어 능력에 대한 추론이나 시험 결과에 근거해서 내려진 결정이 얼마나 타당한지를 보여주는 여러 가지 종류의 증거를 수집하여야 한다. 앞에서 살펴본 것처럼 동일한 시험이라고 하더라도 사용하는 상황이 달라질 때마다 주어진 상황에서의 타당도를 확인해 보아야 한다.

평가의 타당도를 알아보는 과정은 재판 과정에 비유하면 이해하기 쉽다. 예를 들어 어떤 시험에 떨어진 사람이 결정에 문제가 있다고 소송을 제기했다고 해보자. 재판에 이기기 위해서는 판사와 배심원에게 왜 해당 평가 도구의 점수를 기준으로 내린 합격 또는 불합격 결정이 적절한지 설득할 수 있어야 하며 자신의 주장을 뒷받침할 수 있는 여러 가지 증거를 제시하여야만 한다. 두말할 필요도 없이 반대편은 결정이 잘못되었다는 여러 가지 증거를 제시할 것이다. 따라서 재판에서 승소하기 위해서는 자신의 주장이 옳고 상대방의 주장이 잘못되었다는 다양한 증거를 제시하여야 한다.

평가 도구의 타당도를 검증하는 과정도 시험 결과에 근거해서 내려진 추론이나 해석이 적절하다는 증거를 찾아 나가는 과정이다. 이 과정에서 평가 결과 해석을 지지하는 가설이 옳다는 증거를 수집하는 동시에 해석이나 결정이 잘못되었다는 경쟁 가설을 제거해 나가야 한다. 따라서 모든 증거를 종합적으로 제시하여야 하고 시험 결과에 근거해서 내리는 결정이 중요하면 중요할수록 더 많은 증거를 제시해야 할 것이다.

언어 평가의 경우 언어 능력 자체의 성격이 분명하지 않고 눈으로 관찰할 수 없는 경우가 많기 때문에 평가 도구가 적절하게 사용되고 있음을 증명해 보이기가 쉽지 않다. 따라서 타당도를 검증하는 과정은 한 번으로 끝나기 보다는 계속해서 진행되어야하는 작업(on-going process)이다.

평가 결과의 타당도를 확인하기 위해서는 평가 상황에 따라서 다소 차이가 날 수 있겠지만 가능한 여러 종류의 증거를 모아서 평가 도구의 타당도에 대한 종합적인 평가를 내려야 할 것이다. 언어 평가 분야에서는 다음과 같은 증거가 주로 수집된다.

1) 내용에 기초한 증거

평가 내용 측면의 증거는 평가 도구가 평가하여야 할 내용을 골고루 제대로 평가하고 있는지를 살펴본다. 전통적인 관점에서 내용 타당도라고 부르던 유형의 증거이다. 평가해야 하는 내용이 평가하고자 하는 능력과 관련되어 있고 골고루 다 표집되어 있는지의 여부가 내용 측면의 적절성을 평가하는 근거가 된다. 예를 들어 중간고사의 시험 범위가 1과에서 3과라면 세 과에 나오는 내용이 골고루 출제되어야 할 것이다. 만약 대부분의 문제가 1과와 2과에서만 출제되었다면 내용 측면에서 적절하지 못한 시험이다.

평가가 평가해야 할 내용을 제대로 평가하고 있는지 확인하는 작업은 앞에서 밝힌 것처럼 언어 평가의 특성때문에 쉬운 일이 아니다. 문제의 핵심은 언어 평가의 내용을 무엇으로 보아야 할지 분명하지 않다는 데에 있다. 물론 성취도 평가의 경우 가르친 항목이 있으므로 평가항목을 결정하기 쉽다. 또 문법이나 어휘 영역의 경우에도 문법 항목이나 어휘가 있기 때문에 다른 영역에 비해서 상대적으로 내용을 선정하기 쉽다. 그러나 언어의 네 기능을 평가하는 경우 평가의 내용을 선정하기란 쉽지 않다. 대부분의 경우 각 기능별 하위기술들을 중심으로 평가 도구를 제작하거나, 의사소통기능, 의사소통과제, 의사소통능력 구성요소(Bachman, 1990), 교육과정에 제시된 성취기준 등을 기준으로 평가해야 할 내용을 선정하고 내용의 적절성을 평가한다.

내용 타당도의 증거 대부분은 객관적인 자료에 근거를 두기보다는 해당 내용 전문가의 주관적인 판단에 근거를 둔다. 예를 들어 Wall 외 2인(1994)의 연구에서는 Lancaster 대학 언어교육원에서 실시한 배치평가의 내용이 프로그램의 내용과 일치하는지를 보기 위해 시험 문항의 내용이 수업시간에 중점적으로 다루는 내용인지를 영어 교사 한 명과 인터뷰를 실시하여 확인하였다. 그 결과 듣기를 제외하고 읽기, 쓰기, 문법영역은 프로그램에서 가르치는 내용을 잘 반영한다는 응답을 얻었다.

Fulcher(1997)는 Surrey 대학교 언어교육원이 실시하는 배치평가의 시험 내용이 프로그램에서 가르치는 내용을 제대로 반영하고 있는지 알아보기 위해 인문학, 공학, 물리학과에 있는 교수 세 명에게 문항을 점검하도록 하였다. 그 결과 물리학과의 교수는 읽기 시험에서 문항 하나가 내용면에서 문제가 있음을 지적했다. 이 결과를 바탕으로 그는 언어 시험 전문가나 응용언어학자들이 좋은 문항을 개발했다 하더라도 해당 분야 전문가로부터 시험 문제가 평가해야 하는 내용이나 영역을 잘 대표하는 문항인지, 내용 선정이 바람직한지, 교육과정에 있는 내용을 잘 반영하고 있는지에 대해 확인할 필요가 있다고 주장하였다.

2) 다른 평가 도구 결과와 비교로 구하는 증거

다른 평가 도구와의 비교를 통해서 평가 도구의 양호도를 살펴볼 수 있는 증거를 수집할 수 있는데 공인 타당도(concurrent validity)와 예측타당도(predictive validity)로 불리던 증거가 이에 해당된다. 같은 능력을 측정한다고 알려진 시험을 동시에 실시해서 두 시험 결과 사이의 일치도를 보는 방법과 시간이 흐른 후 파악된 과제 수행능력과 시험결과 사이의 유사성을 살펴보는 방법이 있다.

첫 번째 방법은 비슷한 능력을 측정한다고 알려진 시험 결과와 평가하려고 하는 평가 도구의 시험 결과를 비교해 보는 방식이다. 말하기 평가를 제작하는 경우 새로 만든 말하기 시험의 결과와 이미 널리 사용되고 있는 시험의 결과가 얼마나 유사한지를 확인해 볼 수 있을 것이다.

주로 두 점수 사이의 상관관계(correlations)를 추정하는 방식으로 조사된다. 예를 들어 아래에 토플말하기 시험의 점수와 다른 조교선발시험 결과 사이의 상관관계가 보고되어 있다. 주의할 점은 공인 타당도 검사에 있어 이상적인 비교 대상은 이미 타당도가 입증된 언어 평가 도구여야 한다는 점이다. 상관관계가 높다고 해서 두 시험이 측정하는 능력 자체가 동일하다고 단정해서는 안 되기 때문이다. 또 새로 만든 시험이 아무리 좋아도 비교의 대상이 되는 시험보다 더 좋을 수 없다는 점에도 유의해야 한다. 예를 들어 기존 시험의 문제점을 극복하기 위해서 새로 만든 시험이라면 기존의 시험과는 다른 평가 결과를 낳을 수 있어야 하고 그 경우에는 두 평가 도구 사이의 상관관계 계수가 높지 않을 수도 있다.

〈표 4-3〉 iBT TOEFL 말하기 시험 상관계수

Type of Local ITA Assessment	Observed Correlation
Simulated teaching test (content and non-content combined) scored on the basis of linguistic qualities (n=84)	.78

Simulated teaching test (separate content and non-content based tests) scored on the basis linguistic qualities and teaching skills (n=45)	**.70**
Simulated teaching test (content-based) scored on the basis linguistic qualities, teacher presence, and nonverbal communication (n=53)	**.53**
Real classroom teaching sessions scored on the basis of linguistic qualities, lecturing skills, and awareness of American classroom culture (n=23)	**.44**

두 번째 방식은 점수가 높은 사람이 실제 상황에서 해당 과제를 더 잘 수행하는지를 살펴보는 방식이다. 예를 들어 대학수학능력시험 외국어영역의 점수가 높은 학생이 점수가 낮았던 학생보다 대학 교양 영어 학점이 더 높은지를 알아볼 수 있다. 선발시험에서 영어 평가 점수를 요구하는 것은 영어 실력이 해당 분야에서 과업을 수행하는데 필수적인 요소라고 판단해서일 것이다. 만약 영어 시험 점수가 낮았던 사람이 점수가 높았던 사람보다 일을 더 잘하거나 두 사람의 업무 수행에 차이가 없다면 그 평가 도구가 의도된 대로 기능을 하지 못한다는 의미일 것이고 해당 시험의 점수를 신입사원 선발기준으로 설정한 결정의 정당성을 확보하기 힘들 것이다.

예측에 의한 증거의 경우 평가 결과와 수행 정도를 나타내는 변수 사이의 상관관계를 계산해서 살펴보는데, 대부분의 경우 상관계수가 높지 않게 나온다. 그 이유는 비교의 대상이 되는 변수의 자료가 절단(truncate)되어 있는 경우가 많기 때문이다. 위에서 예로 든 대학수학능력시험 성적과 학점 사이의 상관계수를 구하는 경우 입학전형의 성격상 시험 점수가 아주 낮은 학생은 입학하지 못하기 때문에 특정 점수대 아래 점수는 분석에 포함되지 않게 되는데 이 경우 상관계수가 높지 않게 나오게 된다.

또 다른 문제는 비교 대상이 되는 과업 수행의 성공 정도를 측정할 수 있는 적절한 변수를 찾기 힘들다는 점이다. 예를 들어 학점의 경우 단순히 그 사람의 학업 능력 이외에도 여러 가지 요소가 영향을 미치기 때문에 정확하게 외국어 능력의 영향만을 분리시켜 분석할 수 없으므로 최적의 변인이라고 보기 힘들다. 해당 학기에 건강에 문제가 생겼거나 일을 하느라 학업에 소홀해져 학점이 낮은 경우가 발생할 수도 있다. 이런 이유로 해서 평가 예측 측면에서 언어 평가의 타당도를 검사해 본 연구의 수는 매우 적은 편이다. 그러나 평가를 실시해야만 하는 이유, 즉 해당 언어 능력이 업무 수행에 필수적이라는 주장의 정당성을 확보하기 위해서는 결과 측면의 증거를 제시할 수 있어야 한다.

예를 들어 Lynch, Hill과 Storch(1999)는 IELTS시험과 토플 시험이 학점을 예측하는 정도를 조사하였는데 IELTS와 학점 사이에는 어느 정도의 상관관계($r = .54$)가 있는 것으로 드러났지만 토플 시험과 학점 사이의 상관관계($r = .29$)는 매우 낮은 것으로 밝혀졌다. 인터뷰와 설문 조사 결과 학생들은 영어 이외의 다른 요인들이 학업 성취에 영향을 미친다고 응답하였다. Stansfield와 Hewitt(2005)은 미국 법정 통역사 선발 시험의 예측 타당도를 필기시험과 구술시험 결과의 일치 정도를 기준으로 분석하였다. 필기시험과 구술시험 사이의 상관관계가 영어의 경우 .648, 스페인어의 경우 .676이었으며, 필기시험에 탈락한 수험생 거의 모두가 구술시험에서도 탈락한 것으로 밝혀졌다.

3) 문제풀이 과정을 통해서 본 증거

수험자가 시험 과제를 해결해나가는 과정을 탐색해서 평가 과제가 평가하려는 능력을 실제로 평가하고 있는지 살펴보는 방법도 타당도를 확인할 수 있는 좋은 방법이다. 수험자에게 문제를 풀어나가면서 그 과정을 말로 표현하게 하거나 문제를 푼 다음에 그 과정을 회상하게 함으로써 측정하고자 하는 언어 능력이 실제로 그 과제를 수행하는데 요구되는지 확인하는 식으로 증거를 수집한다. 문제를 푸는 과정에서 과제가 측정하고자 하는 능력을 수험자가 실제로 사용한다면 과제가 의도한 대로 기능하고 있다고 판단할 수 있다.

예를 들어 Wu(1998)는 듣기 평가에서 사지 선다형 평가 방식이 학습자의 듣기 수행도에 어느 정도 영향을 미치는지 알아 보기 위해 수험자에게 문제 풀이 과정을 회상하도록 하였다. 연구 결과, 선다형 문항의 문제와 선택지가 수험자의 듣기 이해에 영향을 미쳤지만 선다형 평가 방식이 수험자가 추측만으로 문제를 풀거나, 틀린 이유로 정답을 선택하게 하기도 하였다.

Mun 외 2인(2009)은 토익 듣기 평가의 사진 묘사 문항의 구인타당도를 검증하기 위해 수험자가 각 문항을 푼 과정을 설명하도록 하여 수험 전략을 분석하였는데, 언어적 어려움이나 액센트의 영향은 토익의 듣기 구인과 관련이 있는 요인이지만, 듣기 자료를 이해하고도 그림 내용을 파악하지 못해 오답을 제시했다면, 측정하고자 하는 구인과는 관련이 없는 (construct-irrelevant) 요인도 점수에 영향을 미쳤다고 보고하였다.

4) 통계를 사용해서 구하는 증거

여러 가지 통계적인 분석을 통해서도 평가 도구의 타당성을 살펴볼 수 있다. 언어 평가 분야에서 타당도 검증 목적으로 주로 사용되는 통계분석 방법을 살펴보면 다음과 같다.

(1) 집단 간 시험결과 비교

평가 도구가 측정하고자 하는 언어 능력을 가지고 있다고 추정되는 집단과 해당 언어 능력이 없다고 판단되는 집단에 시험을 실시해서 두 집단의 시험 결과를 비교하는 방식이다. 당연히 언어 능력이 있는 집단의 평가 결과가 더 높아야 할 것이다.

(2) 요인분석(Factor analysis)

요인분석은 많은 수의 변인을 기저에 깔려있는 몇 개의 공통 요인으로 분류해 내는 통계 기법이다. 보통 언어 시험을 제작할 때 측정하고자 하는 평가 요소를 정하고 각 요소마다 두세 개의 문항을 출제한다. 그 문항들이 같은 능력을 평가한다면 요인분석에서 같은 요인으로 분류되어야 할 것이다. 이처럼 제작한 시험 문항이 과연 출제자가 의도한 능력을 평가하고 있는지, 각 하위요소를 측정하기 위해 제작된 문항들이 실제로 그 요소를 측정하고 있고 다른 요소를 측정하는 문항들과 구분되는지 확인할 수 있는 분석방법이기 때문에 내적구조에 근거한 타당도 근거를 제공한다.

요인분석에는 수집된 수험 자료에서 요인을 찾아나가는 탐색적 요인분석(exploratory factor analysis)과 미리 자료의 구조를 상정한 다음 자료의 특성이 미리 설정된 모델과 얼마나 일치하는지를 확인해보는 확인적 요인분석(confirmatory factor analysis)이 있다.

예를 들어 Swinton과 Powers(1980)는 토플 시험이 측정하고 있는 능력을 알아보기 위하여 탐색적 요인분석을 실시하였다. 분석 결과 듣기 요인, 문법·표현·읽기 요인, 그리고 어휘 요인이 탐색된 언어권과 듣기 요인과 문법·표현·읽기· 어휘 요인으로 구분된 언어권도 있었다고 보고하였다. 이처럼 탐색적 요인 분석의 목적은 평가 문항을 몇 개의 공통된 요인으로 묶는 데 있다.

한편 확인적 요인분석은 위에서 설명한 것처럼 한 단계 더 나아가 탐색적 요인 분석 결과나 구인에 대한 이론에 기초해서 미리 평가 과제의 구조를 몇 가지로 추정한 다음 어느 모형이 실제 평가 결과와 일치하는지를 확인하는데 여러 가지 모델 적합도 지수를 고려하여 최적의 모델을 선정하게 된다. Shin(2005)을 예로 들어보면 토플 시험 7개 영역과 말하기 시험인 SPEAK 시험의 네 채점 영역 사이의 관계를 이론적 기반에 따라 크게 4가지로 추정하고 어느 모델이 실제 평가 결과와 가장 일치하는 지를 분석하였다. 분석 결과 아래 <그림 4-2>에 제시된 모델, 즉 듣기 요인, 지필고사 요인(어법, 표현, 어휘, 문법), 그리고 말하기 요인과 이 세 요인 사이의 높은 관련성을 설명해 주는 상위 요인으로 구성되는 모델이 실제 평가 결과에 가장 부합되는 것으로 밝혀졌고 모든 평가 영역이 하나의 공통된 요인으로 구성되어 있다는 아래 <그림 4-3>에 제시된 모델이 제일 평가 결과에 부합되지 않는 것으로 드러났다. 위에서 지적한 것처럼 모델 선정 근거는 이론적 근거와 함께 아래 <표 4-4>에 제시된 모델 적합도 지수이다.

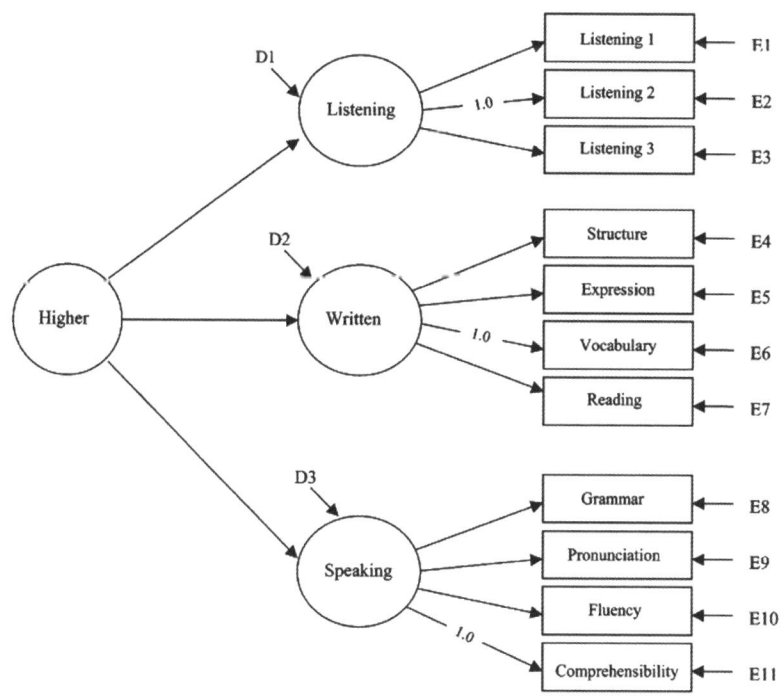

〈그림 4-2〉 세 영역 요인과 상위 요인 모델

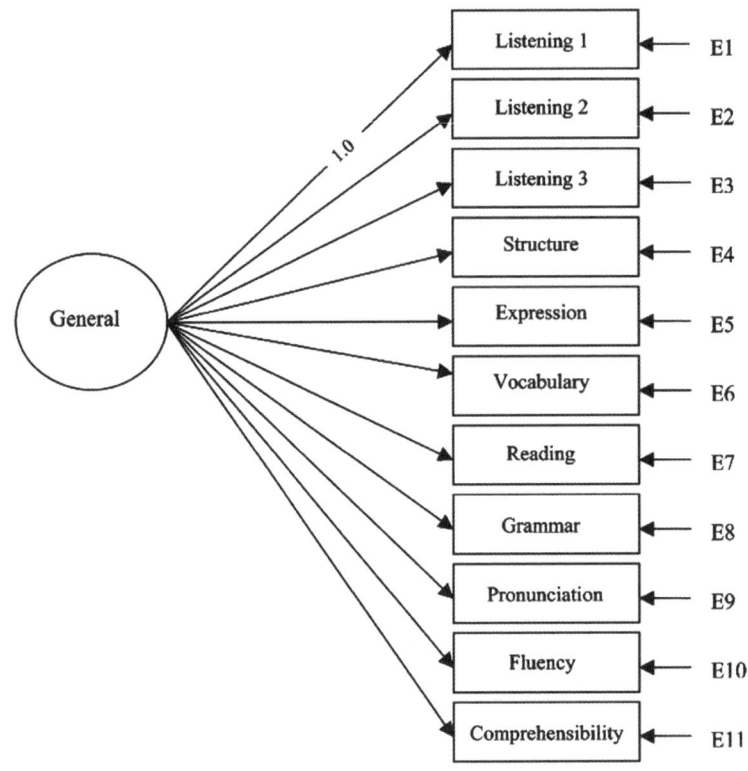

〈그림 4-3〉 단일 언어 능력 요인 모델

〈표 4-4〉 적합도 지수

	Low				Intermediate				High			
	χ^2	CFI	χ^2/df	RMSEA	χ^2	CFI	χ^2/df	RMSEA	χ^2	CFI	χ^2/df	RMSEA
Model A, B(df = 42)	124.96	0.93	3.05	0.09	68.89	0.97	1.68	0.05	62.86	0.98	1.53	0.05
Model C(df = 44)	401.42	0.7	9.12	0.19	423.5	0.61	9.63	0.19	356.05	0.71	8.18	0.17
Model D(df = 44)	210.45	0.86	2.69	0.13	103.07*	0.94	1.56	0.07	130.03†	0.92	1.58	0.09

Notes: *$p < 0.02$; †$p < 0.01$; df = degrees of freedom.

(3) 다속성다측정방법(Multi-Trait Multi-Method) (MTMM)

모든 평가 결과에는 평가 방법이 어느 정도 영향을 미치게 되는데 평가 결과가 유의미하기 위해서는 평가 도구가 측정하고자 하는 능력의 영향이 평가 방법의 영향보다 더 커야 할 것이다. 다속성다측정방법은 몇 가지 구인을 몇 개의 방법으로 측정한 다음 평가 방식은 다르지만 같은 능력을 측정하는 문항 사이의 상관계수가 평가 방법은 동일하지만 측정하는 능력이 다른 문항들 사이의 상관계수보다 높은지 살펴보는 방법으로 문항 타당성을 확인한다. 당연히 방법은 다르지만 같은 능력을 측정하는 문항들 사이의 상관계수가 방법은 같지만 측정하는 능력이 다른 문항들 사이의 상관계수보다 높아야 할 것이다. 방법보다는 능력이 차지하는 비중이 더 크다는 의미이기 때문이다.

Campbell과 Fiske(1959)는 동일한 특성을 측정하기 위해 평가 방식에 의해 얻어진 측정치들 간에 높은 상관관계가 존재할 경우 집중타당도(convergent validity)가 높고, 개념은 다르지만 같은 방법을 사용한 측정치들 간에 상관관계가 높게 형성될 경우 판별타당도(discriminant validity)가 높다고 설명하였다. 시험 결과가 타당해지기 위해서는 당연히 집중타당도가 판별타당도보다 높아야 한다.

Bachman과 Palmer(1982)는 언어 평가 분야에서 MTMM을 사용한 대표적인 논문으로 볼 수 있는데 Canale와 Swain(1980)이 제안한 문법적 능력, 담화 능력과 사회언어적 능력이 실제로 구분되는지를 다속성다측정방법과 확인적 요인 분석을 이용하여 검증했다. 다속성다측정방법 디자인을 이용하여 측정하고자 하는 세 가지의 가설화된 능력을 구술 면접, 쓰기 샘플, 선다형, 자기평가 등 4가지 방법으로 평가하였다. 각 능력과 평가 방법 사이의 상관관계를 구해본 결과, 속성 요인의 경우 문법적 능력과 담화 능력이 사회언어적 능력과 구별되는 것으로 나타났는데, 이는 문법적 능력과 담화 능력이 조직 능력에 포함되기 때문인 것으로 설명하였다. 방법 요인의 경우, 자기평가, 구술 면접과 쓰기/선다형간의 상관관계가 나타났으며, 구술 면접과 쓰기샘플/선다형 간에는 상관관계가 없는 것으로 나타났다. 즉, 구술 면접과 자기평가 방법을 사용하여 구인을 측정할 경우에는 평가 방법의 영향을 받을 수 있는 반면, 쓰기와 선다형 평가 방법을 사용할 경우는 방법의 영향보다는 속성 요인의 변화에 더 영향을 받는 것으로 나타났다.

(4) 문항 난이도 예측

문항과 관련된 변인이 문항 난이도를 어느 정도 예측하는지 회귀분석을 실시하여 알아보는 방법도 있다. 만약 평가 도구가 측정하고자 하는 능력과 관련이 있는 문항의 특성으로 난이도를 예측할 수 있다면 평가 과제가 평가 결과에 영향을 미쳤다는 뜻이므로 평가 도구가 측정하고자 하는 능력을 실제로 측정하고 있다는 한 가지 증거로 제시할 수 있다. 이런 유형의 연구는 먼저 해당 문항의 난이도에 영향을 미칠 수 있을 것으로 예상되는 변인을 선별해낸 다음 각 문항을 선정된 모든 변인 측면에서 분석한다. 이어서 고전검사이론의 정답률, 즉 정답자 수를 전체 수험자 수로 나누어 구하거나 문항반응이론(item response theory)을 사용하여 문항 난이도를 추정한다. 마지막으로 앞에서 파악한 채점 결과로 각 변인이 문항 난이도를 예측할 수 있는 정도를 회귀분석(regression analysis)을 실시하여 분석하는 방법으로 진행된다.

예를 들어 Freedle과 Kostin(1999)은 토플시험의 강의 듣기(mini-talks) 문항의 난이도를 예측하는 연구를 실시했다. 69개의 강의와 이와 연관된 문항 337개에 대한 분석을 통해 듣기 문항의 난이도에 영향을 미친 요인을 분석하였다. 먼저 문항의 난이도에 영향을 미칠 것으로 판단되는 문항 관련 변인(item variables), 지문관련 변인(text variables), 지문/문항 중복 변인(text/ item overlap variables), 그리고 문항 종류(item type) 변인을 선정하였다. 모든 문항들의 특성을 여러 추출된 변인들에 대하여 각각 평가한 다음 이들 요인들이 난이도에 미친 영향을 단계회귀분석방법과 위계선형 회귀 분석을 실시하여 분석해 본 결과 지문관련 변인과 지문/문항 중복 변인이 듣기 문항의 난이도를 결정짓는데 가장 중요한 역할을 한다는 사실이 드러났다. 이는 지문 내용의 난이도와 그 지문을 바탕으로 제시된 문항의 어려움이 듣기 평가 문항의 난이도에 영향을 미쳤다는 뜻이므로 구인 타당도를 지지하는 증거로 볼 수 있다고 해석하였다.

(5) 편파성(Bias) 문항 분석

평가 도구가 측정하고자 하는 구인 이외의 다른 이유 때문에 동일한 능력을 가진 수험자가 다른 시험 결과를 얻게 된다면 이는 점수의 차이가 평가 도구가 측정하고자 하는 능력 이외의 다른 요인 때문에 생긴다는 뜻이므로 평가 결과의 공정성을 떨어뜨린다. 예를 들어 언어 능력은 비슷하지만 남성 수험자에게 더 유리한 문제가 있어서 남성 수험자가 여성 수험자보다 더 높은 점수를 받게 된다면 이는 남성에게 편향된 문제이다. 이 경우, 집단에 따라 문항의 기능이 다르기 때문에 차별기능문항(Differential Item Functioning)이라고 부른다.

주의할 점은 두 집단의 평균 점수에 차이가 있다고 해서 차별기능 문항이라고 보아서는 안 된다는 점이다. 실력이 높은 집단이 낮은 집단보다 정답을 맞힐 확률이 높은 것은 당연하기 때문이다. 같은 언어 능력을 가진 수험자가 정답을 맞힐 확률에 차이가 나는 경우에만 차별기능 문항이라고 판단할 수 있다.

한편 차별기능문항이라는 개념과 편파성이라는 개념도 구별되어야 한다. 수험자가 다르게 반응했다고 해서 반드시 편파성이 있는 문항이라고 단언할 수는 없고 집단 간의 차이가 구인과 상관없는 특정 이유 때문이라고 밝힐 수 있을 때 편파성 문항으로 판단할 수 있다.

언어 평가 분야에서 연구자들이 주로 살펴보는 변인으로는 수험자의 모국어나 성별, 채점자 등이 있다. 차별기능문항을 추출하는 방법으로는 Mantel-Haenszel 방법과 로지스틱 회귀분석(logistic regression)을 이용하는 방법, 그리고 문항반응이론을 이용하여 비교 집단들로부터 추정된 문항모수치나 문항특성곡선을 비교하는 방법이 있다.

언어 평가의 편파성을 조사한 대표적인 연구로는 대학수학능력시험 외국어 영역 문항들의 차별문항기능을 문항반응 이론에 기초해 학문적 배경이 다른 수험자들 간에 편파성이 있는지를 살펴본 Pae(2004)가 있다. 차별기능문항을 추출한 결과, 55문항 중 18개(5개 듣기 문항, 13개의 읽기 문항)의 차별문항기능 문항과 28개의 차별문항기능 모수를 발견해 냈다. 추출한 차별 문항의 특징을 살펴본 결과, 5개의 듣기 문항 중 3 문항은 자연계열 학생에게 더 어렵고, 2 문항은 자연계열 학생들에게 더 쉬웠던 것으로 나타났으며, 읽기 문항 중 4개 문항이 자연계열 학생에게 더 어려웠으며, 7개 문항이 자연계열 학생에게 더 쉬웠던 것으로 나타났다. 문항의 내용과 DIF의 관계 분석 결과에서는 데이터 분석, 숫자나 과학과 관련된 주제의 문항은 자연계열 학생에게, 우정이나 과학자의 일생 등 인간관계와 관련된 문항은 인문계열 학생에게 더 쉬웠던 것으로 나타났다.

5) 채점과 관련된 증거

채점의 정확성은 시험 결과에 직접적으로 영향을 미치기 때문에 언어 평가의 타당도를 검증할 때 반드시 확인하여야 하는 요소이다. 채점과 관련하여 크게 다음과 같은 증거들을 수집하여 채점 결과의 타당성을 살펴볼 수 있다.

(1) 채점 기준 설정에 관한 연구

채점 기준은 평가를 제작하는 사람이 중요하다고 생각하는 요소를 반영하기 때문에 평가 도구가 측정하고자 하는 구인과 직접적으로 연관될 뿐만 아니라 설정된 채점 기준이 실제 평가 결과에 반영되는지 확인해 보아야 한다. 주로 채점 기준 개발에 관한 연구와 개발된 채점 기준의 적절성에 관한 연구가 이루어진다.

(2) 채점 과정에 관한 연구

채점자가 채점하는 과정을 관찰하면서 채점자들이 주어진 채점 기준에 따라서 채점하는지 확인해 보아야 한다. 채점자들이 제대로 이해하지 못하고 있는 채점 기준은 없는지, 채점 기준이 서로 구별되는지, 채점 기준에 없는 기준을 채점자들이 사용하자는 않는지, 혹은 채점자들이 무시하는 채점 기준은 없는지 등에 대해서 살펴본다. 예를 들어 Lumley(2002)는 경험이 많은 채점자들이 실제로 채점 기준을 서로 비슷하게 이해하고 적용하여 채점하는지, 또한 채점 기준의 역할이 무엇인지를 조사하기 위해 채점자들의 채점하는 과정을 살펴보았다. 4명의 Special Test of English Proficiency(STEP) 채점자들에게 24개의 쓰기샘플을 과업 완성도와 적절성(task fulfillment and appropriacy), 제시법(convention of presentation), 응집력과 구성(cohesion and organization), 문법(grammar control) 측면에서 채점하는 과정을 말로 묘사하게 해 본 결과 채점자들의 채점 과정이 비슷했고 채점 기준도 비교적 잘 이해하는 편이었지만 가끔씩 채점 기준과 다르게 채점하였다고 보고하였다. 또한 채점자들은 채점 기준과 기준에 묘사된 기술(descriptor)과 맞지 않은 답안을 채점하는 경우에 자신의 채점을 정당화하기 위해 여러 전략을 사용하였다.

(3) 채점결과 분석에 관한 연구

채점 결과를 분석해서 평가 결과 해석의 적절성을 평가하기도 하는데 신뢰도 부분에서 다루겠지만 단순하게 채점자간 채점 결과의 일치도를 살펴볼 수도 있고 개별 채점자의 채점 결과의 일관성을 알아볼 수도 있다. 더 나아가 채점자 사이의 엄격함의 차이나 특정 채점자와 특정 과제, 특정 수험자, 혹은 특정 채점 기준 사이의 상호작용에서 편파성(bias)은 없었는지 조사해볼 수도 있다. 다시 말해서, 특정 채점자가 특정 그룹의 수험자에게 더 후한 점수를 주거나 더 엄격하게 채점하지는 않았는지, 또는 특정 채점자가 특정 과제에만 더 엄격하거나 혹은 더 관대하게 채점하지는 않았는지 등을 확인해 보아야 한다.

6. 맺음말

본 장에서는 언어 평가 도구의 양호도를 평가할 때 가장 많이 사용되는 준거인 타당도의 개념과 타당도를 확인할 수 있는 여러 가지 방법에 대하여 살펴보았다. 평가 도구를 개발하는 사람은 개발된 평가 도구의 타당도와 관련된 정보를 제공하여야 하고, 평가 도구를 선정하여 사용하는 사람은 타당도와 관련된 정보를 확인해 보아야 한다. 만약 평가 도구의 수준을 판단할 수 있는 정보가 충분히 제공되지 않을 경우 평가를 제작한 기관에 요구해서 확인하는 과정을 반드시 거쳐야 한다. 이런 노력이 모아질 때 평가 기관에서도 평가 도구의 수준을 확인하고 그 정보를 사용자나 수험자에게 제공하려는 노력을 더 기울이게 될 것이다. 몸이 아플 때에 복용하는 약에 증상, 복용방법, 효능 및 부작용에 관한 설명이 있는 것처럼 언어 평가 도구를 제작하거나 사용하는 사람들은 평가도구에 대한 자세한 정보를 제공해야 하고 확인해야 한다는 아래의 Spolsky(1995)의 주장을 명심해야 한다.

> Too often tests are used to play Russian roulette with the test takers. If the aim is to help a learner (a pedagogical diagnostic test) or if concerns are with group norms and not individuals (surveys or evaluations), using a single measure is justified, provided it is interpreted carefully. But if it is to make some serious decision affecting the future of the person being tested, language testers must accept full responsibility for the inevitable uncertainty of a powerful but flawed technology, and make sure not just of reliability but also

> of focused and relevant validity, and intelligent and sceptical interpretation of the multiple methods of measurement and assessment used. Like medicines, language tests need clear labels giving details of measurement error and validation, which should appear on the face of score reports rather than in manuals read only by experts.

참고자료

타당도에 관한 대표적인 저작은 Messick(1989)이다. 100페이지가 넘는 긴 챕터이지만 타당도를 이해하기 위해서는 꼭 읽어보아야 할 문헌이다. Bachman(1990), 특히 6장은 Messick(1989)이 제안한 관점을 언어 평가분야에 적용한 대표적인 챕터이다. 최근 들어 주목을 받고 있는 Test Use Argument 관점은 Educational Measurement 4판 2장에 실린 Kane(2006)과 Bachman(2005), Bachman과 Palmer(2010), 그리고 Chapelle, Enright와 Jamieson(2008)을 참고하면 된다. 전화로 실시되는 말하기 평가 도구의 타당도를 탐색해 본 정태영(2005)은 공인타당도 분야의 대표적인 국내 연구이고, Bae와 Bachman(2010)은 쓰기 평가에서 채점영역과 평가 방법의 관계를 탐색한 대표적인 연구이다. 한편, 다양한 증거를 수집하여 타당도를 탐색한 연구의 예로는 Chapelle, Jamieson과 Hegelheimer(2003)와 Shin(2003)을 들 수 있다.

연습문제

1. 잘 알고 있는 시험의 매뉴얼을 구해 구인 정의를 살펴보고 어떤 타당도 증거가 제시되어 있는지 확인해봅시다.
2. 타당도 측면에서 문제가 있었던 본인의 평가 경험을 이야기 해 봅시다.
3. 영어가 모국어가 아닌 학생이 미국 대학교에서 수학하는 데 필요한 영어 실력이 있는지를 알아보기 위해 실시되고 있는 토플 시험의 타당도를 확인하기 위해 수집할 수 있는 최소한 5가지 이상의 증거를 제시하고 그 증거가 토플의 타당성을 어떤 측면에서 밝혀줄 수 있는지 기술해 봅시다.
4. 다음은 전화로 실시되고 컴퓨터로 채점되는 Phone Pass 시험 결과와 다른 시험 사이의 상관관계 보고입니다. 어떤 결론을 내릴 수 있을지 논의해 봅시다.

<Correlations of SET-10 with other measures> (Enright, Bridgeman & Cline, 2002)

Instrument	r	n
TOEFL	0.75	392
TOEFL Reading	0.64	321
TOEIC listening	0.71	171
TOEFL listening	0.79	321
New TOEFL Listening	0.78	321
TSE	0.88	58
New TOEFL Speaking	0.84	321
Common European Framework, 1st experiment	0.84	121
Common European Framework, 2nd experiment	0.94	150
Common European Framework, 3rd experiment	0.88	303
ILR speaking	0.75	51

제5장
신뢰도

> **생각해보기**
>
> 시험 실시 과정에 발생한 문제와 관련된 소송의 판결 요지를 참고하여 본인이라면 어떤 판결을 내릴지 생각해 봅시다.

　세무사자격시험 제1차 시험 문제지 중 1교시에 실시된 B형 영어시험에서 1문제가 누락되고, 5문제가 중복되는 인쇄사고가 발생하여 시험 당일 혼란이 있었는데 이러한 문제가 응시생들이 영어 과목 뿐만 아니라 1교시 다른 과목인 재정학과 세법학 개론에서도 제대로 실력 발휘를 하는 데 지장을 초래하였다. 비록 국세청장이 그 대책으로 위 누락된 1문제와 중복된 10문제를 모두 정답으로 처리하였지만 그렇다고 해서 제대로 실력발휘를 하지 못한 성적하락이 치유되지 않으므로 1차 시험 불합격처분이 취소되어야 한다.

　　　　　(출처 : 서울행법 2006.7.5. 선고 2006구합18621 판결 : 항소
　　　　　【합격자사정결정처분취소등】[각공2006.8.10.(36),1785])

신뢰도(信賴度)는 글자 그대로 시험 결과를 믿을 수 있는 정도를 의미한다. 평가 결과를 신뢰할 수 있는 가장 기본적인 조건 중의 하나가 평가 결과의 일관성(consistency)이다. 만약 어떤 학생이 쓴 작문을 두 명의 교사가 채점하였는데 두 채점자의 채점 결과에 차이가 크다면 두 점수 모두 신뢰하기 힘들 것이다. 어느 점수가 수험자의 작문 실력을 제대로 반영하고 있는지 확인할 수 있는 방법이 없기 때문이다. 동일한 시험을 약간의 시차를 두고 두 번 실시하였을 때 시험 결과가 아주 다르게 나온다면 그 평가 결과도 신뢰하기는 어려울 것이다. 이처럼 신뢰도는 측정 결과의 일관성을 의미한다.

한 학생의 작문을 두 명의 교사가 채점한 결과가 일치하지 않는 경우 채점과정에 문제가 있었음을 쉽게 짐작할 수 있다. 채점자 훈련을 받은 채점자가 주어진 채점 기준에 따라서 채점을 실시했다면 100% 동일하지는 않더라도 거의 비슷한 채점 결과가 나와야 할 것이다. 만약 채점 결과에 차이가 크다면 이는 채점 과정에 어떤 오류가 있었음을 의미한다. 채점자들이 채점 기준을 다르게 해석했을 수도 있고, 채점 기준을 무시하고 채점을 실시했을 가능성도 있다.

물론 같은 시험을 동일한 수험자가 두 번 본다고 해서 동일한 점수를 받기는 어려울 것이다. 정답을 모르면서 추측으로 답을 맞힐 수도 있고 아프거나 시험 실시 과정에 문제가 생겨서 실력을 제대로 발휘하지 못할 수도 있기 때문이다. 이처럼 시험 점수에는 어느 정도의 오류가 포함되어 있다. 시험 점수에서 오류가 차지하는 비중이 크면 클수록 시험 결과의 일관성이 낮아질 것이고 따라서 시험 점수의 신뢰도도 낮아질 것이다.

고전검사이론에서는 시험 점수를 수험자의 진점수와 오차점수의 합이라고 보고 신뢰도는 시험 점수에서 수험생의 진점수가 차지하는 비율을 뜻한다. 예를 들어 토플 시험에서 어떤 수험자가 100점을 받았다면 이는 이 수험생의 진점수가 아니라 관찰점수이고 이 관찰점수에는 진점수와 알 수 없는 수준의 오차점수가 더해져 있다. 따라서 신뢰도가 높아지기 위해서는 분모에 있는 오차의 크기를 줄여야 한다. 아래 공식에서 알 수 있듯이 신뢰도 계수의 값은 0에서 1사이에 있게 된다.

$$신뢰도 = \frac{진점수}{관찰점수(진점수 + 오차점수)}$$

평가 결과에 오차가 포함되어 있다는 말은 언뜻 들으면 이해하기 어려울 수 있다. 평가의 전 과정에서 우리가 측정하고자 하는 능력 이외의 여러 가지 요인이 평가 결과에 영향을 미칠 수 있을 것이다. 시험을 실시할 때 시험장 주변이 산만하거나, 수험자가 아프거나 불안한 상태일 수도 있고, 특정 문항이 특정 수험자에게 유리, 혹은 불리하게 작용할 수도 있고, 수행 평가인 경우 채점자에 따라 측정 결과가 달라 질 수도 있다. 이러한 요인들이 평가 결과에 영향을 많이 미칠수록 시험 결과의 신뢰도는 낮아진다.

1. 정의 및 추정 원칙

평가 결과의 신뢰도를 추정하고 활용할 때는 다음 몇 가지 원칙을 염두에 두어야 한다. 먼저 신뢰도는 평가의 특성이라기보다는 평가 결과의 특성이다. 예를 들어 논술 시험을 채점할 때 특별히 준비된 채점 기준도 없고 채점자 훈련을 받지 않은 채점자에게 채점을 맡기면 채점자에 따라 채점 결과가 다르게 나올 가능성이 크고 따라서 채점 결과의 신뢰도는 낮아질 것이다. 그러나 채점자 훈련을 제대로 받은 채점자가 채점 기준에 따라 채점을 실시한다면 채점 결과의 신뢰도는 높아질 것이다. 이처럼 똑같은 논술시험도 어떻게 채점하였는지에 따라 신뢰도가 달라진다. 그러므로 신뢰도란 평가 도구 자체의 특성이 아니라 시험 결과의 특성이다.

두 번째로, 평가의 신뢰도를 논의할 때 Cronbach alpha, KR-20, 채점자 간 신뢰도처럼 계산 방법 위주로 논의를 전개하는 경우가 많다. 이러한 신뢰도 계수 추정은 평가의 신뢰도와 관련된 여러 가지 내용 중에서 지극히 일부분에 해당되는 내용임을 잊어서는 안 된다. 이들은 평가의 모든 절차가 끝난 다음에 결과의 신뢰도를 살펴보는 방법에 불과하며 평가를 실시하는 과정에서 여러 가지 문제가 발생했다면 확인해 보지 않더라도 신뢰도가 낮게 나올 것이다. 따라서 사전에 평가의 오류가 발생할 수 있는 가능성을 줄이고 평가 결과의 신뢰도를 높이려는 노력을 기울여야 한다.

세 번째로 동일한 시험이라도 수험자 집단에 따라서, 채점자에 따라서 추정 신뢰도가 달라진다. 예를 들어 성인학습자를 대상으로 제작된 시험을 청소년에게 실시할 경우 시험이 지나치게 어려워 수험자의 실력을 제대로 평가하기 힘들 것이다. 따라서 신뢰도가 낮아질 것이다. 이처럼 시험을 실시하는 매 상황에서 신뢰도를 확인해 보아야 한다.

마지막으로 신뢰도 계수가 얼마나 높아야 하는가라는 질문에는 정답이 없다. 신뢰도 계수가 높으면 높을수록 더 바람직하고, 위험부담이 큰 시험일수록 신뢰도가 높아야 한다. 물론 어떤 평가 상황이든 최소한의 신뢰도는 확보되어야 할 것이다.

2. 측정의 표준오차(Standard Error of Measurement) (SEM)

앞에서 지적한 것처럼 어떤 시험 점수에나 어느 정도의 오류가 개입되기 마련인데 그 크기를 알 수 있다면 시험 결과를 해석할 때 도움이 될 것이다. 오류의 비중이 큰 시험 결과로 중요한 결정을 내려서는 안 되기 때문이다. 안타깝게도 수험자가 받은 시험 점수에서 오차의 크기를 알 수 있는 방법은 없지만 해당 평가 도구의 오차의 크기를 추정해 볼 수는 있다.

만약 어떤 수험자가 동일한 시험을 계속 본 다음 얻어지는 점수의 평균을 구한다면 그 점수는 수험자의 진점수에 가까운 점수일 것이고 표준편차는 표준오차에 해당된다. 하나의 검사 도구를 무한정 여러 번 실시하는 것은 불가능하기 때문에 측정의 표준오차는 아래 공식을 통해서 구해지는데 신뢰도가 클수록 표준오차가 작아진다는 사실을 알 수 있다.

$$측정의\ 표준오차(SEM) = S\sqrt{1-r_{xx'}}$$
$$S = 시험의\ 표준편차$$
$$r_{xx'} = 시험의\ 신뢰도$$

측정의 표준오차는 이론적 분포의 표준편차이므로 정규분포(normal distribution)의 표준편차에 대한 일반적 해석을 그대로 적용하여 진점수의 범위를 추정해 볼 수 있다. 예를 들어 어떤 시험의 측정의 표준오차가 5라고 하자. 어떤 수험자가 이 시험에서 56점을 받았다면 우리는 T ± 1 × SEM 범위인 51점에서 61점 사이에 이 수험자의 진점수가 속해 있을 확률이 68%라고 말할 수 있다. 혹은 56점을 받은 특정 수험자가 이 검사를 여러 번 반복해서 본다면 관찰점수가 51점에서 61점 사이에서 변화할 것이라고 68%의 신뢰수준에서 예측할 수 있다.

시험 매뉴얼에는 시험 결과에 근거해서 적절한 결정을 내릴 수 있도록 평가 도구의 SEM이 보고되어 있어야 한다. 예를 들어 iBT TOEFL의 추정 신뢰도와 SEM은 아래 표와 같다.

〈표 5-1〉 iBT TOEFL 신뢰도와 SEM

	Score Scale	Reliability Estimate	SEM
Reading	0 - 30	0.86	2.78
Listening	0 - 30	0.87	2.4
Speaking	0 - 30	0.9	1.7

Writing	0 - 30	0.78	2.65
Total	0 - 120	0.95	4.88

 이처럼 SEM이 보고되어야만 시험 결과를 사용하는 사람이 평가 결과가 어느 정도 정확한지 미리 고려해서 시험 점수에 근거한 각종 결정을 적절하게 내릴 수 있을 것이다.
 측정의 표준오차가 주는 중요한 교훈은 이 책의 다른 부분에서도 강조하였듯이 평가 결과에는 어느 정도 오차 점수가 포함되어 있으므로 다양한 자료를 수집해서 중요한 결정을 내려야 한다는 점이다.

3. 신뢰도 추정 방법

 시험의 신뢰도를 확인할 수 있는 대표적인 방법은 크게 시험을 두 번 실시하는 방법과 한 번 실시한 후 내적 일관성을 확인해 보는 방법, 그리고 채점자 관련 신뢰도를 추정하는 방법으로 나뉜다.

 1) 시험을 두 번 실시하는 방법
 (1) 동형검사(parallel or equivalent forms) 신뢰도
 평가 도구의 신뢰도를 측정하는 첫 번째 방법은 동일한 구인을 측정하는 평가 도구를 두 개 제작해서 수험자가 두 시험을 모두 본 후 두 시험 점수 사이의 상관계수를 구하는 것이다. 엄격한 의미에서 동형검사는 두 검사의 진점수와 오차점수 분산이 같은 검사 도구인데 동형검사를 제작하는 작업이 쉽지 않고 시험을 두 번 실시해야 하기 때문에 많이 활용되지 않는 방법이다.

 (2) 시험-재시험(test-retest) 신뢰도

수험자가 동일한 시험을 두 번 치른 다음 비슷한 결과가 나오는지 확인하는 방법이다. 이 방법은 두 시험을 보는 기간이 짧으면 수험자가 문제를 기억할 가능성이 있고 기간이 너무 긴 경우에는 그 사이에 수험자의 언어 능력에 변화가 생길 수 있다는 한계가 있다. 동형검사 신뢰도처럼 수험자가 시험을 두 번 보아야 한다는 불편함이 있어서 많이 사용되지 않는다.

2) 내적 일관성(internal consistency)을 보는 방법

위에서 소개한 방법은 시험을 두 번 실시해서 그 결과를 비교해야 하기 때문에 실제로 시행하기가 어려운 경우가 많다. 이러한 문제점을 극복하기 위해서 수험자 응답의 일관성을 분석해서 평가 도구의 신뢰도를 알아보는 방법이 많이 사용된다. 내적 일관성 신뢰도 계수는 하나의 시험을 구성하는 부분이나 개별 문항들이 평가 도구가 측정하고자 하는 특성을 얼마나 일관성 있게 측정하고 있는지를 알려준다.

(1) 반분검사(split-half) 신뢰도

평가 도구를 비슷한 두 부분으로 나누어 두 부분의 점수 사이의 유사성을 살펴보는 방법이다. 예를 들어 시험을 짝수 문항과 홀수 문항으로 나누어 두 부분에서의 수험자의 시험 결과에 일관성이 있는지 확인해 본다. 만약 홀수 문항에서 점수가 높은 학생이 짝수 문항에서는 점수가 낮고 그 반대로 홀수 문항에서 점수가 낮은 학생이 짝수 문항의 점수가 높다면 어딘가에 문제가 있다는 신호이다. 두 부분에서 동일한 점수를 받아야 한다는 의미가 아니라 점수가 높고 낮은 경향이 비슷해야 한다는 뜻이다. 반분검사 신뢰도 계수는 먼저 두 부분의 점수 사이의 상관계수를 구한 다음 Spearman-Brown 예측공식을 사용하여 전체 시험의 신뢰도를 추정해 낸다. 예를 들어 6문항으로 이루어진 아래 시험의 반분검사 신뢰도 계수를 추정해 보자.

〈표 5-2〉 읽기시험 결과

	문제1	문제2	문제3	문제4	문제5	문제6	총점(X)
학생 1	1	1	1	1	1	1	6
학생 2	1	1	1	1	0	1	5
학생 3	0	0	1	0	0	1	2
학생 4	0	0	1	0	0	0	1
학생 5	0	0	0	1	0	0	1
학생 6	1	1	1	0	0	0	3

이 시험을 짝수 문항과 홀수 문항으로 나눈 다음 반분 검사 신뢰도를 계산해 보면 아래와 같다.

〈표 5-3〉 반분검사 신뢰도 추정

	홀수문항 합	짝수문항 합	$X-\bar{X}$	$Y-\bar{Y}$	$(X-\bar{X})*(Y-\bar{Y})$
학생 1	3	3	1.5	1.5	2.25
학생 2	2	3	0.5	1.5	0.75
학생 3	1	1	-0.5	-0.5	0.25
학생 4	1	0	-0.5	-1.5	0.75
학생 5	0	1	-1.5	-0.5	0.75
학생 6	2	1	0.5	-0.5	-0.25
합계	9	9	18	19	4.5

먼저 두 부분 점수 사이의 Pearson 상관계수를 아래와 같이 추정한다.

$$상관계수(r) = \frac{4.5}{(6-1)(1.05)(1.22)}$$
$$= 0.70$$

위에서 추정된 값은 6문항이 아니라 3문항으로 구성된 시험 사이의 일치도를 나타내므로 원래 길이인 6문항의 신뢰도를 추정하기 위해서는 상관계수를 그대로 사용하지 않고 Spearman-Brown(1910)이 제안한 아래 공식을 사용하여 추정해야야 한다.

$$\rho_{hh'} = \frac{2\rho hh'}{1+\rho hh'}$$
$$= \frac{2(0.70)}{1+0.70}$$
$$= 0.82$$

(2) Cronbach alpha 계수

통계적인 방법으로 내적 일관성을 알아보는 방식에는 크게 KR-20, KR-21, Cronbach alpha 세 가지 방법이 있다. 이들 방법은 각 문항의 변량과 전체 시험 총점의 변량 사이의 비율로 신뢰도 계수를 추정한다. 이중에서도 문항이 맞고 틀리는 방식으로 채점되는 범주적 변수(categorical variable) 뿐만 아니라 수험 자료가 다분 변수(polytomous variable)인 경우에도 신뢰도를 추정할 수 있는 Cronbach alpha 계수가 가장 많이 사용된다. Cronbach alpha 계수를 구하는 공식은 아래와 같다.

$$\text{Cronbach alpha} = \frac{n}{n-1}\left(1 - \frac{\sum S_{i^2}}{S_{x^2}}\right)$$

S_{i^2} = 각 문항의 변량

S_{x^2} = 전체 검사 점수의 변량

예를 들어 아래 <표 5-4>에 제시된 시험 결과의 Cronbach alpha 계수를 구해보면 0.75로 나와 시험 결과의 신뢰도가 매우 높지는 않다는 점을 알 수 있다.

⟨표 5-4⟩ Cronbach alpha에 의한 신뢰도 추정

	문제 1	문제 2	문제 3	문제 4	문제 5	총점(X)
학생 1	1	1	1	1	1	5
학생 2	1	1	1	1	0	4
학생 3	0	0	1	0	0	1
학생 4	0	0	1	0	0	1
학생 5	0	0	0	1	0	1
학생 6	1	1	1	0	0	3
평균	0.5	0.5	0.83	0.5	0.17	2.5

$$S_1^2 = \frac{(1-0.5)^2 + (1-0.5)^2 + (0-0.5)^2 + (0-0.5)^2 + (0-0.5)^2 + (1-0.5)^2}{6} = 0.25$$

$$S_2^2 = \frac{(1-0.5)^2 + (1-0.5)^2 + (0-0.5)^2 + (0-0.5)^2 + (0-0.5)^2 + (1-0.5)^2}{6} = 0.25$$

$$S_3^2 = \frac{(1-0.83)^2 + (1-0.83)^2 + (1-0.83)^2 + (1-0.83)^2 + (0-0.83)^2 + (1-0.83)^2}{6} = 0.14$$

$$S_4^2 = \frac{(1-0.5)^2 + (1-0.5)^2 + (0-0.5)^2 + (0-0.5)^2 + (1-0.5)^2 + (0-0.5)^2}{6} = 0.25$$

$$S_5^2 = \frac{(1-0.166)^2 + (0-0.166)^2 + (0-0.166)^2 + (0-0.166)^2 + (0-0.166)^2 + (0-0.166)^2}{6} = 0.14$$

$$\sum S_i^2 = 0.25 + 0.25 + 0.14 + 0.25 + 0.14 = 1.03$$

$$S_X^2 = \frac{(5-2.5)^2 + (4-2.5)^2 + (1-2.5)^2 + (1-2.5)^2 + (1-2.5)^2 + (3-2.5)^2}{6} = 2.58$$

$$\text{Cronbach alpha} = \frac{n}{n-1}(1 - \frac{\sum S_i^2}{S_X^2}) = \frac{5}{4}(1 - \frac{1.03}{2.58}) = 0.75$$

Cronbach alpha 계수의 경우 측정하는 내용이 비슷한 경우에는 반분검사 신뢰도와 비슷한 결과가 나오지만 측정하는 내용이 다양한 경우 측정하는 신뢰도가 낮게 나올 수 있다. 또 속도시험처럼 짧은 시간에 많은

수의 문항을 풀게 되어 풀지 못한 문항이 있는 경우 신뢰도가 부풀려지는 경우가 있다. 한편 문항의 난이도가 동일할 때는 KR-20과 KR-21의 결과는 동일하지만 동일하지 않을 경우 KR-21은 KR-20보다 작아져서 신뢰도를 과소 추정하게 된다.

3) 채점의 일관성을 알아보는 방법

말하기 평가나 쓰기 평가처럼 채점자의 전문적인 판단으로 채점을 해야 하는 경우 개별 채점자 채점의 일관성과 서로 다른 채점자들 간의 채점의 일치도를 살펴보아야 한다. 먼저 채점자내 신뢰도(intra-rater reliability)는 한 명의 채점자가 동일한 샘플을 시차를 두고 채점을 해서 채점 결과 사이의 일관성을 확인해보는 방식으로 알아볼 수 있다. 또 채점자간 신뢰도(inter-rater reliability)는 각 채점자들의 채점 결과 사이의 상관계수를 구해서 살펴볼 수 있다. 두 명 이상의 채점자가 채점에 참여하는 경우 채점자간 신뢰도를 반드시 확인해 보아야 하고 그 결과도 보고되어야 한다. 상관계수를 구하는 방법은 부록 2에 제시되어 있다.

채점자의 수나, 과제, 그리고 채점 기준이 많은 경우에는 평가 결과에 영향을 미칠 수 있는 여러 측정 요소의 영향을 동시에 고려하는 통계분석 방법이 사용되는데 일반화가능도 이론과 Rasch modeling이 대표적인 방법이다.

(1) 일반화가능도 이론(Generalizability theory)

일반화가능도 이론은 시험 결과에 영향을 미칠 수 있는 요인(facet)을 먼저 파악한 다음 시험 점수의 분산에 각 요인이 미친 영향의 크기를 분석하는 통계 방법이다. 예를 들어 각 수험자가 두 가지 작문 과제를 수행하고 각 학생의 작문을 두 명의 채점자가 채점을 하는 수행평가 상황을 가정해 보자. 이 경우 다음과 같은 요인이 점수 차이를 가져올 수 있다.

- 수험자의 작문 능력
- 과제
- 채점자
- 수험자 × 과제
- 수험자 × 채점자
- 과제 × 채점자
- 수험자 × 과제 × 채점자 × 오류

 일반화가능도 이론은 위에서 밝혀진 각 요소가 평가 결과에 미친 영향의 크기를 보여준다. 즉 고전검사이론에서 분리할 수 없었던 오차분산을 오차 요인에 따라 설명할 수 있다. 물론 채점의 신뢰도가 높아지기 위해서는 측정의 목표인 수험자의 작문 능력이 설명하는 부분이 가장 커야 할 것이고 다른 측정 요인들이 차지하는 부분은 작아야 할 것이다.

 일반화가능도 연구는 크게 G-study 부분과 D-study 부분으로 나눠진다. G-study의 목적은 각 측정 요인이 미친 영향의 크기를 밝혀내는 데 있고 D-study의 목적은 측정의 여러 측면에 변화를 주었을 때 측정 결과의 신뢰도가 어떻게 달라지는지 알아보는데 있다. 예를 들어 다른 조건이 동일하게 유지된다는 조건 하에서 채점자나 과제의 수를 줄이거나 늘렸을 때 시험의 신뢰도가 어떻게 달라지는지 확인함으로써 최적의 평가 환경을 만들 수 있다. 일반화가능도 분석용 통계프로그램인 GENOVA는 Iowa 대학 CASMA 센터에서 다운로드할 수 있다.

 (2) Rasch modeling 연구
 채점의 일관성과 관련하여 많이 사용되는 방법 중의 하나가 문항반응이론 모델 중의 하나인 Rasch 모델을 기반으로 자료를 분석해 주는 Facet 프로그램을 사용한 자료 분석이다. 위에 제시한 예와 동일한 작문 시험 과제를 Facet 프로그램으로 분석해 보면 다음과 같은 정보를 얻을 수 있다.

먼저 채점 자료가 Rasch 분석 모형에 적합한지를 문항특성곡선을 통해 확인할 수 있고 측정의 여러 가지 단면을 동일 척도 상에 표시해주는 측정 단면의 분포도 분석을 통해 채점자의 엄격함 정도, 과제의 난이도, 채점 영역별 난이도, 채점 등급 척도에 따른 점수의 범위 등을 한 눈에 파악할 수 있다.

이어서 수험자 단면과 채점자 단면 정보를 통해 이론적인 모형에 의해 기대되는 점수와 실제 관찰된 점수의 비교를 통해 수험자의 반응과 채점 결과의 적합도를 분석하게 된다. 적합도 통계치는 수험자의 능력수준에 비추어 너무 쉬운 문항을 틀리거나 너무 어려운 문항을 맞힐 경우와 같은 예상을 벗어난 반응형태에 민감한 외적합도 지수와 수험자의 능력수준에서 많이 벗어나지 않은 문항에서 예상을 벗어난 문항 반응 형태에 가중치를 두는 내적합도 지수를 통해 확인할 수 있다. 두 지수 모두 측정값이 로짓을 기준으로 0.5에서 1.5로짓 범위 안에 위치하면 적절한 문항으로 간주하고 1.5보다 큰 적합도 지수는 부적합 것으로 판단하고 0.5보다 작은 지수를 가진 수험자 반응은 모형에 과적합하다고 판단한다. 채점자 적합도 지수도 비슷하게 해석한다.

채점자 × 평가과제 간 상호작용을 분석하면 채점자가 특정 과제를 채점할 때 편향된 채점 경향을 보였는지 확인할 수 있고 채점자 × 채점영역 간 상호작용분석 정보를 통해서 특정 채점자가 편향을 보인 채점영역을 확인할 수 있다. 또한 채점자 × 채점영역 × 수험자 × 평가과제 상호작용 분석 정보를 보면 모형이 예측한 바와 다르게 채점된 채점결과를 찾아낼 수 있다.

Rasch modeling 분석은 평가자에게 매우 유용한 정보를 제공하지만 다음과 같은 점에 유의해야 한다. 예를 들어 문항의 변별도가 동일하다는 것과 같은 통계적 가정이 지나치게 엄격하고 분석되지 않는 데이터가 나와 논리적으로 애매한 경우가 있을 수 있다.

4. 준거참조평가 일치도 추정

지금까지 살펴 본 방법들은 규준참조평가 결과의 신뢰도를 추정하는 방법이다. 준거참조평가의 목적이 수험자가 미리 설정된 준거, 즉 성취기준을 달성하였는지 하지 못하였는지 판정하는 데 있기 때문에 규준참조평가의 신뢰도에 상응하는 개념으로 평정자의 결정의 일치도(decision consistency)를 살펴 볼 수 있다.

예를 들어 '한 단락 분량의 글을 읽고 요지를 파악할 수 있다'라는 성취목표에 대하여 100명의 학생에 대하여 두 교사가 평정한 결과가 아래 표에 제시되어 있다.

〈표 5-5〉 평정 결과 예시

		평정자 2	
		달성	비달성
평정자 1	달성	A	B
	비달성	C	D

위의 표에서 보면 A, D 칸에 해당되는 수험자의 경우 두 평정자가 달성 여부에 대하여 일치된 의견을 보인 경우이다. 전체 수험자 중에서 이처럼 두 채점자가 일치된 판정을 내린 수험자의 비율을 구해볼 수 있다. 만약 아래 표에 제시된 것처럼 판정 결과가 나온다면 일치도 비율은 $\frac{94}{100}$으로 0.94가 될 것이다.

<표 5-6> 평정 결과 예시

평정자 2

		달성	비달성
평정자 1	달성	76	2
	비달성	4	18

위에서 제시한 방법의 약점은 만약 100명의 수험자를 무작위로 네 칸에 배치한다면 각각 25명이 될 것이고 일치도 비율은 0.50이 될 것이다. 이러한 결과는 일치도 비율이 아무리 작아도 0.50보다 작을 수는 없다는 뜻이 된다. 이러한 문제점을 피하기 위해 Kappa 계수가 개발되었으며 아래 공식을 사용하여 구할 수 있다.

$$\kappa = \frac{일치도계수 - P_c}{1 - P_c}$$

P_c = 우연에 의하여 판정이 일치될 확률

위의 표에서 보면 첫 번째 평정자가 합격이라고 결정한 경우의 수가 78번이고 미달성이라고 판정한 경우는 22번이다. 한편 평정자 2가 달성이라고 판정한 경우는 80번이고 미달성이라고 판정한 경우는 20번이다.

따라서 평정자 1이 합격이라고 판정한 확률은 0.78이고 평정자 2가 합격이라고 판정한 확률은 0.80이다 따라서 두 명 모두 합격이라고 판정할 확률은 0.78×0.80으로 0.624다. 한편 두 명 모두 불합격이라고 판정할 확률은 0.22×0.2으로 0.044이다. 따라서 kappa 계수는 다음과 같다.

$$\kappa = \frac{0.94 - (0.62 + 0.04)}{1 - (0.62 + 0.04)}$$
$$= 0.82$$

참고로 독자들의 이해를 위하여 우연의 일치로 확률적으로 우연의 일치도 두 평정가 간의 일치된 평정을 받을 확률을 구하는 공식을 제시해 보면 아래와 같다.

$$P_c = \frac{[(A+B)(A+C) + (C+D)(B+D)]}{N^2}$$

따라서 위에서 살펴 본 자료의 경우 우연에 의해 일치할 확률은 아래에서 볼 수 있듯이 0.668이다.

$$= \frac{(78 \times 80) + (22 \times 20)}{100^2}$$
$$= \frac{6680}{10000}$$
$$= 0.668$$

5. 신뢰도 제고

마지막으로 언어 평가 결과의 신뢰도를 높일 수 있는 방법을 살펴보자.

1) 문제나 과제의 수가 많을수록 신뢰도가 높아진다.
어떤 중요한 결정을 내릴 때 한두 가지 과제의 결과에 의존하기 보다는 여러 가지 과제를 실시해서 그 결과를 총체적으로 고려했을 때 좀 더 정확한 결론을 내릴 수 있을 것이다. 문제나 과제의 수가 많을수록 특정 과제가 미치는 영향이 줄어들기 때문에 신뢰도가 높아진다.

2) 상대평가의 경우 수험자의 점수 차이가 클수록 신뢰도가 높아진다.
시험 과제의 변별력이 커서 학생들의 점수 차이가 클수록 수험자간 등수가 뒤바뀔 가능성이 그만큼 작아진다. 신뢰도는 측정의 일관성을 뜻하므로 두 검사 결과가 비슷할수록 신뢰도가 높아지므로 변별력이 클수록 신뢰도가 높아진다.

3) 채점 기준이 명확하고 채점자 훈련이 잘 될수록 채점 결과의 신뢰도가 높아진다.

채점 기준이 명확하지 않다면 채점자에 따라 채점 결과가 달라질 가능성이 크고 따라서 채점 결과의 일관성도 낮아질 것이다. 또한 채점자 교육이 이루어지지 않는다면 아무리 채점 기준이 명확하더라도 채점자마다 채점 기준을 다르게 적용할 수 있고 관대함(leniency)과 엄격함(severity)에 차이가 나서 채점 결과의 일관성이 줄어들 것이다.

채점 결과의 신뢰도를 높이기 위해서는 당연히 한 명 이상이 독립적으로 채점해야 하고, 채점 기준이 채점을 시작하기 전에 마련되어 있어야 한다. 부분점수를 부여할 수 있다면 정답이나 부분 정답으로 인정할 수 있는 답안(acceptable responses)에 대한 기준이 명확하게 제시되어야 할 것이다. 채점자 훈련이 이루어져야 하는 것은 두말할 필요가 없다.

4) 평가 방식이 평가 결과에 영향을 미칠 수 있고 그 영향도 수험자에 따라서 다를 수 있기 때문에 한 가지 이상의 방식으로 평가해서 특정 평가 방식의 영향을 줄여야 한다.

새로운 평가 방식이 도입될 경우 평가 방법에 익숙하지 않아서 수험자가 실력을 제대로 발휘하지 못하는 경우가 없어야 한다. 특히 컴퓨터 기반 평가에서는 새로운 유형의 문제가 많이 제작되고 실시되는데 이때 새로운 평가 방식에 익숙하지 않아서 자기 실력을 발휘하지 못하는 수험자가 없도록 해야 한다.

5) 평가를 사용하는 사람들이 평가 결과의 신뢰도를 확인하고 요구하는 노력을 기울여야 한다.

평가를 제작하는 사람은 평가의 신뢰도 정보를 제공해야하고, 평가를 선정하는 사람도 평가의 신뢰도 정보를 꼭 확인해 보아야 한다. 국내에서 실시된 평가의 신뢰도를 평가 기관이 공개하거나 수험자나 사용자가 확인할 수 있는 경우는 많지 않다. 이러한 잘못된 관행은 수험자나 평가 사용자가 신뢰도의 중요성을 인식하여 평가 결과의 신뢰도를 확인하고, 발표되지 않은 경우에는 자료 제시를 요구함으로써 개선될 수 있을 것이다.

6) 평가를 실시한 후 신뢰도 계수를 추정해보는 작업도 중요하지만 평가를 디자인하는 단계에서부터 평가 결과의 신뢰도를 높이려는 노력이 이루어져야 한다.

흔히 신뢰도하면 신뢰도 계수를 떠올리는 경우가 많다. 물론 신뢰도 계수는 우리가 실시하고자 하는 평가 도구나 절차, 혹은 평가 결과의 일관성을 알려주는 중요한 정보이다. 그러나 신뢰도 계수는 이미 실시된 평가 결과의 신뢰도만 알려준다는 점에 유의해야 한다. 앞에서 설명한 것처럼 평가를 실시하는 과정에서 발생한 여러 가지 오류의 영향이 클수록 신뢰도가 낮아지기 때문에 평가의 신뢰도를 높이는 가장 좋은 방법은 평가의 모든 단계에서 발생할 수 있는 오류를 예방하거나 그 영향을 최소화하는 것이다.

7) 신뢰도가 평가 도구를 판단할 수 있는 중요한 기준이지만 평가의 양호도를 결정하는 유일한 기준은 아니다.

신뢰도를 지나치게 강조하다보면 오류 발생 가능성이 가장 낮은 방법을 선택할 수밖에 없고 그러다보면 결국 선다형 시험만 실시될 것이다.

그렇다고 해서 신뢰도가 중요하지 않다는 주장에는 동의하기 어렵다. 평가 결과의 일관성이 유지되지 않는 상황에서 그 결과를 바탕으로 중대한 결정을 내리기 힘들기 때문이다. 그러나 신뢰도만을 지나치게 강조하다 보면 선다형 시험만 살아남는 결과가 초래될 것이다.

6. 신뢰도와 타당도의 관계

평가의 타당도와 신뢰도는 서로 분리될 수 없는 특성이다. 평가 결과의 신뢰도가 낮을 경우 평가의 타당도가 높을 수가 없다. 왜냐하면 평가 결과의 신뢰도가 낮다는 것은 평가 결과가 수험자의 언어 능력을 반영하기보다는 결과의 차이가 평가 과정에서 발생한 오류 때문에 생겼다는 의미이므로 그 결과를 바탕으로 수험자의 언어 능력을 추론하기 힘들기 때문이다. 반대로 신뢰도가 높다고 해서 반드시 타당도가 높다고 볼 수는 없다. 무언가를 일관되게 측정하고 있기는 하지만 측정한 것이 반드시 그 시험이 측정하고자 하는 구인이라는 보장이 없기 때문이다. 평가하고자 하는 능력이 아닌 다른 능력을 일관성 있게 평가할 수 있기 때문이다. 따라서 신뢰도는 평가의 타당도가 높기 위한 필요조건이다.

<그림 5-1>은 평가 도구의 신뢰도와 타당도의 관계를 과녁에 화살을 쏘는 것으로 비유해서 보여주고 있다. 먼저 첫 번째 과녁은 중앙에 화살이 일정하게 맞혀져있다. 화살을 쏜 결과가 일관성이 있고 과녁의 중앙, 즉 목표 지점에 그 결과가 모여 있으므로 신뢰도와 타당도가 모두 높은 경우이다. 두 번째 과녁은 그 결과가 흩어져 있는데, 일관성도 없고 목표를 달성하지도 못했으므로 신뢰도와 타당도가 모두 확보되지 않는 경우이다. 세 번째 경우는 과녁의 중앙은 아니지만 그 결과가 일관되게 한군데로 모여 있으므로 타당도는 낮지만 신뢰도는 높은 경우로 평가 도구의 신뢰도가 높다고 해서 반드시 타당도가 높지는 않다는 설명을 잘 보여주고 있다.

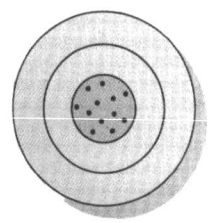
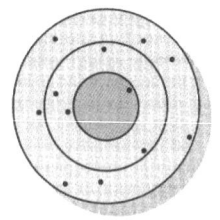
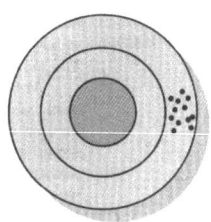

과녁 1   과녁 2   과녁 3

〈그림 5-1〉 신뢰도와 타당도의 관계 예시(Linn과 Gronlund, 1995, p. 48)

7. 맺음말

어떤 평가든 측정의 일관성이 유지되지 않은 상태에서는 수험자의 언어 능력에 대해서 정확하게 판단하기 어렵고 그 결과를 근거로 해서 내려지는 여러 가지 결정의 정당성도 확보하기 힘들 것이다. 따라서 평가 결과의 신뢰도를 파악해서 평가의 수준을 향상시키고자 하는 노력이 더욱 더 많이 기울여져야 할 것이다.

참고자료

본 장에 소개된 신뢰도나 결정 일치도를 계산하는 절차는 Brown(2005)과 Bachman(2004)에 잘 정리되어 있다. 신뢰도와 타당도의 관계, 특히 대안평가의 양호도를 판단할 수 있는 기준으로 신뢰도가 아니라 다른 기준이 필요하다고 역설한 Moss(1994)와 Davidson과 Lynch(2002)를 정독할 필요가 있고 대안평가라고 해도 전통적인 방식과 마찬가지로 양호도가 높아야 한다고 주장한 Brown과 Hudson(1998)도 읽어볼 필요가 있다.

연습문제

1. 다음 시험의 신뢰도와 측정의 표준오차를 조사해 봅시다.
   1) TOEFL
   2) TOEIC
   3) TEPS
   4) 수학능력시험 외국어영역
   5) HSK
   6) TOPIK

2. 자신이 알고 있는 시험의 신뢰도를 높일 수 있는 방안을 적어봅시다.

3. 다음 어법 시험 결과의 Cronbach alpha 신뢰도 계수를 구해 봅시다.

	학생1	학생2	학생3	학생4	학생5	학생6	학생7	학생8
문항1	1	1	0	1	1	1	1	1
문항2	0	0	1	0	1	0	0	1
문항3	1	0	0	1	0	0	0	0
문항4	1	1	1	1	1	1	1	1
문항5	1	0	0	1	1	0	0	0
문항6	0	0	0	1	0	0	0	0
문항7	1	0	0	0	1	0	0	0
문항8	1	0	0	1	0	0	0	0
문항9	1	1	1	1	1	1	1	1
문항10	1	1	1	1	1	0	1	1

4. 다음은 어떤 말하기 시험을 두 명의 채점자가 채점한 결과입니다. 채점자간 신뢰도를 구해 봅시다.

수험번호	채점자 1	채점자 2
1	91	87
2	84	88
3	83	89
4	87	85
5	89	81
6	73	82
7	75	77
8	75	77
9	69	68
10	59	63
11	54	60
12	62	50
13	57	53
14	52	52
15	54	49
16	48	50
17	53	42
18	46	47
19	0	0
20	0	0

제6장
진정성, 영향, 실용성

> **생각해보기**
>
> LPGA 선수들에게 말하기 시험을 실시하겠다는 계획이 발표되었다가 반발에 부딪혀 취소되었습니다. 신문기사를 읽고 이 시험의 도입 취지가 타당한지 논의해 봅시다.

"We live in a sports-entertainment environment," said Libba Galloway, the deputy commissioner of the tour, the Ladies Professional Golf Association. "For an athlete to be successful today in the sports entertainment world we live in, they need to be great performers on and off the course, and being able to communicate effectively with sponsors and fans is a big part of this. (NewYork Times, 2008년 8월 27일) (부록 4)

이번 장에서는 언어 평가의 수준을 평가하는 기준으로 많이 사용되는 세 가지 요소를 살펴본다. 첫 번째 요소는 진정성으로 평가 과제가 실제 의사소통 과제와 얼마나 비슷한지를 뜻한다. 두 번째 요소는 평가 결과가 수험자나 교사와 같은 개인이나 교육 프로그램, 기업, 나아가 사회에 미치는 영향(impact)이다. 세 번째는 평가 도구를 제작, 실시하고, 채점해서 활용하는데 요구되는 시간과 인력, 장소 등 각종 비용을 뜻하는 실용성이다. 마지막으로 언어 평가의 수준을 평가하는 기준으로 최근에 제안된 개념을 간단하게 알아본다.

1. 진정성(Authenticity)

진정성은 authenticity를 우리말로 옮긴 어휘인데 authentic이라는 어휘는 'not false or imitation'이라는 의미를 지닌다. 가짜나 모방품이 아닌 실제 있는 그대로라는 의미로 이 개념을 언어 평가에 적용해본다면 평가 과제가 실제 의사소통 과제와 비슷하다는 뜻으로 해석할 수 있다.

1) 진정성의 정의

진정성은 언어 교육 분야에서 교재나 과제가 가져야할 특성의 하나로 오래 전부터 사용되어 온 개념이다. 예를 들어 언어 교육 분야에서 진정성은 크게 다음의 두 가지 의미로 사용된다. 먼저 수업 활동을 위해서 만들어진 자료가 아니라 실제 자료가 진정성이 높은 자료라고 본다. 즉 자료가 실제성(genuineness)을 지닌다는 뜻이다. 듣기나 읽기 자료의 경우 학습자를 위해 일부러 제작된 자료가 아니라 실제 방송이나 신문 기사 같은 자료를 뜻한다.

두 번째 의미로는 언어 교수 활동에서 학습자들이 수행하는 과제가 실제 상황에서 사람들이 수행하는 과제와 유사하다는 뜻이다. 예를 들어

'음식을 주문하는 방법'에 대해 배운다면 식당에서 음식을 주문할 때 사용할 수 있는 표현을 외우게 하는 활동 보다는 음식을 주문하는 역할극 활동이 더 진정성이 높은 활동이라고 본다. Bachman(1990)은 실제 의사소통상황을 반영하는 정도를 뜻하는 전자를 상황적 진정성(situational authenticity)이라고 하고 수험자를 언어사용 측면에서 목적이 있는 의사소통활동을 수행하도록 하는 정도를 뜻하는 후자를 상호작용적 진정성(interactional authenticity)이라고 구분하였다. 이 구분이 중요한 이유는 실제 자료로도 진정성이 전혀 없는 과제를 수행하게 할 수 있으므로 진정성을 높이기 위해서는 두 가지 측면을 다 고려해야 하기 때문이다. 예를 들어 읽기 시험에서 신문에 게재된 구인 광고를 제시한 다음 광고 내용에 대한 선다형 문제를 출제한다면 읽기 자료의 상황적 진정성은 높지만 과업의 상호작용적 진정성은 높다고 볼 수 없을 것이다. 실제 상황이라면 구직자는 구인 광고를 보고 본인에게 적합한 광고가 있는지 파악하고 메모를 하거나 실제로 전화를 걸어 필요한 정보를 물어보고 면접 약속을 잡을 것이다.

2) 언어 평가의 진정성

진정성을 언어 평가에서 고려해야 하는 이유는 언어 평가의 목적이 실제 언어 사용 상황에서 수험자가 주어진 의사소통 과제를 어느 정도로 잘 수행할 수 있는지를 파악하는 데 있기 때문이다. 관광 가이드로 일하는데 요구되는 언어 능력을 갖추고 있는지 측정하는 가장 좋은 평가 방법은 관광지에서 가이드 업무를 수행하게 해서 관광 가이드로 일하기에 충분한 실력을 갖추고 있는지 판단하는 것이겠지만 실현 가능성이 거의 없는 평가 방법이다. 차선책은 관광 가이드가 실제로 행하는 일들을 파악한 다음 모의 관광 안내 상황에서 실제 과제와 유사하게 제작된 평가 과제를 수행하게 해 보는 것이다. 이 경우 시험 과제가 실제 가이드가 행하는 과제와 비슷할수록 수험자가 관광가이드로 일하는데 필요한 언어 능력을 갖추고 있는지 더 정확하게 판단할 수 있을 것이다. 예를 들어 반직접 말하기 시험보다는 특정 관광지에 대해 설명하고 관광지에 대한 관광객의 가상 질문에 답을 하도록 하는 과제가 진정성이 더 높고, 수험자가 미래에 관광 가이드로서 얼마나 일을 잘 할 수 있을지 더 정확하게 예측할 수 있을 것이다.

앞에서 지적한 것처럼 언어 평가를 실시할 때 우리의 관심사는 해당 시험의 결과라기보다는 그 시험 결과를 바탕으로 해서 실제 상황에서 해당 수험자가 언어를 얼마나 잘 구사할 수 있을지 추론해 내는데 있다. 실제 상황에서 수행해야 하는 과제와 수험 과제가 비슷할수록 수험자의 능력을 더 정확하게 예측할 수 있기 때문에 언어 평가가 얼마나 진정성이 높은지는 중요한 이슈가 된다. 그러나 실제 의사소통상황을 재연하려고 아무리 노력하더라도 Stevenson(1985)의 표현처럼 누구나 다 'tea party'가 아닌 평가 상황임을 알기 때문에 평가의 진정성을 높이는 일은 쉬운 일이 아니다.

언어 평가 분야에서는 평가 도구의 진정성을 높이기 위한 여러 가지 시도가 있어왔다.

- Noise test: 듣기 평가 자료가 방음처리가 된 공간에서 녹음되기 때문에 소음이 있는 상황에서 이루어지는 실제 듣기 상황과 비슷한 효과를 주기 위해 배경 소음을 넣는다(Buck, 2001).
- 사진을 제시한 CBT 토플: 두 명의 화자들이 대화할 때 청자로 하여금 대화가 어디에서 일어나는지와 두 사람의 관계 등에 대한 정보를 주기 위해 그림을 제공한다(Ginther, 2002).
- 다양한 영어 발음(accent)을 사용하는 토익 듣기 영역: 토익시험에서 미국, 영국, 캐나다, 호주 영어 등 다양한 발음으로 듣기 지문을 녹음한다(ETS, 2010).
- 언어 기능이 통합된 토플: iBT 토플의 문항 종류들 중 여러 기능이 통합된

> 문항이 있다. 예를 들어 지문을 읽고, 강의를 듣고 난 다음 말하거나 쓰게 하는 식으로 출제 되는데, 이는 실제 미국 대학 생활에서 수험자가 할 수 있는 활동을 반영하는 시도이다.
> - 비디오 듣기자료: 듣기 지문을 비디오 형식으로 제공함으로써 수험자가 화면에 나온 화자들의 표정이나 제스처와 같이 듣기 내용 이해에 활용할 수 있는 여러 단서들을 제공한다.

3) 진정성을 확인하는 방법

언어 평가의 진정성은 실제 의사소통 과제와 평가 과제가 얼마나 유사한가를 살펴보는 방식으로 확인할 수 있다. 이를 위해서는 실제 의사소통 과제와 평가 과제의 특성을 분석해 내는 틀이 필요한데 그 대표적인 예가 Bachman(1990)이 제시한 Test Method Facet(TMF)이다. 수험 과제와 실제 과제의 특성을 여러 가지 측면에서 분석한 다음 두 과제가 얼마나 비슷한지를 판단할 수 있는 도구이다. Bachman의 TMF에 대해서는 8장에서 다룬다.

언어 평가 분야에서는 지나치게 상황적 진정성 측면에만 주목하는 경향이 있다. 앞서 소개한 관광 가이드 선발 상황을 생각해보면 가이드가 소개해야 하는 실제 관광지 사진을 제시할 경우 상황적 진정성은 높아질 것이다. 그러나 이에 못지않게 중요한 것은 수험자가 그 사진을 이용해서 어떤 과제를 수행해야 하는가이다. 다시 말해 진정성의 또 다른 측면인 상호작용적 진정성 측면에서도 평가 과제의 진정성을 높여야 한다.

언어 평가 결과의 해석 측면에서는 수험자가 과제를 풀 때(상호작용할 때) 수험자의 특성 중 어떤 특성이 어느 정도 요구되는지가 중요한 문제이다. 물론 우리가 측정하고자 하는 언어 능력이 가장 많이 필요해야 할 것이다. 문제의 핵심은 주어진 수험 과제를 수행할 때, 예를 들어 관광 가이드가 관광지를 설명할 때 요구되는 영어 실력이 과제를 수행할 때 사용되는가의 여부일 것이다. 이를 Bachman과 Palmer(1996)는 상호작용성(interactiveness)이라고 부른다. 시험 문제를 푸는데 문제 형식 때문에 실제 수험자의 언어 능력이 별로 개입되지 않는다면 언어 평가 과제로는 적절하다고 볼 수 없을 것이다.

예를 들어 말하기 평가에서 수험자에게 4개의 그림을 주고 어떻게 묘사하는지를 본다고 하자. 물론 그림의 전반적인 내용을 완벽한 문장으로 잘 설명하는 수험자도 있겠지만, 그림의 가장 특징적인 것을 골라 한 어휘나 구로 설명하거나 또는 그림을 묘사하기 위한 적절한 어휘를 몰라 그림의 전반적인 주제보다는 인물의 행동이나 위치를 중심으로 짧게 설명하며 과업을 완성하는 수험자도 있을 것이다.

앞에서 밝힌 것처럼 언어 평가의 특성상 평가 과제의 진정성은 평가의 수준을 결정지을 수 있는 중요한 요소이다. 그러나 여전히 평가 과제의 진정성에 관한 논의는 부족한 실정이다. 최근 멀티미디어를 활용한 평가 도구의 개발과 활용이 활발해지고 있는데 멀티미디어 기반 평가에서는 진정성이 높은 평가 과제가 개발될 여지가 더 크다. 그렇다고 해서 컴퓨터를 사용하면 평가의 진정성이 높아질 것이라고 단정하는 것은 위험하기 때문에 평가의 진정성을 높이기 위한 여러 가지 시도가 수험자의 평가 수행에 어떤 영향을 미치는지 조사해 보아야 한다.

예를 들어 듣기 평가의 진정성을 높이기 위해 비디오를 제공한 경우 실제로 수험자들이 비디오를 시청하는지, 비디오를 제공하지 않았을 때와 평가 결과에 차이가 나는지 실제 비디오에는 정답과 관련된 정보가 제공되지 않기 때문에 눈을 감고 소리에만 집중하면 더 높은 점수가 나오는데도 비디오를 계속 제공해야 하는지 등 진정성을 높이기 위한 여러 가지 시도가 평가 결과에 어떤 방식으로 영향을 미치는지에 대한 연구가 진행될 필요가 있다.

4) 진정성과 구인 타당도의 관계

진정성은 시험 과제가 실제 과제와 얼마나 비슷한가의 문제이므로 구인 타당도와 직결된다고 볼 수 있다. 진정성이 낮은 과제로 수험자의 언어 능력에 대해 올바른 판단을 내리기는 어렵기 때문이다. 그러나 진정성을 높이는 여러 가지 시도가 수험자의 시험에 대한 인상과 과제 수행에 반드시 긍정적인 영향을 미친다고는 볼 수 없다는 데에 유의할 필요가 있다. 다시 말해, 평가 도구의 진정성을 높인다고 해서 구인 타당도도 함께 높아진다는 보장은 없다.

2. 영향(Impact)

평가를 실시하는 주된 목적은 평가 결과를 바탕으로 하여 승진, 선발, 졸업, 포상과 같은 각종 결정을 내리기 위함이다. 차별이 허용된 유일한 분야가 평가라고 볼 수 있다. 따라서 평가는 평가와 관련된 사람과 그 결과를 이용하는 조직에 여러 가지 긍정적인, 때로는 부정적인 영향을 미친다. 우리나라에서 대학 입학시험의 성격에 따라서 중·고등학교 영어 교실에서 이루어지는 학습 내용과 지도 방법이 달라진다고 믿는 사람들이 많은데 평가의 힘에 대한 믿음의 좋은 예라고 할 수 있다.

언어 평가의 힘을 고려해 볼 때 평가 결과를 근거로 해서 올바른 결정이 내려지는지 확인할 필요가 있다. 측정의 오류 때문에 실력이 부족한 사람이 합격하고 실력이 더 좋은 사람은 떨어지는 것과 같은 잘못된 결정이 내려지지 않도록 주의해야 한다. 잘못된 판단은 평가 결과를 직·간접적으로 이용하는 사람이나 조직에 영향을 미치게 된다. 예를 들어 해외에서 의료 인력을 수입한다고 가정해보자. 만약 그들의 언어 능숙도 평가가 정확하지 않아서 언어 능력이 부족한 사람이 의료 현장에서 일하게 된다면 의료사고가 발생할 가능성이 커진다. 혹은 언어 구사력이 부족한 사람이 비행기 조종사나 공항 관제사로 일하게 될 수도 있다. 이처럼 평가의 영향을 살펴보는 일은 평가의 목적이 제대로 실현되었는지 판단하는 작업으로 평가의 결과를 바탕으로 내려진 각종 해석과 추론, 결정이 얼마나 적합하였는지를 살펴본다는 측면에서 평가의 타당도와 직결된다.

특히 평가 결과가 의도하지 않은 영향을 미칠 수도 있다는 점에 유의해야 한다. 중요한 시험일수록 수험자들이 시험 준비에 많은 시간을 투자하기 때문이다. 우리나라 고등학교 3학년 교실에서 대학수학능력 시험 준비 위주의 수업이 이루어지는 것이 좋은 예이다. 교사들은 시험에 나오는 내용 위주로 가르치고 시험에 출제되지 않는 교육 목표들은 소홀하게 다루는 일이 발생하게 된다. 따라서 평가 도구가 어떻게 사용되고 있고 어떤 영향을 미치는지 알아보아야 긍정적인 영향은 가능한 크게 하고 부정적인 영향을 최소화할 수 있는 방안을 찾을 수 있을 것이다.

1) 환류효과

평가의 영향중에서 학생들이 공부하고 교사가 가르치는 데 미치는 영향을 환류효과(washback)라고 하고 환류효과를 포함한 모든 영향을 통틀어서 평가의 영향(impact)이라고 부른다. 학자에 따라서 washback을 역류효과라고 부르는 경우도 있다.

2) 환류효과 가설

평가의 영향과 관련하여 가장 많이 연구된 분야는 평가의 환류효과이다. 환류효과 가설이란 평가가 학생들이 공부하고 교사들이 가르치는 내용과 방법에 영향을 미치기 때문에 평가를 변화시키면 학생들이 공부하고 교사들이 가르치는 내용과 방법도 따라서 변할 것이라는 가설이다.

우리나라에서도 입시 위주의 교육을 극복하기 위해서는 입학시험을 변화시켜야 한다는 주장을 하는 사람들이 많다. 예를 들어 수학능력시험 외국어 영역에 듣기 평가가 포함된 이후에 학교 현장에서 듣기 교육이 강화된 것처럼 말하기나 쓰기 영역이 추가되면 학교 현장에서 교사들이 이 두 표현 기능을 더 많이 가르치게 될 것이라는 주장이다.

심지어 영어 교육이 정상화되기 위해서는 대학 입시에서 영어 과목이 제외되어야 입시 위주의 수업이 이루어지지 않을 것이라고 주장하는 사람도 있다. 물론 외국어 과목이 입시에서 제외되면 제 2외국어를 배우려는 학생의 수가 급감할 것이라는 제 2 외국어 교사의 주장도 시험의 영향을 인정한다는 점에서 맥을 같이하고 있다.

환류효과 가설의 타당성을 최초로 체계적으로 연구했던 Alderson과 Wall(1993b)은 많은 사람들이 당연시하고 있지만 환류효과 가설에 대한 실증적인 연구가 거의 이루어지지 않은 점을 지적하고 시험의 변화가 교실 수업의 변화로 이어지는지 알아보기 위해서 스리랑카에서 입시 제도가 변화된 후에 학교 현장에서 이루어지는 수업에 어떤 변화가 생겼는지 탐색해보았다. 시험이 도입되기 전과 후의 수업을 비교해본 결과 가르치는 내용은 어느 정도 변화하였지만 가르치는 방식에는 전혀 변화가 없었다고 보고하였다. 이 결과를 바탕으로 평가와 교수 활동의 관계가 환류효과 가설이 주장하는 것처럼 단순하지 않기 때문에 환류효과 가설을 당연시해서는 안 된다고 결론을 내렸다. 이들의 연구 결과를 정리해 보면 아래와 같다.

> Our conclusions are that the exam has had impact on the content of the teaching in that teachers are anxious to cover those parts of the textbook which they feel are most likely to be tested. This means that listening and speaking are not receiving the attention they should receive, because of the attention that teachers feel they must pay to reading. There is no indication that the exam is affecting the methodology of the classroom or that teachers have yet understood or been able to implement the methodology of the textbooks.

> By the same reasoning, the mere existence of an examination which is in conflict with textbook content, methodology or philosophy, or with teacher beliefs and practices, will not necessarily 'force' teachers into teaching a particular content, or using a particular methodology.
>
> In short, if an exam is to have the impact intended, educationalists and education managers need to consider a range of factors that affect how innovations succeed or fail and that influence teacher (pupil) behaviors. The exam is only one of these factors.

 우리나라와 영어 교육 환경이 비슷한 일본에서 이루어지는 문법 번역식 교육과 입시 문제와의 연관성을 연구한 Watanabe(1996)도 비슷한 결론을 내리고 있다. 많은 사람들이 입시 문제 유형 때문에 일본의 영어 교실에서 문법 번역식 교육이 이루어진다고 생각하고 있으나 번역 문제가 출제되는 국립대학의 입시와 번역 문제가 출제되지 않는 사립대학 입시를 가르치는 두 교사의 수업 방식을 비교해 본 결과 교사의 교육 경험과 교수법에 대한 교사 개인의 신념이 입시 문제 유형 못지않게 수업 방식에 영향을 미친다는 사실이 밝혀졌다.
 이러한 선행연구 결과는 영어 시험이 교육에 미치는 영향이 없다는 것은 아니지만 시험을 바꾼다고 해서 현장의 영어 교육이 원하는 대로 100% 바뀌리라고 쉽게 단정해서는 안 된다는 점을 시사한다. 학생들이 공부하는 방식과 교사들이 가르치는 방식에는 시험뿐만 아니라 다른 요소도 영향을 미친다는 사실을 간과해서는 안 된다. 예를 들어 우리나라 영어 교실에서 쓰기 수업이 이루어지지 않는 것은 입시에 쓰기가 포함되지 않은 이유도 크지만 쓰기 수업을 제대로 받아보거나 진행해 본 적이 없는 교사의 경험 부족, 교사의 쓰기 실력, 대단위 학급, 학생의 능숙도 등 다른 이유들이 복합적으로 작용해서 생긴 결과로 보아야 한다. 입시에 쓰기 영역이 포함되더라도 기대하는 수준의 쓰기 수업이 이루어지지 않을 가능성이 크다. 예를 들어 토플시험에 쓰기 영역이 도입된 후 쓰기 강좌에서 모범답안을 제시하고 모방하도록 하는 방식으로 진행된 것이 좋은 예이다. 평가의 영향이 크다고 많은 사람들이 인정하고 새로운 평가 정책이 앞 다투어 도입되는 우리나라에서 환류효과에 대한 연구가 제대로 진행된 적이 없는 것은 안타까운 현실이다.

3) 환류효과를 증진하는 방법

평가의 긍정적인 환류효과를 증진하기 위해서는 다음과 같은 방안을 생각해 볼 수 있다.

(1) 평가할 내용을 골고루 다 평가하여야 한다.

시험에 나오지 않는 내용은 학습하지 않을 가능성이 크고 시험 문제들이 특정 영역에서만 출제되는 경우, 교사나 학습자가 그 부분만을 가르치고 공부하게 되어 시험이 원래 의도했던 긍정적인 영향을 기대하기 어렵다. 예를 들어, 쓰기 시험이 두 개의 과제, 즉 compare and contrast와 describe and interpret a chart or a graph 과제로만 출제된다면, 학생들이 다른 유형의 작문은 소홀히 하게 되는 부정적인 결과를 낳을 수 있다.

(2) 가능한 한 직접평가 방식을 이용해야 한다.

선다형 문항보다는 직접 말을 하고 글을 쓰는 평가가 이루어져야 하고 진정성이 높은 과업이 제시되어야 한다. 수험자의 말하기 능력을 평가하고자 한다면, 수험자에게 직접 말하도록 하는 과업을 주어 평가하고, 쓰기 능력을 측정하고자 한다면 직접 쓰게 하는 것이 긍정적인 환류효과를 얻을 수 있는 방법이다. 말하기나 쓰기 시험을 간접평가 방식이 아니라 직접평가 방식으로 실시할 경우, 시험을 위한 연습활동 자체가 언어 사용의 기회를 제공하여 시험이 의도했던 목표를 달성하게 되는 계기를 마련할 수 있다.

(3) 변화가 일어날 수 있는 여건과 환경을 조성해야 한다.

시험만 바꿀 것이 아니라 기대하는 수업이나 학습이 이루어질 수 있도록 도와주어야 한다. 시험의 잠재적인 환류효과가 아무리 좋다고 해도 학습자와 교수자의 이해와 협조가 없다면 그 효과가 제대로 나타나지 않을 것이다. 새로운 형태의 시험이 실시되는 경우, 시험의 제작 근거와 문항 샘플, 효과적인 준비 방법 등이 시험을 준비하는 모든 수험자에게 제공되어야 하며, 교수자에게도 새로운 시험에 대한 안내와 새로운 교수방법에 대한 교육이 필요할 것이다. 새로운 수업에 필요한 수업 자료와 기자재 등도 보급해 주어야 한다. 변화의 여건을 충분히 제공하고 협조가 이루어졌을 때야 비로소 변화를 이룰 수 있을 것이다.

(4) 인식의 변화를 추구해야 한다.

변화해야 하고 변화할 수 있다는 믿음, 새로운 평가가 지향하는 교수 원리나 방법에 대해 널리 알리고, 교육하고, 설득하는 절차가 필요하다. 많은 경우 새로운 평가 정책이나 평가 방식이 일방적으로 수립되어 현장에 전달되는데 이처럼 교육 혁신이 하향식으로 추진되어 현장에서 실제로 변화를 주도할 사람들이 소외되면 원하는 변화를 이루기 어렵다.

(5) 평가의 전 과정, 특히 평가 도구를 개발할 때 평가의 영향을 미리 고려해야 한다.

평가 개발자나 사용자들은 단순히 평가가 교수와 학습에 미치는 영향만 고려하기 보다는 수험자나 교사 등 개인 뿐 아니라, 교육 시스템과 사회 전반에 미칠 수 있는 영향을 예측해서 고려하여 평가를 제작할 때 고려해야 할 것이다. 특히 기대하지 않은 영향이 발생할 수 있는지 검토해

보아야 한다. 예를 들어 대학수학능력시험과 같이 중요한 결정을 내리는 근거가 되는 고부담 시험에서 말하기나 쓰기가 제외될 경우 이 결정이 가져올 잠재적인 영향을 사전에 충분히 고려해야 한다. 반대로 두 기능을 평가할 경우 학교 현장에서 말하기, 쓰기 수업을 하게 될 거라는 긍정적인 변화만 생각하지 말고 발생할 수 있는 여러 가지 부정적인 영향도 예측해 보아야 할 것이다.

(6) 목적이 수단을 정당화 하지는 않으므로 시험의 긍정적인 영향을 근거로 모든 결정을 합리화해서는 안 된다.

우리 사회에서 당장의 어려움이 예상되지만 긍적적인 변화를 유도할 수 있다는 이유로 준비되지 않은 상태에서 새로운 시험을 도입하는 경우가 많다. 예를 들어 컴퓨터 기반의 시험은 진정성이 높은 평가로서 기존의 지필 평가 방식으로는 할 수 없었던 다양한 문항 개발을 가능하게 하고, 평가 실행의 효율성을 증진시킬 수는 있지만 응시료가 지필고사 응시료보다 몇 배로 인상된다면 경제적으로 여유가 없는 수험자들에게 부정적인 영향을 미치게 된다. 준비도 되지 않은 상태에서 새로운 평가 방법을 도입할 경우 시험 준비가 수험자 개인의 몫이 되어 수험자의 사회경제적 배경이 평가 결과를 좌우하는 문제가 발생할 수도 있다.

(7) 평가의 영향과 관련하여 구체적으로 계산할 수 있는 영향보다는 눈에 보이지 않는 시험의 영향을 고려하여야 한다(Hughes, 2003).

직접평가를 실시하고, 서술형 평가에 대해 신뢰도가 높은 채점을 하기 위해서는 많은 시간과 노력이 필요할 것이다. 또한 새로운 평가를 만들어 샘플 테스트를 제작하고, 교사나 채점자 훈련에 드는 비용도 어마어마할 것이다. 그러한 과정이 매우 경제적이지 못하다고 생각할 수도 있지만, 그런 평가를 준비하면서 허비하는 시간과 노력이나 잘못된 결정 때문에 발생하는 손실 즉, 긍정적인 환류효과를 얻지 못했을 때 발생하는 손실이 더 클 것이다.

4) 비판적 언어 평가(Critical language testing)

최근 들어 평가가 수험자의 언어 능력 측정이라는 원래의 목적이 아닌 다른 정치적인 목적으로 사용되는 현상에 주목하는 비판적 언어 평가 분야가 새로 등장하였다. 이 입장을 견지하는 학자들은 언어 평가가 집권 세력이나 정치 권력이 그들의 평가 외적인 목적을 실현하기 위해서나 사용되는 경우가 많다고 비판한다.

이들 학자가 지적하는 것처럼 평가가 권력유지와 같은 평가 이외의 목적으로 이용되는 경우가 없도록 끊임없이 경계하여 공정하고 민주적인 평가가 실시될 수 있도록 해야 할 것이다. 그러나 모든 평가를 권력 유지의 수단으로 간주하는 것은 지나치다. 평가는 경쟁 사회에서 필요악으로 존재할 필요가 있기 때문에 평가 도구 자체를 없애기 보다는 평가 도구를 올바르게 사용함으로써 문제를 최소화해야 한다.

비판적 언어 평가와 관련하여 최근 들어 수험자의 권리에 대한 논의가 이루어지고 있다. 많은 경우 평가 결과가 제대로 공개되지 않는 경우가 많다. 평가 결과가 공개될 때 평가 도구나 평가 절차의 공정성과 평가자의 책무성이 검증될 수 있을 것이다. 시험을 실시하거나 그 결과를 이용하는 사람과 수험자 사이에 존재하는 힘(power)의 차이로 수험자의 목소리는 평가의 전 과정에서 무시되는 경우가 대부분이다. 소비자의 권리를 보호한다는 일반 상거래에서처럼 평가 상황에서도 수험자는 소비자로서 그들의 권리를 누릴 수 있어야 한다.

3. 실용성(Practicality)

평가의 실용성은 평가 도구를 제작해서 실시, 채점하고 그 결과를 해석하여 이용하기에 얼마나 용이한가를 의미한다. 하나의 평가 도구를 개발해서 실시하고 채점하고 그 결과를 활용하는 과정에는 인적, 물적, 시간적 자원이 필요하다. 이런 비용은 고스란히 수험자나 시험 결과를 이용해야 하는 당사자가 부담해야 한다. 예를 들어 토플 시험의 경우 컴퓨터 기반 시험과 인터넷 기반 시험으로 실시되면서 응시료 또한 대폭 인상되었다.

아무리 좋은 평가도구라고 해도 개발하거나 실시, 채점하는 데 지나치게 시간이 오래 걸리거나 물적, 인적 자원이 지나치게 많이 요구된다면 사용하기 어려울 것이다. 따라서 평가의 실용성은 평가도구를 개발하거나 선정하는데 늘 고려되는 요소이다. 예를 들어 60만 명이 넘는 수험자를 대상으로 말하기나 쓰기 시험을 보기 힘들다는 현실적인 어려움이 대학 입시에서 말하기 평가나 쓰기 평가를 실시하지 못하는 주된 이유로 제시된다.

앞에서 지적한 것처럼 언어 평가는 언제나 주어진 상황 속에서 개발되거나 실시되기 때문에 이러한 현실적인 제약을 무시하기 어렵다. 때로는 행정적인 이유 때문에 평가가 실시된 지 얼마 지나지 않아 평가 결과를 보고해야 하는 경우도 있다. 예를 들어 배치평가의 경우 개강 직전에 시험을 실시해서 배치가 완료되어야 개강 첫 주부터 수업이 시작될 수 있기 때문에 대개 일주일 이내에 실시, 채점, 배치가 완료되어야 한다. 대학수학능력시험의 경우에도 한 달 이내에 시험 결과가 보고되어야 대학 입시가 무리 없이 진행될 수 있다. 우리나라처럼 영어가 외국어로 사용되는 상황에서는 원어민이나 원어민 수준의 언어를 구사하는 채점자나 시험관(interviewer)을 충분히 확보하기가 쉽지 않고 시험장을 구하는 일도 쉬운 일이 아니다.

평가의 실용성과 관련하여 주의할 점은 때로는 평가의 실용적인 측면이 다른 요소에 비해 지나치게 강조된다는 점이다. 그 결과 평가의 실용적인 측면이 더 나은 평가 도구를 개발하거나 실시하지 않는 핑계가 되는 경우가 많다. 평가를 담당하는 사람들은 실용적인 여건도 물론 고려해야겠지만 주어진 현실에 안주하기 보다는 더 나은 평가 도구를 만들기 위한 노력을 게을리 해서는 안 될 것이다. '싼 것이 비지떡'이라는 속담이 평가에도 적용된다.

많은 경우에 실용성의 문제가 시간이나 돈, 인력의 문제라기보다는 마음과 의지의 문제라는 점을 명심할 필요가 있다. 예를 들어 중국의 CET 시험의 경우 응시 인원이 연 1000만 명을 넘는데도 불구하고 말하기와 쓰기 영역이 포함되어 있다. 2010학년도 대학수학능력 시험 총 응시자수는 67만 7829명이었는데 이 숫자는 CET 응시자의 $\frac{1}{15}$에 불과하다.

당장 얼마의 시간과 돈을 절약할 수 있을지 모르지만 장기적으로 보면 수많은 사람이 별로 필요도 없는 시험을 준비하며 도움이 되지도 않는 공부를 해야 하고 잘못된 결정 때문에 수험자나 사용자가 겪는 크고 작은 손실을 생각해 본다면 타당도와 신뢰도가 높은 시험을 개발해서 실시하는 편이 더 경제적일 수 있다. 따라서 평가의 실용성을 너무 중요시하여 평가의 타당성이 무시되는 일은 없어야 할 것이다.

4. 새로운 모형

1) 유용성(Usefulness)

Bachman과 Palmer(1996)는 평가 도구가 주어진 평가 상황과 목적에서 유용한 정도를 평가하는 유용성(usefulness) 모형을 제시하였다. 그들에 따르면 유용성은 구인 타당도, 신뢰도, 진정성, 상호작용성, 실용성, 영향으로 구성된다. 그들은 평가의 유용성과 관련된 다음과 같은 세 개의 원리를 제시하였는데 우선 개별 요소보다는 전체적인 유용성을 극대화해야 한다는 것이다. 또한 개별 요소는 독립적으로 평가될 수 없고 전체적인 유용성의 관점에서 평가되어야 하며, 평가 도구의 유용성과 각 요소 사이의 최적의 균형은 미리 규정될 수 없고 매 평가 상황에서 결정되어야 한다는 원칙을 제시하였다.

이 모형은 평가도구가 주어진 상황에서 유용한지를 평가할 수 있는 구체적인 틀을 제공하였다는 점에서 주목할 만한 모형이다. 그러나 유용성이라는 개념을 새로 도입할 필요가 있는지에 대해서는 이견이 있다. 앞에서 소개한 신뢰도와 타당도의 개념 속에 이들 요소가 대부분 포함되기 때문이다. 이 모형의 또 다른 한계로는 상호작용성이라는 개념이 분명하지 않고 실제 평가 상황에서 어떻게 평가할 수 있을지 분명하지 않다는 점이다. 마지막으로 개별 요소에 대한 평가 보다는 전체적인 유용성이 중요하다는 원칙도 재고해 볼 여지가 있다. 평가 상황에 관계없이 개별 요소마다 최소한의 수준은 확보되어야 할 것이다. 예를 들어 다른 요소가 다 높더라도 신뢰도가 아주 낮다면 그 결과로 수험자의 언어 능력에 대해 적절한 추론을 하기 힘들 것이다. 어떤 평가 상황이든 최소한의 신뢰도는 확보되어야 한다.

2) 공정성

Kunnan(2004)은 평가의 유용도를 공정성(fairness) 관점에서 평가할 수 있다고 주장하면서 Test Fairness framework을 제안하였다. 먼저 그는 이 평가 틀이 아래 두 가지 원칙에 근거하고 있다고 주장하였다.

> Principle 1: The principle of Justice: A test ought to be fair to all test takers: that is, there is a presumption of treating every person with equal respect.
> Principle 2: The Principle of Beneficence: A test ought to bring about good

> in society: that is, it should not be harmful or detrimental to society.

이러한 원칙하에 그는 평가 공정성의 하위요소로 타당도(validity), 편향 부재(absence of bias), 접근성(access), 실시(administration), 사회적 결과(social consequences)를 제시하였고 각 요소마다 공정성을 확인할 수 있는 세부 영역을 제시하였다. Kunnan의 공정성 개념도 위에서 소개한 유용성 개념처럼 기존의 구인 타당도 개념이 포함되는 요소이기 때문에 굳이 공정성이라는 새로운 개념을 도입할 필요가 있는지에 대해서는 이견이 존재한다.

5. 맺음말

지금까지 평가의 수준을 결정짓는 여러 가지 요소에 대하여 살펴보았다. 모든 평가의 요소가 높으면 더할 나위 없이 좋겠지만 한 가지 요소를 강조하다 보면 다른 평가 요소에 소홀해지는 경우가 있다. 예를 들어 쓰기 평가에서 신뢰도를 높이는 한 가지 방법으로 하나의 과제만 제시하는 경우를 들 수 있다. 수험자의 과제 선택의 범위가 넓을수록 오류가 생길 가능성이 그만큼 더 커진다. 두세 가지의 과제를 제시할 경우 수험자가 어느 과제를 선택하더라도 똑같은 결과를 얻을 수 있다는 전제가 성립되어야 하기 때문이다. 한 가지 과제만 제시할 경우 이런 문제가 발생할 소지가 없기 때문에 신뢰도는 높일 수 있을지 모르지만, 타당도의 관점에서 보면 제시된 과제에만 유독 준비가 되지 않았거나 다른 과제였다면 더 높은 점수를 받을 수 있는 수험자가 있을 수도 있기 때문에 바람직하지 않다. 또 실용성을 강조하다 보면 결국 선다형 시험 과제만 남을지도 모른다. 따라서 지금까지 논의한 평가의 여러 가지 요소를 전체적으로 고려하면서 평가의 전반적인 수준을 높이려는 노력을 기울여야 할 것이다.

참고자료

   Cheng, Watanabe와 Curtis(2004)에 환류효과에 대한 최근 연구가 소개되어 있고, 진정성의 개념에 대해서는 Widdowson(1978)이, 연구 논문으로는 Lewkowicz(1997, 2000)와 Lee(2006)가 좋은 예이다. Shohamy(2001)는 평가의 영향을 비판적 언어 평가 관점에서 살펴본 대표적인 저작이다. Hawthorne(1997)도 평가 도구가 정치적 목적으로 사용된 예를 실증적으로 기술한 연구로 많이 인용된다. 대학 졸업 요건으로 표준화 시험 성적을 요구하는 문제를 다룬 Cho(2004)도 평가의 영향과 관련하여 흥미로운 연구이고, 토플 준비반의 수업 내용을 중심으로 평가의 영향을 탐색한 Alderson과 Hamp-Lyons(1996)도 많이 인용되는 연구이다.

연습문제

1. 주위에서 진정성이 높은 시험 과제와 진정성이 낮은 시험 과제의 예를 찾아봅시다.

2. 다음 직종에 종사할 사람들의 언어능력을 측정하는 시험을 제작하고자 합니다. 유용성이 높은 평가 과제를 각 시험 당 두 개씩 제작해 봅시다.
   1) 경찰
   2) 외국계 회사 비서
   3) 외국어과 교사

3. 본인이 알고 있는 시험을 골라 그 시험의 영향을 긍정적인 측면과 부정적인 측면으로 나누어 정리해 봅시다.

4. 수험자가 누려야 할 권리를 적어 봅시다.

제7장
외국어 평가 도구 개발 및 선정

> **생각해보기**
>
> 평가 도구를 개발하는 단계에서 평가 과제의 난이도를 예측할 수 있는지, 예측해야 하는지에 대한 다른 의견이 존재합니다. 다음에 제시된 각 문항의 배점을 추정해 봅시다.

1. 다음 (   )에 알맞은 것을 고르십시오.(3점 문항 두 문항, 4점 문항 두 문항)

 1) 아무리 100년 전통의 맛집이라지만 저녁 한 끼를 먹으려고 한 시간이나 기다려야 한다니 (   ).
    ① 놀라운 법이다.　　　　　② 놀라기 십상이다
    ③ 놀라울 따름이다.　　　　④ 놀라기 나름이다.
 2) 월말이 되도록 판매 대금이 입금되지 않아서 자금 사정이 (   ) 악화된 상태이다.
    ① 악화된 이상　　　　　　② 악화된 한편
    ③ 악화될 듯이　　　　　　④ 악화될 대로
 3) 어차피 선수 생활을 오래 지속할 수 (   ) 일찌감치 그만두고 지도자가 될 준비를 하는 게 좋을 것 같다.
    ① 없고서도　　　　　　　　② 없을지언정
    ③ 없을 바에야　　　　　　④ 없는가 하면
 4) 자격증을 많이 따 두면 나중에라도 도움이 (   ) 해가 되지는 않을 것이다.
    ① 되면 될수록　　　　　　② 되었으면 되었지
    ③ 되는 둥 마는 둥　　　　④ 되었거나 말거나
        (TOPIK 제 20회 한국어능력시험)

2. 수학능력시험 외국어영역 기출문제(1점 문항 한 문항, 2점 문항 두 문항, 3점 문항 한 문항)

1) (A), (B), (C)의 각 네모 안에서 어법에 맞는 표현으로 가장 적절한 것은?

The first thing I notice upon entering this garden is that the ankle-high grass is greener than (A) that / those on the other side of the fence. Dozens of wildflowers of countless varieties cover the ground to (B) both / either sides of the path. Creeping plants cover the polished silver gate and the sound of bubbling water comes from somewhere. The perfume of wildflowers (C) fill / fills the air as the grass dances upon a gentle breeze. A large basket of herbs rests against the fence to the west. Every time I walk in this garden, I think, "Now I know what it is like to live in paradise."

	(A)	(B)	(C)
①	that	both	fill
②	that	both	fills
③	that	either	fills
④	those	either	fill
⑤	those	either	fills

2) 다음 글의 빈칸에 들어갈 말로 가장 적절한 것을 고르시오.

When people began to bind books with pages that could be turned rather than unrolled like papyrus, the process of _____ changed. Now the reader could easily move backward in the text to find a previously read passage or browse between widely separated sections of the same work. With one technological change, cross-referencing became possible, while the physical space needed to house a collection of books was sharply reduced. Page numbers became a possibility, as did indexes; tables of contents became workable references.   *papyrus: 파피루스

① abusing technology   ② locating information
③ eliminating documents   ④ spelling words

⑤ creating characters

3) 다음 글의 목적으로 가장 적절한 것은?

 It is my great pleasure to inform you that your sons and daughters have completed all the academic requirements over the last three years of study at Hutt High School. We feel as if the day they entered our school were yesterday, and now they will proudly receive their graduation certificates. Not unlike many successful graduates in our long history, your children will go out into the world, and successfully participate in the fields of politics. economics, culture, and education. The graduation ceremony will be held next Friday in Hutt High School's Assembly Hall. On behalf of the school, I would like to extend our invitation to you and your family. I look forward to meeting you there.

① 졸업식 축사를 부탁하려고   ② 입학식 일정을 안내하려고
③ 자녀의 졸업식에 초대하려고   ④ 입학 자격 요건을 알리려고
⑤ 학교운영위원회 개최를 알리려고

4) 다음 글의 밑줄 친 부분 중, 어법상 틀린 것은?

 In general, one's memories of any period necessarily weaken ① <u>as</u> one moves away from it. One is constantly learning new facts, and old ones have to drop out to ② <u>make</u> way for them. At twenty, I could have written the history of my school days with an accuracy which would be quite impossible now. But it can also happen that one's memories grow ③ <u>much</u> sharper even after a long passage of time. This is ④ <u>because</u> one is looking at the past with fresh eyes and can isolate and, as it were, notice facts which previously existed undifferentiated among a mass of others. There are things ⑤ <u>what</u> in a sense I remembered, but which did not strike me as strange or interesting until quite recently.

(2008학년도 대학수학능력시험 외국어영역)

본 장에서는 평가 도구를 개발하는 절차와 각 단계에서 고려해야 할 사항을 살펴본다. 효율적인 언어 평가가 이루어지기 위해서는 무엇보다도 수준 높은 평가 도구가 많이 개발되어야 한다. 평가 도구의 수준이 낮으면 아무리 제대로 실시되고 정확하게 채점되더라도 그 결과로 수험자의 언어 능력을 정확하게 측정하기 힘들기 때문이다. 다행히 주어진 평가 목적에 적합한 평가 도구가 존재하면 그 평가 도구를 사용하면 되지만 다양한 목적에 사용할 수 있는 평가 도구가 없는 경우가 더 많은데 이런 경우 다른 목적으로 개발된 도구를 잘못 사용하기 보다는 새로 개발해서 사용하는 노력이 많이 이루어져야 할 것이다.

언어 교육을 담당하는 사람이라면 평가 도구를 개발해야 하는 경우가 많다. 작게는 교실에서 보는 퀴즈에서부터 중간고사나 기말고사를 제작해야하고 말하기나 쓰기 수행평가를 제작해야 하는 경우도 있다. 또 대규모 평가 도구 개발에 참여하는 경우도 있다. 따라서 평가 도구 개발의 기본적인 절차나 각 단계에서 진행해야 하는 과제와 작업이 제대로 진행되고 있는지 확인할 수 있는 방법과 절차를 파악하고 있어야 할 것이다.

주어진 상황에 따라 구체적인 절차에는 차이가 있을 수 있으나 수준 높은 평가도구를 제작하기 위해서는 체계적이고 과학적인 개발과정을 거쳐야 한다. 물론 평가 도구를 개발할 때 아래에 제시된 모든 단계를 순서대로 밟아나가야 한다는 뜻은 아니다. 주어진 상황에 따라서 어떤 단계는 생략할 수도 있고, 특정 단계를 더 꼼꼼하게 챙겨야 하는 경우도 있을 것이다. 그러나 순서나 비중은 다를지라도 아래에 제시되는 여러가지 사항을 모두 고려해야 하고 어떤 결정을 어떻게 내렸는지 자료를 남겨서 평가도구 개발의 절차적 타당성을 확보해야 한다.

대부분의 평가 교재가 시험 개발 절차만 소개하는데 비하여 본 장에서는 개발 절차와 함께 평가 도구를 선정하는 절차도 살펴본다. 자체적으로 평가 도구를 개발하기 보다는 외부에서 제작된 시험을 활용하는 경우가 많은 우리나라의 특성을 고려해서이다.

1. 시험 개발 절차

　시험을 개발하는 과정에서 수없이 많은 선택과 결정이 내려지는데 이러한 결정 하나 하나가 모두 평가 결과에 영향을 미칠 수 있기 때문에 평가도구를 개발하는 사람들은 과학적이고 체계적인 과정을 거쳐서 결정을 내려야 하고 동시에 그 결정이 왜 타당한지 구체적인 근거를 제시할 수 있어야 한다. 물론 평가 도구를 개발하기 전에 주어진 목적에 활용할 수 있는 시험이 있는지 먼저 살펴보아야 한다. 좋은 평가 도구가 있는데도 불구하고 새로운 평가 도구를 굳이 처음부터 다시 만들 필요는 없기 때문이다.

　시험개발 과정은 크게 설계 단계, 과제 개발 단계, 예비시험 단계, 실시 단계, 그리고 결과 보고 단계로 나누어진다. 평가 도구를 개발하는 과정은 한 단계가 끝나면 다음 단계로 넘어가는 단선적인 과정이라기보다는 작업 결과에 따라 이전 단계로 돌아가서 수정 작업을 할 수도 있는 순환적이고 반복되는 과정이라고 보아야 할 것이다. 각 단계에서는 다음과 같은 작업이 진행된다.

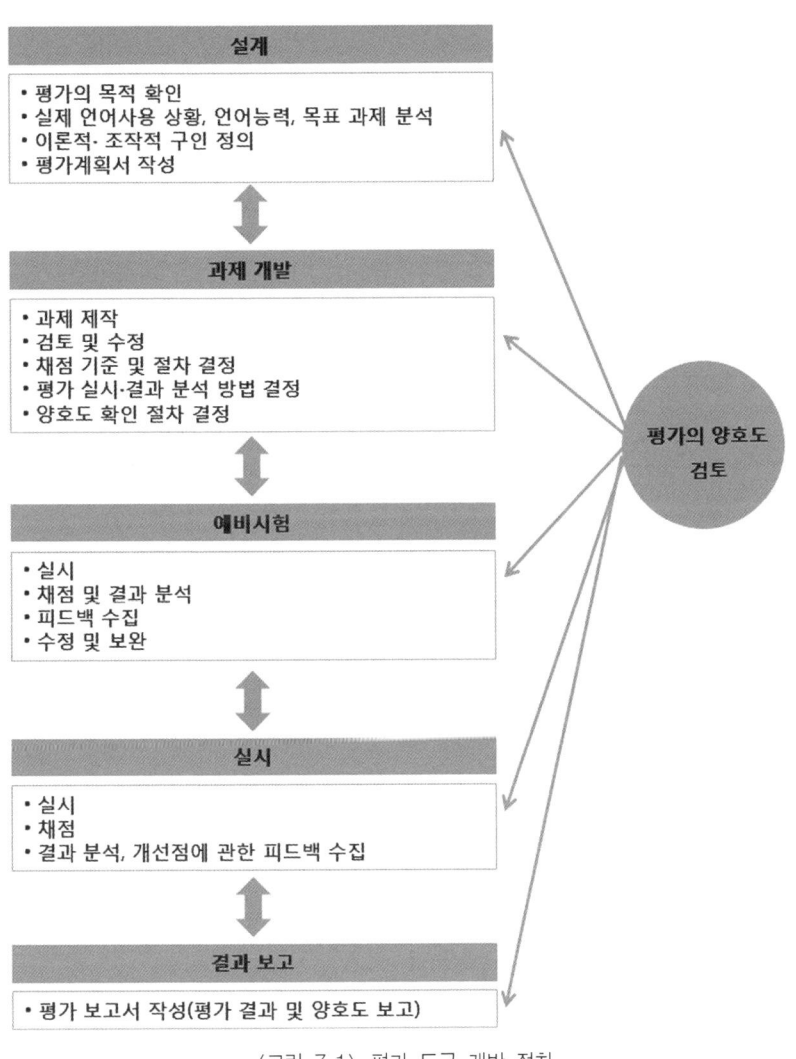

〈그림 7-1〉 평가 도구 개발 절차

1) 설계 단계

설계 단계에서는 개발하고자 하는 평가 도구 개발의 구체적인 청사진을 그린다. 평가 도구의 청사진이 자세할수록 출제하는 사람에 관계없이 유사한 평가 과제가 제작될 수 있고 다음 단계에서 진행되는 작업도 용이해질 것이다.

(1) 평가의 목적을 확인한다.

주어진 목적에 부합되는 평가도구를 개발하기 위해서는 먼저 평가의 목적을 분명히 파악해야 한다. 평가의 목적이 분명해야만 측정하고자 하는 언어 능력의 성격이 명확해지고 평가 과제를 설계하는 기반이 되는 목표 언어 사용 영역(target language use domain)과 목표 의사소통과제(target language use task)를 파악할 수 있다. 구체적으로 다음 질문의 답을 구해보면서 개발하려는 평가도구에 대한 큰 그림을 그려야 한다.

- 어떤 목적으로 사용될 평가도구인가?
- 측정해야 하는 언어 능력은 무엇인가?
- 참고할 만한 비슷한 목적으로 사용되는 시험이 있는가?
- 수험자가 누구인가? 어떤 특성을 가지고 있는가? 언어 구사력의 수준은? 배경지식은? 평가 방법에는 익숙한가?
- 얼마나 중요한 시험인가?
- 실제적인 측면(기간, 인원, 예산 등)의 여건은 어떠한가?
- 얼마나 중요한 결정을 내리는데 사용될 평가 도구인가?
- 어떤 영향을 미칠 것인가? 의도하지 않은 부정적인 영향을 미칠 가능성은 없는가?

(2) 목표로 삼는 실제 언어 사용 상황을 파악하고 요구되는 언어 능력과 과제를 분석한다.

평가의 목적이 분명하게 설정된 다음에는 평가하고자 하는 언어 능력을 이론적으로 정의해야 한다. 먼저 목표가 되는 의사소통 상황에 대한 분석과 그 상황에서 이루어지는 언어 수행 과제를 파악한 다음 파악된 해당 과제를 수행하는데 어떤 언어 능력이 요구되는지 분석해야 한다.

의사소통능력모델, 각 기능별 하위 기능 고찰, 과제 분석, 요구 조사(needs analysis), 교육과정에 제시된 성취 목표, 평가 기준이나 참고 문헌, 과업 분석, 교재 분석, 능숙도 척도 등을 참고할 수 있을 것이다. 유사한 평가 도구를 많이 분석해보는 것도 도움이 된다. ETS가 TWE 시험과 관련하여 외국인 학생 비율이 높은 미국과 캐나다 소재 34개 대학의 190명의 교수를 대상으로 설문과 인터뷰를 실시하여 근무하는 프로그램에서 부과되는 쓰기 과제를 분석하고 10 개의 쓰기 과제 유형 중에서 신입생 선발 목적으로 가장 적절한 과제를 선정하도록 한 시도가 좋은 예이다(Bridgeman & Carlson, 1983).

분석 결과를 바탕으로 측정해야 하는 언어 능력이 이론적으로 정의되면 수험 과제를 제작할 때 참고할 수 있는 조작적 정의를 내린다. 조작적 정의는 측정하고자 하는 능력이 구체적인 평가 과제로 표현되는 것을 뜻한다.

구인 정의는 평가 과제를 개발하는데 준거인 동시에 평가의 양호도를 판단하는 틀이 된다. 기저에 깔린 언어 능력에 대한 고려 없이 의사소통 과제 분석에만 근거해서 평가 도구를 제작할 경우 여러 가지 어려움에 직면할 수 있다. 많은 경우 전형적인 의사소통과제의 파악 자체가 어렵고 수행해야 하는 의사소통과제의 수가 너무 많아서 제한된 시간 안에 모두 다 평가할 수 없는 경우가 대부분이기 때문에 소수의 과제로 수험자의 언어 능력을 추론할 수밖에 없다. 이 경우 수험자가 특정과제를 수행할 수 있다는 결론을 내릴수는 있지만 특정 과제의 수행 여부가 중요한 것이 아니라 그 과제를 통해서 수험자의 언어 능력을 추론하는게 중요하다. 구인 정의가 분명하지 않은 경우 수험자에게 어떤 능력이 어느 정도 있는지 판단하기 어려워진다.

언어 평가의 목표는 수험자가 출제된 문항을 제대로 풀었는지 알아보는 데 있지 않고 그 결과를 바탕으로 수험자의 언어 능력을 추론하는 데 있다.

따라서 측정하고자 하는 언어 능력이 분명하게 정의되어야만 하고 선정된 수험 과제가 측정하고자 하는 언어 능력을 추론하는데 필요한 정보를 제공할 수 있어야 한다. 그리고 채점 기준을 설정하거나 평가 결과를 해석할 때도 언어 능력에 대한 고려가 필수적이다.

(3) 평가 계획서(specification)를 작성한다.

이어서 구체적인 평가 계획서를 작성해야 하는데 이는 누가 보아도 동일한 평가 도구를 개발될 수 있도록 자세하여야 한다. 특히 위에서 도출된 구인 정의에 충실한 평가 도구가 개발될 수 있도록 주의해야 한다. 다양한 평가계획서 모형이 있지만 대개 다음과 같은 내용이 포함된다.

- 측정하는 능력은?
- 섹션의 수와 순서는? 각 섹션 별 과제의 수는?
- 각 과제별 시간과 배점은?
- 각 과제별 세부 출제 사항은?
- 예시 문항과 정답은?
- 실시 절차는?
- 분할점수 설정 방법은?
- 채점 방법과 기준은?
- 채점자의 자격과 훈련 절차는?
- 타당도 검증 계획은?
- 평가 결과 보고 방식은?

대개 측정하는 능력과 관련하여 이원분류표를 작성한다. 예를 들어, 아래에 제시된 표는 2008학년도 중학교 3학년 영어과 성취도 평가의 이원분류표의 일부이다.

〈표 7-1〉 중학교 3학년 영어과 성취도 평가 문항 구성

문항 번호	내용 영역	성취기준	행동영역						배점
			어휘	문법	사실적 이해	추론적 이해	종합적 이해	적용	
1	듣기	1. 주제 및 요지파악				○			1.5
2	듣기	4. 지시 및 설명 파악				○			1.5
3	듣기	7. 대의 및 세부사항 파악			○				1.5
4	듣기	8. 사실적 정보 파악(그림)			○				1.5
5	듣기	9. 화자의 태도나 감정 파악					○		1.5
6	듣기	10. 화자간의 관계 파악				○			1.5
7	듣기	14. 과거 세부사항 파악			○				1.5
8	듣기	19. 일의 절차 및 방법 파악			○				1.5
9	듣기	8. 사실적 정보 파악			○				1.5
10	듣기	2. 상황 파악			○				1.5
11	듣기	4. 지시 및 설명 파악			○				1.5
12	말하기	15. 세부사항 말하기						○	1.5
13	말하기	25. 목적에 맞게 말하기						○	1.5
14	말하기	25. 목적에 맞게 말하기				○		○	1.5
15	읽기	28. 대의 및 세부사항 파악	○						1.5
16	읽기	30. 요지 추론				○			1.5
17	읽기	30. 요지 추론					○		1.5
18	읽기	37. 인과관계 파악					○		1.5
19	읽기	32. 글의 분위기 파악	○						1.5
20	읽기	27. 낱말 및 어구 의미 파악		○					1.5
21	읽기	28. 대의 및 세부사항 파악		○					1.5
22	쓰기	41. 어법에 맞게 쓰기						○	1.5
23	말하기	25. 목적에 맞게 말하기			○				1.5
24	읽기	39. 사실과 의견 구별하기			○				1.5
25	읽기	35. 절차 방법 파악(그림)			○				1.5

2) 과제 개발 단계

두 번째 단계는 위에서 제작된 청사진을 바탕으로 평가 과제를 개발하

는 단계이다.

(1) 과제를 제작한다.

측정하고자 하는 언어 능력과 평가 과제에 대한 정의가 내려지면 실제 평가 과제를 개발하게 되는데 평가계획서를 바탕으로 평가 과제를 개발하여야 출제자간 일관성이 확보될 수 있다.

좋은 과제를 개발하는 데는 시간이 많이 걸리기 때문에 충분한 시간을 두고 작업해야 한다. 출제하기 쉬운 것 보다는 중요한 것 위주로 출제해야 하며 조금이라도 우려되는 바가 있으면 다른 출제자와 논의하여야 한다. 출제하기 어렵다고 해서 평가해야 할 중요한 내용을 건너 떠어서는 안 된다.

평가 과제를 제작하는 사람들이 갖추어야 할 자질에는 여러 가지가 있지만 해당 언어에 대한 구사력은 기본이다. 외국어 능력을 측정하기 위해 제작된 시험의 외국어가 틀리는 경우는 없어야 하기 때문이다. 표현에 문법적으로 오류가 없어야 할뿐만 아니라 자연스러워야 한다. 출제자들 또한 항상 수험자의 눈으로 출제한 문제를 검토할 수 있어야 한다. 다양한 수험자의 입장에서 오해할 수 있거나 애매한 부분이 없는지 확인해 보아야 한다.

출제자가 갖추어야 할 또다른 자질로는 한 문제를 출제하더라도 최고의 문제를 내기 위해서 최선을 다해 다듬는 장인정신이다. 기존에 나와 있는 문항처럼 출제하는 데 만족하지 않고 새로운, 혹은 더 좋은 방법이 없는지 고민하고 새로운 과제를 만들어나가는 열정과 창의성을 갖추어야 한다.

평가 과제 개발은 개인이 아닌 팀 단위로 이루어져야 한다. 그 누구도 항상 완벽한 문항을 제작하기는 힘들기 때문이다. 다른 사람이 제작한 문제에 건설적인 비판을 할 수 있어야 하고 다른 사람의 비판도 열린 마음으로 받아들일 수 있어야 한다.

(2) 검토 과정을 거친다.

개발된 과제는 반드시 상호 검토하고 수정하는 절차를 거쳐야 한다. 본인이 만든 문제를 계속 보다 보면 다른 사람 눈에는 금방 띄는 오류를 놓치는 경우가 많다. 시험 과제를 제작하는 사람은 본인이 제작한 문제에 대한 다른 출제자의 비판적인 의견을 겸허하게 수용할 수 있어야 한다. 대개 검토 과정의 효율성을 제고하기 위하여 검토해야 할 목록을 체크리스트로 만들어 제시한다. 예를 들어 대학수학능력시험 외국어 영역의 검토 항목은 다음과 같다.

〈표 7-2〉 대학수학능력시험 외국어 영역 지문 내적 검토 항목

구분	검토영역	검토내용	검토결과
지문 내적 요소	지문의 난이도 & 변별도	지나치게 쉬운 문제는 없는가?	
		지나치게 어려운 문제는 없는가?	
		쉬운 문제와 어려운 문제가 적절히 출제되었는가?	
		지문의 길이는 적절한가?	
		지문의 난이도와 변별도에 맞게 적절히 배점되었는가?	
	지문 내용	특정 집단학생에게 유리한 내용을 담고 있는가?	
		비교육적이거나 정치적인 색깔을 띠는 내용을 담고 있는가?	
		지문의 소재가 편중되어 있는가?	
	어휘 수준	지문에 사용된 어휘 수준이 적절한가?	
		주석을 달아주어야 할 어휘가 더 있는가?	
		사용된 대화, 담화 및 읽기 지문은 authentic한가?	
	진정성 (authenti-city)	텍스트의 논리전개가 자연스러운가?	
		대화, 담화의 흐름이 자연스러운가?	
	정확성	문법적인 오류가 있는가?	
		철자 오류가 있는가?	
	단서	단서가 너무 많이 제시되어 내용을 모르는 수험생도 정답을 맞출 가능성이 있는가?	

| | | 대화나 담화에서 단서의 위치가 어느 한쪽으로 치우쳐 있는가? (예, 대화의 끝부분에 단서를 제공하는 문항이 지나치게 많은 경우) | |
| | | 읽기 지문에서 단서의 위치가 어느 한쪽으로 치우쳐 있는가? (예, 지문의 도입부에 단서를 제공하는 문항이 지나치게 많은 경우) | |

〈표 7-3〉 대학수학능력시험 외국어 영역 지문 외적 검토 항목

구분	검토영역	검토내용	검토결과
지문 외적 요소	문두 (발문)	한 가지 사항만 묻고 있는가?	
		묻고자 하는 내용을 간단명료하게 묻고 있는가?	
		정답에 대한 단서가 제시되어 있지는 않은가?	
		부정적 표현의 어구에 밑줄이 있는가?	
	선택지	답지의 내용이 중복되는 것이 있는가?	
		선택지에 정답의 단서가 있는가?	
		선택지가 논리적 순서에 따라 배열되었는가?	
		선택지의 길이가 너무 다른 것은 없는가?	
		두 개 이상의 선택지에 공통적으로 포함되는 요소로 인하여 정답의 단서가 되는 것은 없는가?	
		오답의 매력도는 적절한가? (오답이라는 단서를 주는 선택지의 경우 매력도가 거의 없다)	
		정답의 위치가 특정 선택지에 편중되어 있지는 않은가?	
		관점에 따라 정답이 정답으로 성립될 수 없는 조건이나 상황이 있는가?	
		관점에 따라 정답이 다를 수 있는가?	
		관점에 따라 정답이 복수가 될 수 있는가?	
	배점	배점별 문항 수는 정확한가?	
		문항의 배점 위치는 정확한가?	
	편집 체제	문항순서와 선택지 순서가 제대로 되어 있는가?	
		발문과 답지에 오자, 탈자가 있는가?	
		발문과 답지의 띄어쓰기가 잘 되어 있는가?	

(3) 채점 기준과 절차, 실시 방법과 결과 분석 방법 등을 결정한다.

시험 개발 단계에서 채점 기준을 명확하게 설정하여야 한다. 간혹 시험을 실시하고 나서 채점 기준을 개발하는 경우가 있는데 이는 과제의 완성도나 채점의 일관성 측면에서 바람직하지 않다. 채점 기준을 만들면서 평가 문항의 문제점을 발견하는 경우가 많기 때문이다. 채점자의 자격과 채점자 훈련, 채점 절차에 대한 계획뿐만 아니라 채점 절차와 시험 결과의 적절성을 확인하기 위한 분석 방법에 대해서도 미리 생각해 두어야 한다.

3) 예비시험 단계

평가 과제 제작이 완료되면 실제 시험 환경과 비슷한 환경에서 예비시험을 실시한다. 현실적인 제약이나 보안 문제로 예비시험을 실시하기 힘든 경우도 있는데 그 만큼 위험 부담이 커진다.

(1) 예비시험(trialing) 실시

출제가 끝나면 수험자와 비슷한 그룹의 수험자를 대상으로 실제 시험과 비슷한 상황에서 예비시험을 실시하여 수험과제가 의도한 대로 기능하는지 확인해본다. 원어민에게 시험을 실시해 보는 것도 좋은 방법이다. 외국인을 대상으로 제작된 언어 시험을 해당 원어민이 어려워한다면 어딘가에 문제가 있을 수도 있다는 신호이다.

(2) 채점

채점 과정 및 결과를 검토하여 채점이 어려운 과제는 없는지, 새로 추가하거나 수정·보완해야 할 채점 기준은 없는지, 채점자 훈련은 충분하였는지, 재훈련이 필요한 채점자는 없는지, 평가 도구가 의도한 대로 기능하는지 살펴보아야 한다.

(3) 예비시험 결과 분석 및 수정

예비시험 결과를 분석해서 수정·보완해야 할 내용이 없는지 확인하고 필요한 경우 수정한다. 다음과 같은 자료를 수집해 분석해 보고 문제가 발견되면 평가계획서와 과제를 수정·보완해서 평가도구를 완성해야 한다.

- 과제의 난이도와 변별도는 적절한가?
- 시험과 채점결과의 신뢰도는 높은가?
- 시간은 충분한가?
- 수험자, 채점자, 감독 등의 피드백에서 어떤 문제점이 지적되었는가?
- 이 평가 도구로 측정하고자 하는 언어 능력을 평가할 수 있는가?

4) 실시 단계

(1) 실시(Administration)

아무리 잘 준비된 시험이라고 해도 실제로 수험자와 평가 도구가 만나는 실시 단계에서 문제가 발생하면 기대한 효과를 발휘하기 힘들다. 구슬이 서 말이라도 꿰어야 보배이기 때문이다. 시험을 실시할 때 지켜야 하는 중요한 원칙은 시험 실시 환경과 절차가 표준화되어야 한다는 점이다. 즉 모든 수험자가 동일한 환경과 조건 하에서 시험을 보아야 한다. 또한 수험자가 본인의 실력을 최대한 발휘할 수 있도록 시험이 실시되어야 한다는 점이다. Swain(1985)은 이를 "Bias for the Best" 원칙이라고 불렀다.

시험 실시 단계에서 문제가 발생하는 경우가 많다. 실시 규칙을 따르지 않는 감독관이 있을 수도 있고 수험자가 문제를 일으킬 수도 있다. 또 기자재가 작동하지 않을 수도 있고 외부의 소음이 듣기 평가에 영향을 미칠 수도 있다. 아무리 준비를 해도 예상하지 못한 문제가 발생할 수 있는데 중요한 것은 이런 문제 상황에 대한 규정이 정해져 있어야 한다는 점이다. 또한 수험자가 시험 실시 과정에서 문제가 있었다고 공식적으로 문제를 제기할 때 어떤 절차를 통해 처리할지에 대해서도 명시되어 있어야 한다.

(2) 채점(Scoring)

아무리 잘 제작된 시험이라고 하더라도 채점 과정에서 문제가 발생하면 수험자의 언어 능력을 정확하게 추론하기 힘들어진다. 채점자 훈련을 받은 채점자가 미리 설정된 채점 기준에 따라서 채점해야 하고 채점이 끝난 후에는 채점이 제대로 이루어졌는지 확인해 보아야 한다. 채점자내 일치도와 채점자간 일치도 외에도 채점자가 채점 기준을 제대로 적용해서 채점하고 있는지 채점하는 과정을 사고기술(think-aloud) 방법으로 확인해 본다.

(3) 평가 결과 분석 및 개선점에 관한 피드백 수집

과제의 난이도, 변별도, 선택지 매력도, 시험 결과와 채점 결과의 신뢰도를 분석하고 시험의 개선점에 대한 피드백을 여러 방법을 통해 수집한다.

5) 결과 보고 단계

평가 결과를 관계자들에게 적절한 방식으로 제공하여야 한다. 평가결과의 양호도도 여러 가지 증거를 수집하여 확인해서 보고한다.

수험자의 응답 자료를 포함해서 여러 가지 증거를 수집하여 타당도와 신뢰도를 추정하고 원점수나 표준점수를 계산해낸다. 이를 바탕으로 평가보고서를 작성한다. 평가 보고서에는 다음과 같은 내용이 포함되어야 한다.

- 평가의 목적
- 예시 문항
- 평가 일시, 절차
- 평가 결과 해석 및 논의
- 결론 및 논의
- 구인
- 평가 대상
- 평가 결과
- 평가 결과의 양호도

6) 검사 사용설명서(handbook or manual) 제작 단계

수험자나 시험을 사용할 사람들을 위한 안내 자료집이 제작되어야 한다. 먼저 평가가 제작된 정확한 목적을 밝히고 어떤 목적으로 사용될 수 있는지에 대한 설명, 평가가 측정하고자 하는 능력과 평가 과제를 소개하여야 한다. 또한 평가의 타당도 검증 자료를 제공하여야 한다. 평가 안내 자료집에는 최소한 다음의 내용이 포함되어 있어야 한다.

- 평가의 목적
- 평가 구성 과제 예시
- 채점 기준
- 결과 해석 방법
- 측정하는 구인
- 실시 방법
- 결과 보고 방법
- 양호도 검증 자료

2. 시험 선정 절차

우리나라에서는 시험을 개발해서 사용하기 보다는 기존에 제작된 시험을 선정해서 실시하는 경우가 많다. 직접 실시하지는 않더라도 수험자에게 특정 시험을 응시해서 그 결과를 제출하라고 요구하는 경우도 많다. 어느 경우든 주어진 평가 상황에 적절한 시험을 선정하여야 한다. 특히 우리나라에서는 학교에서 실시되는 평가를 제외하면 많은 경우 외부에서 제작된 평가 도구를 선정해서 사용하기 때문에 평가 도구를 개발하는 절차 못지않게 주어진 목적에 적합한 평가도구를 선정하는 원칙과 절차를 잘 알고 있어야 한다. 평가 도구를 선정할 때 고려할 점들을 살펴본다.

1) 평가의 목적과 평가 상황을 분명하게 파악한다.

평가 도구가 필요한 목적을 분명하게 파악하여 평가도구를 선정하는 기준이 분명해 질 것이다. 평가의 목적을 판단할 때 다음과 같은 내용을 고려해 본다.

> - 어떤 결정을 내리기 위해서 평가를 실시하고자 하는가?
> - 얼마나 중요한 결정을 내려야 하는가?

2) 주어진 목적에 적합한 평가도구가 있는지 찾아본다.

평가 도구를 선정하는 첫 번째 기준은 평가 도구가 제작된 목적과 사용하려는 목적의 일치 여부이다. 널리 알려진 시험이라고 해서, 혹은 주위에서 많이 사용하는 시험이라고 하여 사용해서는 안 된다. 평가 도구에 관한 정보는 다음과 같은 여러 가지 문헌에서 찾아볼 수 있다.

> - 평가 매뉴얼 - 평가 매뉴얼에는 평가 개발 절차, 적합한 사용용도, 평가의 수준에 관한 자료, 실시 및 채점 절차, 그리고 결과 해석에 관한 정보가 제공되어야 한다. 이러한 정보가 제공되지 않는 시험이라면 일단 그 수준을 의심해보아야 한다.
> - 평가 도구 리뷰 - 개별 평가도구의 특징과 장, 단점을 분석하고 있는 대표적인 사료를 보면 다음과 같다.
> - Alderson, J. C., Krahnke, K. J. & Stansfield, C. W.(1987). *Reviews of English Language Proficiency Tests*. Washington, DC: Teachers of English to Speakers of Other Languages.
> - Stoynoff, S., & Chapelle, C. A.(2005). *ESOL tests and testing: A resource for teachers and administrators*. Alexandria, VA: Teachers of English to Speakers of Other Languages, Inc.

다음과 같은 학술지에도 언어 평가에 대한 리뷰 섹션이 있다.

Mental measurements yearbook

Language Testing

Language Assessment Quarterly

우리나라에서는 '잘 알려진 시험이다, 유명한 평가 기관이 만든 시험이다, 많은 사람이 응시하는 시험이다, 표준화된 시험이다'와 같은 이유로 평가 목표 측면에서 적절한 평가 도구 보다는 안전한 평가 도구를 선택하는 경우가 있다. 만약 평가 도구를 개발된 목적 이외의 목적으로 사용할 경우 평가의 결과로 내린 여러 가지 결정을 정당화하기 어려울 수 있다.

모든 평가 도구에는 해당 평가 도구가 어떤 언어 능력을 평가하기 위해서 제작되었고 어떤 목적으로 사용될 수 있는지가 정의되어 있어야 한다. 그 목적이 평가의 목적과 일치하는지가 평가 도구 선정의 중요한 기준이 되어야 한다.

3) 평가의 구인 정의를 바탕으로 평가 문항의 적절성을 살펴본다.

평가 과제가 측정하고자 하는 언어 능력을 제대로 측정할 수 있는지 검토해 본다. 평가의 해석과 관련하여 과연 출제된 문항으로 평가 도구가 측정하고자 하는 언어 능력을 측정할 수 있는지를 살펴보아야 한다. 평가 되고 있지 않는 중요한 능력은 없는지, 혹은 평가해야 하는 능력과 관련 없는 능력이 평가되고 있지는 않은지 확인해 본다. 특히 평가하고자 하는 집단의 특성에 적합한 평가 도구인지, 문화적으로나 인종, 성별 등 특정 수험자 집단에 편향된 문항은 없는지 확인하여야 한다.

4) 타당도와 신뢰도처럼 평가 도구의 수준을 알려주는 여러 가지 정보를 확인해 보아야 한다.

관련 자료가 보고되어 있지 않은 평가 도구의 경우 그 수준을 일단 의심해 보아야 한다. 평가의 공정성(fairness)과 관련된 정보를 찾아보고 다양한 배경의 수험자 그룹에게 최대한 공정한 평가 도구인지 확인해 본다.

5) 채점 기준과 채점 절차가 평가의 목적에 부합되고 유용한 정보를

충분히 제공하는지 확인해 본다.

6) 평가의 실용적인 측면을 살펴본다. 응시료는 적절한지, 실시하거나 채점 과정에 특별한 어려움은 없는지 검토해 보아야 한다.

7) 평가 결과를 해석하는 방법에 대해서도 살펴본다.

상대평가 혹은 절대평가의 관점에서 해석하여야 하는지, 상대평가라면 시험 개발의 준거가 된 규준(norming) 그룹은 누구인지 살펴보아야 한다. 또한 평가 결과가 어떻게 보고되는지 확인해 보아야 한다.

8) 평가의 영향과 관련된 정보를 찾아본다.

선정하는 평가 도구가 어떤 영향을 가져올 수 있는지 살펴본다. 특히 기대하지 않은 부정적인 영향을 가져올 가능성은 없는지 면밀하게 살펴보아야 한다.

3. 맺음말

주어진 평가 목적에 적합한 평가 도구를 선정하거나 제작하는 작업은 평가의 성패를 좌우하는 가장 중요한 작업이다. 평가 도구를 개발하는 과정은 한 단계가 끝나면 그 다음 단계가 실시되는 단선적인 과정이라기 보다는 뒤에 나오는 단계를 다루다가 필요한 경우 이전 단계로 돌아가 수정·보완하고 다시 다음 단계의 작업을 진행하는 반복적이고 순환적인 과정이다. 주어진 목적에 적합한 평가도구를 선정해야 하고 적절한 도구가 없을 경우 잘 알려진 평가도구를 선정해서 잘못 사용하기 보다는 개발하는 것이 더 바람직하다.

참고자료

Bachman과 Palmer (1996)에 시험 개발절차와 여러 가지 개발 사례가, Davidson과 Lynch(2002)에는 평가 계획서 작성법이 자세히 소개되어 있다. 평가 도구 개발 과정에 수험자가 참여한 과정을 소개한 Kim(2007)은 독보적이며 실제 시험 개발의 과정을 다룬 Hawkey(2009), Weir와 Milanovic(2003), Davies(2008), 그리고 Spolsky(1995)는 언어 평가의 역사를 조망할 수 있는 자료이다. Fulcher(2010)의 10장에도 평가도구 선정에 대한 내용이 짧게 나온다. 출판된지 꽤 되었지만 Madsen(1983)과 Weir(1993)는 평가 문항의 문제점과 개선 방향을 제시한 대표적인 저작이다.

연습문제

1. 학교 시험을 포함하여 시험을 개발해 본 적이 있는 사람을 대상으로 어떤 절차를 거쳐서 평가 도구를 개발하였는지 조사해 보고 이어서 개선할 점을 찾아봅시다.

2. 평가도구가 선정되어 사용되는 예를 찾아 적절한 평가도구가 선정되어 사용되고 있는지 조사해 봅시다.

3. 시험 실시 과정에서 문제가 있었던 사례를 수집해 보고 적절한 대응책을 토론해 봅시다.

   1) iBT 토플 시험장에서 정전으로 인해 서버 접속 장애가 발생하여 수험자들이 시험을 제대로 마치지 못한 경우(연합뉴스, 2007년 5월 2일)

   2) 대학수학능력시험 외국어영역 듣기평가 방송 도중 7번 문항부터 소리가 점점 작아지며 결국 거의 들리지 않게 되어 학교 측에서 수험생들에게 지필고사를 먼저 풀도록 하고 방송시설을 수리한 뒤 10여분 후에 7번 문제부터 다시 방송한 경우(연합뉴스, 2010년 11월 23일).

   3) 수능시험 언어영역 듣기평가 방송 도중 1번 지문과 2번 지문의 순서가 뒤바뀌어 나와서 시험 종료 후 듣기평가를 다시 실시한 경우(중앙일보, 2010년 11월 18일)

   4) 신종플루 확진환자 또는 의심환자로 분류된 수험생들을 일반학생들이 있는

1층 시험장과 떨어진 2층 교실에 분리시험실을 설치해 시험을 치르게 한 경우(뉴시스, 2009년 11월 12일)

5) 영화배우가 수학능력시험을 따로 마련된 독방에서 혼자 치룬 경우(한국일보, 2005년 11월 23일)

6) 대학수학능력시험의 외국어 영역 24번 문제가 같은 해 10월 실시된 입시학원의 고교 2학년 수능 모의고사 문제와 거의 동일하게 출제된 경우(동아일보, 2010년 11월 23일)

7) JPT 정기시험에서 시험 감독관이 지각해 시험 시작이 20분 넘게 지연된 경우(mbn, 2010년 12월 12일).

4. 수험자가 아래와 같이 응답하지 않도록 지시문을 작성해 고쳐봅시다.

1)

2) Where was the American Declaration of Independence signed?

    At the bottom.

3) Find x.

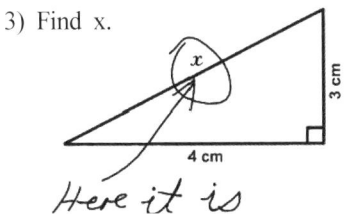

    Here it is

제8장
평가 방법

> **생각해보기**
>
> 선다형시험에서 동일한 문항을 3지선다로 제작했을 때와 4지선다 문항으로 제작했을 때 문항의 난이도와 변별도에 어떤 차이가 있을지 예측해 봅시다.
> (Rodriguez, 2005; Shizuka, Takeuchi, Yashima, & Yoshizawa, 2006)

본 장에서는 먼저 평가 방법에 관심을 가져야 하는 이유를 살펴보고 평가 방법을 분류하는 틀에 대해 알아본다. 이어서 언어 평가 분야에서 전통적으로 많이 사용되는 대표적인 평가 방법에 대해서 살펴본다.

1. 평가 방법의 정의

평가 방법하면 대개 선다형, 단답식, 받아쓰기, 인터뷰처럼 넓은 의미로 사용된다. 그러나 선다형이나 단답식 같은 방법으로 제작된 문항도 세부적으로는 차이가 난다는 점에 유의해야 한다. 예를 들어 같은 선다형이라고 하더라도 문제가 모국어로 제시될 수도 있고 해당 외국어로 제시될 수도 있으며 3지선다, 4지선다처럼 선택지 수가 다를 수도 있다. 듣기 시험에서는 듣기 자료를 한 번 들려줄 수도 있고 두 번 들려줄 수도 있다. 따라서 평가 방법의 영향을 조사할 때에는 선다형이나 단답형과 같은 큰 단위에서가 아니라 응답 방법, 선택지 수처럼 더 세분화된 수준에서 연구가 이루어져야 한다.

평가 방법을 비교하기 위해서는 기준이 되는 틀(framework)이 필요한데 가장 대표적인 틀은 Bachman(1990)이 제시한 시험방식양상(test method facet)이다. <그림 8-1>에 제시된 것처럼 그는 평가 방법을 구성하는 요소를 크게 평가 실시 환경, 시험구성(test rubric), 입력(input), 응답 방식, 그리고 입력과 응답의 관계 측면에서 구분하여 제시하였는데 평가 방법이 평가 결과에 미치는 영향을 체계적으로 분석할 수 있는 틀을 제시했다는 점에서 주목할 만한 성과이다.

Bachman(1990)의 시험방식양상을 이용한 대표적인 연구의 예로는 TOEFL과 Cambridge ESOL 시험의 내용을 비교한 연구가 있다. 이 연구는 Bachman이 제시한 평가 방법을 구분하는 틀이 평가하기 쉬운 영역도 있지만 애매하거나 지나치게 복잡한 영역이 있다는 사실을 보여준다.

```
1 Facets of the testing environment
• Familiarity of the place and equipment
• Personnel
• Time of testing
• Physical conditions

2 Facets of the test rubric
• Test organization
  Salience of parts
  Sequence of parts
  Relative importance of parts
• Time allocation
• Instructions
  Language (native, target)
  Channel (aural, visual)
  Specification of procedures and tasks
  Explicitness of criteria for correctness

3 Facets of the input
• Format
  Channel of presentation (aural, visual)
  Mode of presentation (receptive)
  Form of presentation (language, nonlanguage, both)
  Vehicle of presentation ('live', 'canned', both)
  Language of presentation (native, target, both)
  Identification of problem (specific, general)
  Degree of speededness
• Nature of language
  Length
  Propositional content
    Vocabulary (frequency, specialization)
    Degree of contextualization (embedded/reduced)
    Distribution of new information (compact/diffuse)
    Type of information (concrete/abstract, positive/negative, factual/counter-factual)
    Topic
    Genre
  Organizational characteristics
    Grammar
    Cohesion
    Rhetorical organization
  Pragmatic characteristics
    Illocutionary force
    Sociolinguistic characteristics

4 Facets of the expected response
• Format
  Channel (aural, visual)
  Mode (productive)
  Type of response (selected, constructed)
  Form of response (language, nonlanguage, both)
  Language of response (native, target, both)
• Nature of language
  Length
  Propositional content
    Vocabulary (frequency, specialization)
    Degree of contextualization (embedded/reduced)
    Distribution of new information (compact/diffuse)
    Type of information (concrete/abstract, positive/negative, factual/counter-factual)
    Topic
    Genre
  Organizational characteristics
    Grammar
    Cohesion
    Rhetorical organization
  Pragmatic characteristics
    Illocutionary force
    Sociolinguistic characteristics
• Restrictions on response
  Channel
  Format
  Organizational characteristics
  Propositional and illocutionary characteristics
  Time or length of response

5 Relationship between input and response
• Reciprocal
• Nonreciprocal
• Adaptive
```

〈그림 8-1〉 시험방식양상 (Bachman, 1990, p. 119)

2. 평가 방법의 영향

평가 결과에는 수험자의 언어 능력 이외에도 다른 요소들이 영향을 미치는데 그 중 하나가 평가 방법의 영향이다. 평가 방법에 관심을 갖는 것은 평가 결과에 평가 방법이 미친 영향을 파악함으로써 수험자의 언어 능력을 정확하게 평가할 수 있는 방법을 찾아내고 평가 결과를 더 정확하게 이해하기 위해서이다. 예를 들어 읽기 시험에서 동일한 지문으로 다양한 방식의 문항을 출제할 수 있는데 만약 평가 방법이 평가 결과에 영향을 미치지 않는다면 평가 방법에 상관없이 거의 비슷한 점수가 나올 것이다. 하지만 평가 방법에 따라서 점수가 달라진다면 수험자의 읽기 실력 외에 평가 방법이 평가 결과에 영향을 미쳤다는 의미이므로 그만큼 수험자의 읽기 능력에 대한 정확한 추론이 어려워진다. 평가 방법과 언어 능력의 차이가 평가 결과에 미친 영향을 분리해낼 수 없기 때문에 어떤 점수가 수험자의 실제 읽기 능력에 가까운 점수인지 확인할 수 있는 방법이 없기 때문이다. 이런 이유로 해서 평가 방법이 평가 결과에 어떤 방식으로 어느 정도 영향을 미치는가는 평가 분야에서 중요한 연구 주제이다. 수험자의 언어능력에 대해 정확히 추론하기 위해서는 평가 결과에 어떤 요인이 어느 정도로 영향을 미치는지 파악하는 것이 중요하다.

평가 방법의 영향은 언어 능력과 직접적으로 연관이 없기 때문에 구인 외 변인(construct irrelevant variance)으로 간주된다. 시험 점수의 치이가 수험생의 언어 능력, 즉 우리가 측정하고자 하는 구인과 관련이 없는 변인 때문에 생기기 때문이다. 물론 평가 방법의 영향이 작을수록 더 타당한 평가 결과를 얻을 수 있을 것이다.

평가 방법이 평가 결과에 미치는 영향과 관련하여 던져보아야 하는 질문은 크게 다음 두 가지라고 볼 수 있다. 첫 번째 질문은 평가 방법을 달리 하였을 때 평가 결과가 달라지는가의 여부이다. 예를 들어 읽기 시험에서 질문을 우리말로 제시했을 때와 영어로 제시했을 때 그 결과에 차이가 나는 지 살펴볼 수 있다. 지금까지 진행된 여러 연구의 결과를 보면 평가 방법이 달라지면 평가 결과가 달라지는 경우가 대부분인데 평가 방법에 따라 평가 결과에 차이가 나는 것은 어쩌면 당연한 것인지도 모른다. 위에서 지적한 것처럼 평가 방법의 영향을 완전히 제거할 수는 없고 평가 방법마다 고유한 특성이 있으므로 한 가지 평가 방법을 사용하기 보다는 다양한 방법을 사용하는 것이 바람직하다.

평가 방법에 따라서 결과가 달라지는가 보다 더 중요한 질문은 평가 방법이 평가 결과에 어떤 식으로 영향을 미치는가이다. 평가 방법에 따라서 수험자의 수행이 어떻게 달라지는지, 왜 그런 차이가 나는지를 알고 있어야 평가 도구를 제작할 때 최적의 방법을 선정할 수 있을 것이다. 평가 방법이 평가 결과에 어떤 방식으로든 영향을 미친다면 어떤 식으로 영향을 미치는지 파악해서 수험자의 언어능력을 더 정확하게 추론할 수 있는 방법을 모색하자는 것이다. 평가 결과를 해석할 때도 평가 방법이 평가 결과에 어떤 방식으로 영향을 미쳤는지 파악해야만 평가 결과를 적절하게 해석할 수 있을 것이다.

3. 주요 평가 방법

언어의 네 기능과 문법과 어휘를 평가하는 방법을 살펴보기에 앞서 언어 평가에서 많이 사용되는 전통적인 문항과 대안 평가 방법의 제작 원리에 대하여 살펴본다.

1) 선다형 문항(Multiple choice items)

언어 평가 분야에서 많이 사용되는 평가방법인 선다형 문항은 짧은 시간에 많은 항목을 평가할 수 있다는 장점이 있다. 또한 정답에 문제가 없는 한 채점 과정에 문제가 발생할 소지가 거의 없고 기계로 채점이 가능해서 채점도 신속하게 이루어지기 때문에 대규모 시험에서는 선다형 방식이 많이 사용된다.

선다형 시험의 가장 큰 한계는 실제로 수험자가 언어를 구사할 수 있는지를 평가하기가 힘들다는 점이다. 수험자의 언어 지식을 평가할 수는 있지만 실제 그 지식을 활용하여 여러 가지 의사소통 과제를 수행할 수 있는지 판단하기는 어렵다. 또한 비중이 큰 시험에서 선다형 방식이 사용될 경우 교육이 선다형 시험을 준비하는 방식(teaching to the test)으로 이루어지게 되고, 결국 수험자들의 언어 구사력 보다는 언어 지식과 문제 풀이기술(test wiseness skills)을 늘리는 방향으로 진행되는 부정적인 영향을 미칠 가능성이 크다. 우리나라 교실에서 입시 준비로 문법 규칙과 단어를 외우고 끊임없이 선다형 문항을 풀지만 실제로 해당 언어로 읽고 쓰고 듣고 말하는 능력이 투자하는 시간에 비해 많이 증진되지 않는 현실이 이런 문제점을 잘 보여준다. 물론 언어에 대해서 학습하는 데만 치중하고 실제로 언어를 사용하는 기회는 제공하지 않기 때문에 수험자의 실력이 크게 증진되지 못하는 것이다. 마지막으로 정답 선택지(option) 외에도 매력적인 오답지(distractor)를 만들어야 하기 때문에 좋은 선다형 문항을 제작하기 어렵고 수험자가 추측해서 답을 제시할 여지도 있다.

선다형 문항을 제작할 때는 다음과 같은 점에 유의해야 한다.

(1) 선택지 중에 정답이 있거나 정답으로 고를 수 있는 답이 있어야 한다.

출제자의 눈으로 보면 정답이 분명할지 모르나 다양한 배경을 가진 수험자의 눈으로 보면 다른 선택지가 답이 될 수도 있는 경우가 종종 발생한다. 다음의 문항이 좋은 예이다.

4. 대화의 상황에 가장 알맞은 그림을 고르시오.

① A: Hi, nice to meet you.
　 B: Nice to meet you, too.
② A: Where is he from?
　 B: He's from France.
③ A: Good bye.
　 B: See you later.
④ A: What's your favorite pet?
　 B: I like dogs.

만약 이 그림이 두 사람이 처음 만나서 인사하는 장면이라면 선택지 ①이 답이지만 헤어지는 장면이라면 ③도 답이 될 수 있다.

다음 문항도 정답이 하나 이상인 문항이다.

다음 뉴스에서 언급하지 않은 것을 고르시오.

M: Good morning. This I Kim Landers with Today's News.
Here are top stories this morning:
- Sales of imported cars jumped 41% this year compared to that of last year.
- The final two astronaut candidates were selected to undergo the intensive training for space travel.
- Soccer star Lee could be heading to England to play for Manchester United.
- Researchers have found a treatment for cancer using wild mushrooms.
- The Best Director's Prize at the Venice Film Festival sent to a Korean director.

- Doctors warn about the increasing number of overweight children.
- China' oil export to North Korea has steadily increased since last year.
- Brazil made it to the semi-finals in the 2006 World Cup.

① 새로운 폐암 치료제 개발
② 영화감독제에서 한국인 감독 수상
③ 우주비행사 후보자 선정
④ 2006월드컵에서 준결승에 진출한 브라질
⑤ 중국의 대북 수출의 꾸준한 증가

이 문항의 경우 폐암이라는 구체적인 암의 종류가 언급되지 않기 때문에 ①번이 정답으로 제시되어 있다. 그러나 ②번 선택지의 경우 Film Festival을 영화제가 아니라 영화감독제라고 표현하고 있어서 정확한 번역이 아니기 때문에 답이 될 수도 있다. 또 지문에 나오는 내용의 순서와 선택지의 순서가 일치하면 수험자들이 더 쉽게 답을 찾을 수 있는데 일치시키지 않고 있다. 여러 군데 보이는 철자 오류도 세심한 편집이 이루어지지 않았음을 보여준다.

(2) 문제의 언어적인 내용이 정답에 대한 단서를 제공해서는 안 된다. 영어 문제의 경우 앞에 나오는 관사가 a나 an인가에 따라서 뒤에 나오는 단어가 자음으로 시작하는지 모음으로 시작하는지 알 수 있는 것이 좋은 예이다.

다음 빈칸에 알맞은 어휘는?

It is my great honor _____ be here tonight.

① in   ② to   ③ at   ④ of   ⑤ with

이 문항의 경우 빈칸 다음에 동사의 원형이 나와 있기 때문에 전치사와 to 부정사로 사용될 수 있는 to만이 정답이 될 수 있다. 전치사인 in, at, of, 그리고 with의 경우 뒤에 동명사가 나와야 하기 때문이다.

(3) 모든 오답지는 그럴듯하고 매력적이어야 한다.

오답지를 영어로 distractor라고 번역하는데 글자 그대로 수험자가 정답을 선택하지 못하도록 헷갈리게 하는 선택지라는 뜻이다.

---

24. Why does Dongsu want to have his ear pierced?
    ① He wants to be in fashion.
    ② It's not crazy to pierce ears.
    ③ His father wants him to do it.
    ④ He wants to be a fashion designer.
    ⑤ He doesn't want to have long hair.

이 문항의 경우 주인공 Dongsu가 왜 귀를 뚫고 귀걸이를 하고 싶은지 이유를 묻는 문제인데 청소년들 사이에서 유행하고 있어서라는 ①번 선택지가 답으로 제시되어 있다. 나머지 선택지들은 모두 정답으로 하기에는 너무나 상식에 어긋나는 내용들이어서 매력적인 오답지로서의 역할을 하지 못하고 있다.

(4) 선택지만 읽고도 답을 할 수 있어서는 안 된다.

선택지 내용만으로 정답을 추론할 수 있어서는 안 된다. 예를 들어 읽기 시험에서 지문을 읽지 않고도 정답을 선택할 수 있어서는 안 된다.

---

16. 윗글의 대한 내용 중 옳지 않은 것은?
    ① Mother Teresa was once a high school teacher in Calcutta.
    ② Mother Teresa took the dying woman to the hospital.
    ③ Mother Teresa gave poor children food and clothes.

④ Mother Teresa didn't take care of the poor children.
⑤ Mother Teresa did her best to help the poor in the street.

이 문항의 경우 빈민 구호 활동을 하였던 테레사 수녀에 대한 배경 지식이 있으면 테레사 수녀가 가난한 아이들을 돌보아주지 않았다는 ④번 선택지가 정답임을 쉽게 짐작할 수 있다. 또 ③번 선택지 내용과 ④번 선택지 내용이 정 반대의 내용이어서 학생들에게 둘 중 하나가 답이라는 단서를 줄 수도 있다. 이처럼 상반되는 내용이 선택지로 제시되면 둘 중의 하나가 답이 될 가능성이 크다.

(5) 본문에 나오는 어휘와 선택지가 같아서 정답을 찾을 수 있는 문항이 있어서는 안 된다.

30. 다음 대화를 읽고 노트북 구입과 관련하여 남자가 언급한 요인이 아닌 것을 고르시오.

W: Patrick, will you help me buy a laptop computer?
M: All right. First, you have to think about the warranty. And you have to take the manufacturer into account.
W: Anything else?
M: Um.. of course, the price. If it's too cheap, you will have a lot of problem with it later. So it's better to buy one a reasonable price.
W: I see.
M: And, the weight of the computer is another point. If it's heavy, it will make you really uncomfortable.
W: Then, I have to buy a light one.
M: That's right. Finally, if possible, try to get one with a unique design.

> W: I see. Thank you for the advice.
>
> ① reasonable price ② manufacturer ③ weight
> ④ memory card ⑤ design

이 문항의 경우 선택지에 나오는 price, manufacturer, weight, design이 본문에 그대로 나오고 있다. 물론 정답률을 높이기 위해서 의도적으로 선택지를 이런 방식으로 출제했을 가능성도 있으나 읽기 능력을 측정하고자 하는 원래의 목적을 달성하지 못할 가능성이 큰 문항이다.

(6) 선택지 수가 많을수록 문항의 수준이 비례해서 높아지는 것은 아니다.

삼지선다형 문항의 경우 정답을 모르는 수험자가 무작위로 선택지 하나를 골라 정답을 맞힐 가능성은 33%이지만 선택지가 하나 추가되면 25%로 줄어들고 오지 선다 문항이 되면 20%가 된다. 그러나 정답을 아주 모르는 상태에서 무작위로 정답을 선택하는 수험자가 실제로는 많지 않을 뿐만 아니라 선택지 수가 늘어날수록 매력적인 선택지를 만들어야 하는 부담이 늘어난다. 그 결과 수험자가 거의 선택하지 않는 선택지가 있거나 그럴듯한 오답지를 만들지 못해서 중요한 내용을 평가하는 문항인데도 문항 자체를 버리는 경우도 발생한다. 따라서 선택지 수와 문항의 수준이 비례한다고 생각해서는 안 된다.

(7) 가능하면 부정적이거나 단정적인 어구는 사용하지 않는 것이 바람직하다.

해당되지 않는 것을 알고 있는지를 굳이 평가할 필요는 없다. 해당되는 것을 학습하는 게 교육의 목적이기 때문이다. 시험에 잘 나오는 틀린 표현을 학습하는 경우가 발생하기도 하는데 잘못된 표현을 학습하게 되어 언어 발달에 지장을 받을 수도 있다.

　부정어구가 사용될 경우 부정 어구에 밑줄을 그어 주거나 진하게 하여 수험자가 실수하지 않도록 배려해주어야 한다. 그러나 측정하고자 하는 내용의 성격에 따라서는 부정어구가 포함된 문항이 더 바람직할 수도 있기 때문에 부정어구를 포함해서는 안 된다는 원칙을 기계적으로 적용하는 것은 바람직하지 않다.

　(8) 선택지의 길이가 정답을 찾는데 도움을 주어서는 안 되며 그 형태도 유사하게 하여야 한다.

　모든 선택지의 길이가 비슷한 경우가 가장 바람직하겠지만 길이가 다른 경우 짧은 길이의 답지부터 배열하는 것이 좋다. 그렇다고 해서 특정 선택지가 다른 선택지에 비해 지나치게 길거나 짧아서는 안 된다.

　(9) 정답의 번호는 무작위로 배정한다.

　정답 배치에 어떤 패턴이 있어서는 안 된다. 각 번호가 정답이 되는 횟수도 비슷해야 한다.

　(10) '정답이 없음'이나 '모두 다 해당됨'과 같은 답지를 되도록 사용하지 않는다.

　정답이 없다면 출제자가 정답을 몰라 선택지를 제시하지 못하였다고 생각할 수도 있고 아예 정답이 없는 경우는 엉터리 문제라는 의미일 수도 있다. 마지막으로 모두 다 해당된다면 굳이 그 내용을 출제할 필요가 없을 것이다.

　(11) 선택지에 '항상 그렇다'와 같은 표현을 삼간다.

　상식적으로 항상 그렇다거나 절대 아니라고 말할 수 있는 내용이 많지 않기 때문에 틀린 내용일 가능성이 크다.

선다형 문항 제작 원리

1. 선택지 중에 정답이 있거나 최적의 답이 있어야 한다.
2. 문제의 언어적인 내용이 정답에 대한 단서를 제공해서는 안 된다.
3. 모든 오답지는 그럴듯하고 매력적이어야 한다.
4. 선택지만 읽고도 답을 할 수 있어서는 안 된다.
5. 본문에 나오는 어휘와 선택지가 겹쳐서 정답을 찾을 수 있는 문항이 있어서는 안 된다.
6. 선택지 수가 많을수록 문항의 수준이 높아지는 것은 아니다.
7. 가능하면 부정적이거나 단정적인 어구는 사용하지 않는 것이 바람직하다.
8. 선택지의 길이가 정답을 찾는데 도움을 주어서는 안 되고 답지들의 형태도 유사하게 하여야 한다.
9. 정답의 번호는 무작위로 배정한다.
10. '정답이 없음'이나 '모두 다 해당됨'과 같은 답지를 되도록 사용하지 않는다.
11. 선택지에 '항상 그렇다'와 같은 표현을 삼간다.

2) 연결형 문항(Matching items)

연결형 문항은 왼쪽에 문제를 제시하고 오른 쪽에 답지를 제시하여 해당되는 항목끼리 연결시키는 문항이다. 한 번에 여러 가지 항목을 동시에 평가할 수 있다는 장점이 있다. 연결형 문항을 제작할 때 지켜야 할 원칙은 다음과 같다.

(1) 문제군과 답지군 간에 동질성이 유지되어야 한다.

> Mach the words in the left column with the corresponding words on the right.
>
> 1. polite   A. left

2. deliberate	B. courteous
3. clean	C. expensive
4. rich	D. intentional
5. old	E. weak
6. cheap	F. essential
7. right	G. dirty
8. strong	H. poor
9. necessary	I. young

이 문항의 경우 동의어를 찾는 문항과 반의어를 찾는 문항이 동시에 제시되어 있는데 아래처럼 두 부분으로 분리하여 제시하면 수험자가 더 쉽게 문제를 풀 수 있을 것이다.

1. polite	A. intentional
2. deliberate	B. courteous
3. necessary	C. essential

1. clean	A. left
2. rich	B. expensive
3. old	C. weak
4. cheap	D. dirty
5. right	E. poor
6. strong	F. young

(2) 답지군의 답지 수가 문제군의 문제 수 보다 많아야 한다.

Match the words on the left with their opposites on the right.

1. light   A. rude

2. clean	B. expensive
3. rich	C. intentional
4. old	D. weak
5. cheap	E. essential
6. polite	F. short
7. strong	G. poor
	H. dirty
	I. heavy
	J. young

만약 답지 수와 문제 수가 동일한 경우 마지막 한 문제의 답은 남아 있는 답지이기 때문에 답을 몰라도 저절로 정답을 맞힐 수 있게 된다.

(3) 문제가 답지보다 더 길어야 한다.

대부분의 수험자가 문제를 읽은 다음 답을 오른쪽에서 찾아 나가는데 오른쪽 답지가 간결하여야 정답을 찾기 쉬워진다.

Expression people use when shopping	
A	B
1. When an item costs less that day, it is	a. paper or plastic?
2. If you pay by credit, the cashier will say,	b. sold out.
3. When the cashier is ready to take your payment, he will say,	c. please swipe your card.
4. When the store clerk is ready to put your groceries in a bag, he will say	d. cash or credit?
	e. on sale.

연결형 문항 제작원리
1. 문제군과 답지군 간에 동질성이 유지되어야 한다.
2. 답지군의 답지 수가 문제군의 문제 수 보다 많아야 한다.
3. 문제가 답지보다 더 길어야 한다.

3) 괄호형 문항(Fill-in-the-blanks items)

괄호형 문항은 질문을 위한 문장에 빈칸을 두어 수험자가 빈칸에 들어갈 표현을 선택하거나 채우도록 하는 형식의 문항이다. 출제자가 제시한 답지 중에서 하나를 고르지 않고 수험자가 답을 직접 적어야 하기 때문에 수험자의 언어 능력을 더 정확하게 측정할 수 있다. 괄호형 문항을 제작할 때 주의할 점을 정리해 보면 다음과 같다.

(1) 중요한 부분을 괄호로 한다.

평가의 목적이 학습한 내용을 알고 있는지 확인하는데 있기 때문에 중요한 내용을 빈칸으로 제시하여 그 내용을 학습자가 알고 있는지 확인하여야 할 것이다. 너무 지엽적인 내용을 평가에 출제할 경우 학생들이 중요한 내용보다는 시험에 나올 만한 내용 위주로 공부를 하게 되므로 부정적인 영향을 미칠 수 있다.

(2) 빈칸은 뒷부분에 둔다.

앞에 나오는 내용을 읽어 나가면서 그 내용을 바탕으로 빈칸에 들어갈 내용을 채우는 것이 더 자연스럽다.

국가수준 학업성취도 평가 고등학교 1학년

[서답형 8] 다음 실험에 관한 내용 중, 빈칸에 들어갈 말을 주어진 철자로 시작하여 쓰시오.

Water Expansion Experiment

A very simple experiment can be done to show that water expands when it is frozen. All you need is an empty glass bottle. First, fill half the bottle with water. Then mark the water level on the outside of the bottle. After that, keep the bottle in a freezer until the water freezes. When the water is frozen, take the bottle out of the freezer and observe the water level. You will see that the level of the frozen water is h_____ than at first.

(한국교육과정평가원, 2009)

(3) 본문에 나오는 문장을 그대로 사용하지 않는다.

본문에 나오는 문장을 그대로 사용하면 학생들이 내용을 이해하지 않고도 본문에 나오는 표현과 문제에 나오는 문장의 겹치는 부분을 찾아서 정답을 제시할 수 있다.

(4) 빈칸의 앞뒤에 나오는 부분에 정답에 대한 단서가 제시되어서는 안 된다.

예를 들어, 빈칸에 명사가 들어갈 경우 부정관사의 형태가 자음으로 시작되는 단어인지 모음으로 시작되는 단어인지와 같은 단서를 제시해서는 안 된다.

(5) 복수 정답과 부분 점수를 인정할 경우 그 기준을 명확하게 설정해 두어야 한다.

기준이 명확하게 설립되지 않은 채로 채점이 진행되다 보면 채점자 사이의 일관성을 유지하기 힘들어진다.

```
A: Where's Jim?
B: He _____ _____ upstairs.
```

 이 문제의 경우 수험자가 어떻게 생각하느냐에 따라서 여러 가지 답이 나올 수 있다. 예를 들어 B의 응답으로 다음 네 가지 경우를 생각해볼 수 있다.

```
① He may be upstairs.
② He should be upstairs. I saw him go up a few minutes ago.
③ He must be upstairs. We've looked everywhere else.
④ He couldn't be upstairs. I saw him go out.
```

 이처럼 수험자의 생각에 따라 정답이 달라질 가능성은 없는지 확인해 보아야 한다.

 (6) 빈칸의 길이는 비슷하게 한다.

 정답의 길이에 따라 빈칸의 크기가 달라질 경우 두세 가지 답을 놓고 고민하는 수험자가 빈칸의 길이를 고려하여 그 중의 하나를 고르는 바람직하지 못한 일이 일어날 수도 있다. 물론 수험자를 도와주기 위해서 일부러 빈칸의 크기를 달리할 수도 있을 것이다.

괄호형 문항 제작 원리

1. 중요한 부분을 괄호로 한다.
2. 빈칸은 뒷부분에 둔다.
3. 본문에 나오는 문장을 그대로 사용하지 않는다.
4. 빈칸의 앞뒤에 나오는 부분에 정답에 대한 단서가 제시되어서는 안 된다.
5. 복수 정답과 부분 점수를 인정할 경우 그 기준을 명확하게 설정해 두어야 한다.
6. 빈칸의 길이는 비슷하게 한다.

4) 관찰법

관찰법, 자기평가, 동료평가 등의 평가 방법은 직접적인 수행을 근거로 평가하기 때문에 선다형 시험으로 대표되는 전통적인 시험방식에 대한 대안이 될 수 있다고 보아서 대안평가라고 부른다. 본서에는 수행평가에 대한 독립된 섹션을 두지 않았는데 그 이유는 여러 번 강조했듯이 언어평가는 그 특성상 수행평가로 이루어져야 하기 때문이다.

관찰법은 학습자의 수업 활동을 관찰하면서 학습 태도, 학습 과정, 그리고 성취정도를 기록하여 주어진 학습자의 발달 과정과 학업 목표 달성 정도에 대한 정보를 수집하는 방법이다. 따라서 일회성에 그치기보다는 일정기간동안 진행되어야 하고 일화기록법, 체크리스트, 평가 척도를 사용하여 체계적으로 자료를 수집하여야 한다. 관찰법의 가장 큰 장점은 수업 활동이 이루어지는 현장에서 평가가 이루어지기 때문에 학습과 평가가 분리되지 않는다는 점이다.

관찰평가가 성공적으로 이루어지기 위해서는 관찰평가를 왜 실시하고, 무엇을 관찰할 것이며, 어떻게 관찰할 것인지, 어떻게 그 결과를 기록하고 어떻게 분석할 것인지가 분명해야 한다.

5) 자기평가

자기평가(self-assessment)는 학습자 스스로가 자신의 학습과정이나 학습 결과, 혹은 언어 구사력에 대하여 타당한 판단의 기준에 의거하여 평가하는 평가방법이다. 자기평가용 설문지, 평정척도가 제시된 점검표, 학습일지 등의 방법이 많이 활용된다. 자기평가의 가장 큰 장점은 학습자가 평가 과정에 주도적으로 참여한다는 점이다. 평가하는 과정에서 자신의 언어 학습 과정이나 전략을 성찰하고 자신의 언어 능력을 평가하는 과정에서 자신에게 부족한 부분을 판단할 수 있는 기회를 얻는다. 이러한 평가 과정은 요즘 영어교육에서 강조하는 학습자의 자기주도적 학습능력

(learner autonomy) 함양과도 부합된다.

자기평가 결과에 대한 가장 큰 우려는 자기평가 결과를 얼마나 신뢰할 수 있는가의 여부이다. 수험자가 얼마나 진지하게, 그리고 공정하게 평가하였는지, 평가할 수 있는 능력은 충분하였는가가 자기평가의 효용성을 좌우하는 중요한 요인이라고 하겠다. 자기평가가 성공적으로 이루어지기 위해서는 관찰평가에서와 마찬가지로 평가계획이 구체적으로 세워져야 하고 자기평가에 대한 연습이 이루어져야한다. 특히 학습자가 평가할 수 있는 부분을 평가하도록 하여야 한다.

6) 동료평가

동료평가(peer-assessment)는 그 이름에서 알 수 있듯이 학습자가 학습 동료를 주어진 평가준거에 따라서 평가하는 평가방법이다. 자기평가와 마찬가지로 동료평가의 가장 큰 장점은 학습자가 평가 과정에 주도적으로 참여한다는 점이다. 동료를 평가하는 과정에서 자신의 언어 학습 과정과 결과를 평가할 수 있는 객관적인 시각을 얻을 수 있다는 장점이 있다. 물론 가장 큰 약점은 고부담시험 상황에서 요구되는 신뢰성을 보장할 수 없다는 점이다.

4. 맺음말

평가 방법을 달리 하였을 때 평가 결과에 어떤 차이가 나는지는 평가 도구를 개발하거나 평가 결과를 해석할 때 고려해야 하는 필수적인 정보이다. 위에서 지적한 것처럼 단순히 평가방법에 따라서 결과에 차이가 나는지를 알아보는데 그치는 것이 아니라 어떻게 차이가 나는지, 왜 그러한 차이가 나는지를 살펴보는 것이 중요하다.

참고자료

　Shohamy(1984)는 평가 방법의 영향을 탐색한 대표적인 연구이다. 다양한 수행평가 방법에 대한 논의는 최연희(2000)를, 그리고 교실에서 실시할 수 있는 다양한 평가 방법은 Brown(1998)을 참고하면 된다. 한편 컴퓨터기반 평가와 지필평가의 차이점에 관한 연구로는 Sawaki(2001), Choi, Kim과 Boo(2003)가 좋은 출발점이다. Lee(2005)는 자가평가와 동료평가의 타당성을 탐색한 대표적인 논문이다.

연습문제

1. 교육기관에서 실시된 시험 문제를 구해서 개선할 점이 없는지 분석해 봅시다.

2. 아래에 제시된 문항들을 검토해보고 수정할 사항이 있다면 고쳐 봅시다.
   (Finch, 2004; Kim, 2009; Madsen, 1983)

   (1-4) Choose the one that best completes the sentence.

   1) She had to help the _____ old man up the stairs.
      A. weak　　B. slowly　　C. try　　D. wisdom

   2) They needed lots of training to operate such _____ equipment.
      A. easy　　B. sophisticated　　C. blue　　D. wise

   3) She sent the _____ yesterday.
      A. letter　　B. gift　　C. food　　D. books

   4) She wrote a _____ yesterday.
      A. letter　　B. gift　　C. friend　　D. book

   (5-6) Choose the one that is closest in meaning to the underlined word.

   5) He plans to <u>purchase</u> some candy for his mother.

A. make   B. buy   C. sell   D. steal

6) His <u>remorse</u> was great indeed.
   A. wealth   B. sadness   C. strength   D. power

7) Read the following passage and answer the question.

   > The passage is omitted here.

   Based on the passage, how many of the sentences given below correctly explain MP3?

   1. The size of most MP3 files are under 2MB.
   2. There are two ways to download MP3 files. One is to visit a web site and the other is to use an ftp download site.
   3. Streaming MP3 files means we can play the files after they are completely downloaded.
   4. An MP3 player is a small portable machine that can play music in the MP3 format.
   5. Before MP3 files can be posted, the music has to be recorded.

   A. 1   B. 2   C. 3   D. 4   E. 5

8) Read the following and answer the question.

   Do you have a pet?
   Many people raise pets at home these days. They especially like dogs and cats. Dogs and cats are good friends to people. They don't ask questions or say bad words. They just listen to people well. They recognize their owners just by hearing footsteps. They don't get angry or fight with owners. When people play with dogs and cats, they forget about their troubles.

Q: Choose the one which describes the content of the passage.

   A. 요즘 사람은 귀찮아서 애완동물을 집에서 기르지 않는다.
   B. 개와 고양이는 사람에게 좋은 친구가 될 수 없다.
   C. 개와 고양이는 질문도 하지 않고 나쁜 말도 하지 않는다.
   D. 개와 고양이는 주인의 발자국 소리만 듣고는 주인을 알지 못한다.
   E. 개와 고양이는 주인과 매일 싸운다.

9) Choose an inappropriate answer to the question.

   Q: What's your favorite season and why?

   A. I like spring because I can see many flowers.
   B. I like fall because I can go hiking and see red and yellow leaves.
   C. I like fall because I can enjoy clear sky and cool weather.
   D. My favorite season is winter because I can make a snowman.
   E. I like summer best because it snows and I can go skiing.

10) Choose two sentences which have the same meaning with the given sentence.
    Why don't you try to have a garage sale?

    A. Why do you have a garage sale?
    B. Let's have a garage sale.
    C. Will you try a garage sale?
    D. How about having a garage sale?
    E. You have a garage sale, don't you?

11) Transform the direct speech into an indirect speech.
    (Billy is talking to his dad in his dream)

"Dad, do you see me from heaven?"

→ _____

A. Billy asked his father can you see me from heaven.
B. Billy asked his father if his father see him from heaven.
C. Billy asked his father if his father saw him from heaven.
D. Billy asked his father whether his father see him from heaven.
E. Billy asked his father if you see me from heaven.

12) Choose the season that the following sentences describe.

It's very cold.　　　The days are short.　　　There's snow and wind.

A. winter　　B. October　　C. fall　　D. summer　　E. spring

13) Choose a statement which does not agree with the content of the passage above. (The passage is omitted here.)

A. The microwave oven inventor worked for a radar company to discover the microwave oven produce heat.
B. The inventions can make life easier.
C. The steamship replaced the sailing ship.
D. People invent things to replace old ones that don't work well enough.
E. Mostly one person invented things.

14) 아래에 주어진 사전 뜻풀이 가운데 밑줄 친 <u>over</u>의 의미로 가장 적절한 것은?

The manager <u>over</u> a staff of 10 workers is on vacation. She will be back tomorrow.

Over 1. Above in place or position: the roof over one's head **2.** Above and to the other side of: to leap over a wall **3.** Above in authority, rank, power, ets., so as to govern, control or conquer: She is over the department now. He will be over the occupied zone.

A. 1   B. 2   C. 3

15) Find the most appropriate (A) and (B) options to fill in the empty spaces.

Pollution from industry can put unwanted chemicals into the air, damaging the environment. When people or animals breathe the poor quality air, it can make them sick. Pollution can also be garbage that people throw on the ground or into the ocean, lakes or rivers. Chemicals and other materials _____(A)_____ for the environment must be properly disposed of to prevent pollution. _____(B)_____ can help reduce pollution and make the environment more beautiful and safer for people and animals.

	(A)	(B)
A.	aren't good	Not littering and recycling
B.	which aren't good	Littering not and recycling
C.	aren't good	Not littering and recycling
D.	nothing good	To little not and to recycle
E.	what aren't good	Not littering and recycling

문항 및 평가 결과 분석

> **생각해보기**
>
> 서로 다른 시험의 점수를 비교하는 표입니다. 이 변환표가 도출된 근거를 확인해 봅시다.(TOEFL Internet-based Test Score Comparison Tables, ETS, 2010)

Score Comparison

Internet-based Total	Computer-based Total	Paper-based Total
120	300	677
120	297	673
119	293	670
118	290	667
117	287	660-663
116	283	657
114-115	280	650-653
113	277	647
111-112	273	640-643
110	270	637
109	267	630-633
106-108	263	623-627
105	260	617-620
103-104	257	613
101-102	253	607-610
100	250	600-603

예비 시험이나 실제 시험이 실시된 후에는 평가 문항이 의도된 대로 기능하였는지 파악해 보아야 한다. 규준참조평가의 경우 지나치게 어렵거나 쉬워서 수험자의 언어 능력에 대해 별다른 정보를 제공하지 못하는 문항은 없는지, 각 문항이 수험자의 언어 능력 차이를 제대로 변별해 내고 있는지 알아볼 필요가 있다. 또 준거참조평가의 경우 문항이 성취 목표 달성 여부를 잘 구별해내고 있는지 확인해보아야 한다. 본 장에서는 먼저 문항의 난이도와 변별도를 구해서 해석하는 방법에 대해 살펴보고 이어서 시험 결과를 해석하고 활용하는 방법을 정리해 본다.

1. 문항분석

평가 문항의 난이도와 변별도는 고전검사이론과 문항반응이론으로 추정할 수 있다.

1) 고전검사이론을 이용한 문항분석

고전검사이론은 시험점수를 수험자의 진점수와 오차점수의 합이라고 가정한다. 즉 시험점수는 우리가 알 수 없는 수험자의 진짜 능력과 검사를 실시하는 과정에서 발생한 오차점수로 구성되어 있다고 본다.

$$X \text{ (관찰점수)} = T \text{ (진점수)} + e \text{ (오차점수)}$$

(1) 문항 난이도

문항 난이도(item difficulty)란 문항이 얼마나 어려운가를 의미한다. 난이도가 높을수록 더 어려운 문제이므로 정답을 맞힌 수험자의 수가 줄어들게 된다. 문항의 난이도는 전체 학생 중에서 문항을 맞힌 학생의 수의 비율, 즉 정답률이기 때문에 실제로 계산되는 난이도 계수의 경우 크면 클수록 더 많은 수의 학생이 정답을 제시하였다는 뜻이 된다.

따라서 난이도 계수가 클수록 더 쉬운 문제라는 의미가 되어 난이도라는 개념과 모순이 생긴다. 다시 말해 문항 난이도가 높을수록 어려운 문항이며, 문항 난이도 계수가 클수록 더 쉬운 문항이라는 모순을 없애기 위해서 문항의 난이도는 문항의 쉬운 정도라고 보는 것이 더 정확하므로 문항 용이도(item facility)라는 표현을 사용하기도 한다.

문항의 난이도는 총 수험자 중에서 문항에 정답을 제시한 수험자 수의 비율로 계산되기 때문에 문항 난이도는 백분율로 표시되거나 소수점으로 나타난다. 범위는 0과 1사이 혹은 0%에서 100% 사이이고 숫자가 높을수록 더 쉬운 문항이다. 만약 500명의 수험자 중 250명이 답을 맞혔다면 이 문항의 정답률, 즉 난이도는 50%, 혹은 0.5가 된다. 물론 이 난이도는 해당 수험자 그룹에 해당되는 난이도이고 수험자 집단이 달라지면 문항의 난이도도 달라질 수 있다는데 유의할 필요가 있다.

$$문항\ 난이도 = \frac{정답자\ 수}{총\ 수험자\ 수}$$

규준참조평가의 경우 문항이 지나치게 쉽거나 어려우면 수험자의 실력 차이를 잘 구별해내지 못하기 때문에 바람직한 문항이라고 보기 어렵다. 너무 어려운 문항은 모든 학생이 다 틀리게 되어 상위권 학생의 언어 능력을 변별해 내기 어렵고, 너무 쉬운 문항의 경우 모든 학생이 맞히기 때문에 하위권 학생의 실력 차이를 변별해 내기 어려울 것이다. 그러나 준거참조평가의 경우 모든 학생이 답을 맞히거나 틀려도 문항 자체가 나쁘다고 볼 수는 없다. 학생들이 해당 성취 목표를 얼마나 달성하였는지가 중요하기 때문이다. 물론 정답률이 높을수록 목표를 달성한 학생이 많다는 뜻이므로 바람직한 결과이다.

(2) 문항의 변별도

규준참조평가에서 살펴보아야 할 또 다른 문항의 특성으로 문항 변별도(item discrimination)가 있다. 규준참조평가의 목적은 수험자의 상대적인 우열을 가리는데 있기 때문에 실력이 있는 사람과 없는 사람을 잘 변별해 내는 문항이 좋은 문항이다. 문항 변별도는 총점이 높은 사람이 총점이 낮은 사람보다 해당 문항을 더 많이 맞힌 비율을 알려준다. 따라서 문항 변별도 계수가 높을수록 상위권 학생의 정답률이 하위권 학생의 정답률보다 높다는 의미가 된다.

문항 변별도를 계산하기 위해서는 먼저 시험의 총점을 기준으로 상위 27%를 상위집단으로, 하위 27%를 하위집단으로 나눈다. 정해진 비율은 없지만 대개 27%에서 30% 사이로 한다. 이어서 상위집단과 하위집단의 난이도 계수를 구한 다음 상위집단의 난이도 계수에서 하위집단의 난이도 계수를 빼면 해당 문항의 변별도 계수가 구해진다.

문항 변별도 = 상위 그룹 난이도 - 하위 그룹 난이도

변별도는 -1에서 1사이의 값을 가질 수 있다. 변별도가 -1이라면 하위그룹 학생들은 다 맞힌 반면에 상위그룹 학생들은 다 틀린 문항이라는 의미이고 0인 경우 상위권 학생과 하위권 학생이 같은 비율로 정답을 맞힌 문항이라는 뜻이므로 규준지향평가 문항으로는 바람직하지 못한 문항이다.

문항 변별도가 클수록 상위 집단의 학생이 하위 집단보다 정답률이 높다는 의미이므로 바람직한 문제라고 볼 수 있다. 문항 변별도는 문항이 수험자의 실력을 얼마나 잘 변별해 내고 있는지를 알려주지만 동시에 결정적인 결함이 있는 문제를 식별해 내는 데도 유용하다. 예를 들어 문항변별도가 0보다 낮은 문항은 총점이 낮은 학생이 높은 학생보다 더 많이 맞힌 문항이라는 뜻이므로 문제가 있을 소지가 큰 문항이다. 실력이 낮은

학생의 정답률이 실력이 높은 학생의 정답률보다 높으므로 주의를 요하는 문항임을 알 수 있다. 예를 들어 정답을 입력하는 과정에서 실수가 있었는지 확인해 볼 필요가 있다.

문항의 변별도를 알아볼 수 있는 또 다른 방법으로 양류상관관계계수(point biserial correlation)를 구하는 방법이 있다. 양류상관계수는 한 쪽 변수가 명명척도(nominal scale)이고 다른 변수가 등간척도(interval scale)일 때 사용되는 상관계수인데 문항의 정답 제시 여부는 정답 아니면 오답이기 때문에 정답 제시 여부는 명명척도 자료이고 시험점수는 대개 등간척도 자료이기 때문에 문항과 시험 점수의 상관(item-test correlation)을 양류상관계수를 구해 추정할 수 있다. 양류상관계수는 아래 공식을 사용하여 구할 수 있으며 양류상관계수가 클수록 변별도가 높은 문항이라고 볼 수 있다.

$$\text{양류상관계수}(r_{pbi}) = \frac{M_p - M_q}{S_t}\sqrt{pq}$$

M_p = 정답을 한 학생들의 시험 평균
M_q = 오답을 한 학생들의 시험 평균
S_t = 시험의 표준 편차
p = 시험에서 정답을 한 학생들의 비율
q = 시험에서 오답을 한 학생들의 비율

문항 변별도 계수가 얼마나 되어야 양호도가 높은 문항인지에 대한 기준으로는 Ebel(1979)이 제시한 기준이 많이 사용된다.

- 0.40 이상: 아주 우수한 문항

- 0.30에서 0.39: 우수하지만 개선의 여지가 있는 문항
- 0.20에서 0.29: 최소한의 변별력이 확보된 문항. 개선이 필요함
- 0.19 이하: 삭제하거나 수정이 요구되는 문항

(3) 선택지・오답지 매력도

수험자가 각 선택지를 선택한 비율을 구하여 각 선택지의 매력도를 점검할 수 있다. 특히 수험자가 거의 선택하지 않은 오답지가 있다면 문항이 측정하고자 하는 능력이 없는 수험자가 정답을 선택하지 못하도록 하는 기능을 제대로 수행하지 못하고 있다는 뜻이므로 오답지의 매력도는 선다형 시험의 양호도를 결정짓는 매우 중요한 요소이다.

2) 문항반응이론을 이용한 문항분석

고전검사이론의 가장 큰 한계는 문항의 특성이 수험자 집단에 따라서 달라진다는 점이다. 동일한 문항이라도 응시하는 집단에 따라서 난이도나 변별도가 달라진다. 수험자의 능력도 어떤 문항을 푸느냐에 따라서 다르게 추정된다. 이런 한계를 극복할 수 있는 것이 문항반응이론이다. 문항 고유의 특성을 추정할 수 있고 어떤 수험자가 풀어도 문항특성은 변화하지 않는다.

(1) 문항반응이론의 통계적 가정

문항반응이론을 통하여 문항의 고유 특성과 수험자의 능력을 추정하기 위해서는 수험 자료가 문항반응이론의 통계적 가정을 만족시켜야 한다. 문항반응이론의 주요 통계적 가정은 아래와 같다.

① 단일 차원성

평가 도구가 측정하고자 하는 언어능력이 단일하여야 한다는 가정이다.

문제는 많은 평가 도구가 한 가지 언어능력만을 측정한다고 단정하기 어렵다는 점이다.

② 국지독립성

한 문항에 대한 반응이 다른 문항에 대한 반응에 영향을 미쳐서는 안 된다. 다시 말해서 각 문항에 정답을 맞힐 확률이 상호독립적이어야 한다는 것이다. 예를 들어 앞 문제를 푼 결과를 바탕으로 다음 문항을 푸는데 영향을 미치는 경우 두 문항에 정답을 할 확률이 독립적이라고 보기 힘들다. 각 문항이 독립적이라면 1번 문항과 2번 문항을 모두 맞힐 확률은 각 문항을 맞힐 확률의 곱이다. 예를 들어 1번 문항의 정답률이 0.3이고 2번 문항의 정답률이 0.5이면 두 문항에 정답을 맞힐 확률은 0.15 (0.3 × 0.5)가 되어야 한다.

언어 평가의 경우 국지독립성을 만족시키기 힘든 경우가 많다. 예를 들어 읽기 평가에서 동일한 지문에 2-3문제가 출제될 경우 같은 지문에 관한 문제이기 때문에 국지독립성을 만족시키기 어렵다. 이 경우 지문에 속한 모든 문항을 하나로 묶어서 하나의 큰 문항(testlet)으로 간주하고 문항 특성을 추정하는 방법이 사용된다.

(2) 문항반응이론을 통한 문항특성 추정

문항의 특성을 추정하는 프로그램을 이용해서 문항의 특성을 추정하면 아래와 같은 문항특성곡선을 제공한다. x축은 수험자의 능력을 나타내고 y축은 수험자가 정답을 맞힐 확률을 나타낸다. 수험자의 능력은 θ로 표현하는데 이론상으로는 $-\infty$에서 $+\infty$이지만 대개 -2에서 2까지 추정된다. 물론 숫자가 클수록 능력이 크다는 뜻이다.

① 난이도

문항반응이론이 추정하는 문항 난이도를 a 모수라고 부르는데 해당 문항을 맞힐 확률이 0.5인 위치에 해당하는 능력(Θ)값을 나타낸다. 고전검사이론에서는 난이도가 높을수록 난이도 계수의 크기가 작아지기 때문에 고전검사이론의 난이도와 문항반응이론의 난이도 사이의 상관계수를 구하면 -1에 가까운 값이 나온다.

아래에 제시된 문항특성곡선에서 보면 각 문항에 정답을 맞힐 확률이 0.5에 해당되는 값은 각각 -1.5, 0, 1.5로 1번 문항이 제일 쉽고 3번 문항의 난이도가 제일 높다.

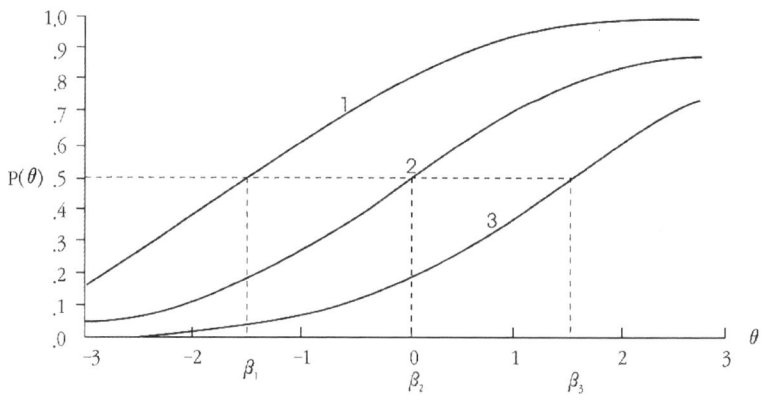

〈그림 9-1〉 문항난이도가 다른 세 문항의 문항특성곡선 (성태제, 2009, p. 245)

② 변별도

문항반응이론에서 문항의 변별도는 문항특성곡선에서 난이도에 해당되는 지점에서의 기울기를 나타낸다. 기울기가 클수록 변별도가 크다는 의미이다. 아래 문항특성곡선에서 보면 1번 문항의 변별도가 제일 높고 3번 문항의 변별도가 가장 낮다는 것을 알 수 있다.

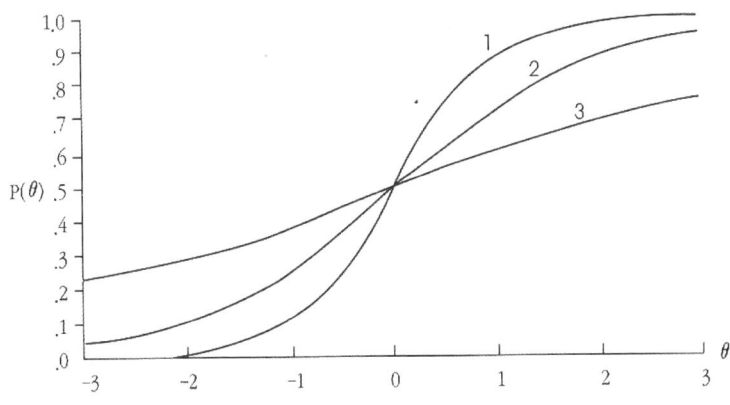

〈그림 9-2〉 문항 변별도가 다른 세 문항의 문항특성곡선 (성태제, 2009, p. 244)

③ 문항 추측도

문항 추측도는 해당 문항을 모르는 수험자가 추측으로 정답을 맞힐 수 있는 확률로 c로 표시한다. 능력값 θ가 $-\infty$인 지점 즉 y축의 절편 값이 c 값에 해당된다.

(3) 문항반응이론 모델

단일변량 문항반응이론에는 추정하는 모수의 수에 따라 크게 세 가지 모델이 있다. 1-모수 모델에서는 문항의 난이도만 추정한다. 다른 중요한 특성인 변별도는 추정하지 않고 모든 문항의 변별도가 동일하다고 가정한다. 상식적으로 생각했을 때 서로 다른 문항의 변별도가 동일할 가능성이 크지 않기 때문에 매우 위험한 가정이라는 점을 알 수 있다. 앞에서 소개한 Rasch Model은 1-모수 모델이다. 2-모수 모델에서는 문항의 난이도와 변별도를 추정하지만 문항 추측도는 추정하지 않는다. 마지막으로 3-모수 모델에서는 문항의 난이도와 변별도, 그리고 문항 추측도까지 추정하게 된다.

(4) 문항반응이론의 사용

언어 평가에서는 문항반응이론을 평가도구를 개발할 때 사용한다. 특히 컴퓨터기반 개인 적응 검사를 개발할 때 사용되는데 난이도가 파악된 많은 수의 문항이 문제은행에 저장되어 있어야 수험자의 응답에 따라 실시간으로 더 어렵거나 쉬운 문항을 제공할 수 있기 때문이다. 또한 문항의 편향성을 분석할 때도 사용하는데, 평가하고자 하는 언어 능력 이외의 다른 요인에 따라서 집단 간의 평가 결과가 달라지는지 판단하기 위해서는 문항 고유의 속성이 파악되어야 하기 때문이다. 마지막으로 타당도를 검증하는 방법으로 설명하였던 문항의 난이도에 영향을 미치는 요인을 검증할 때도 사용된다.

2. 평가 결과 분석

평가가 실시된 후에는 평가 결과를 파악해 볼 필요가 있다. 평가 결과로부터 얻은 정보를 활용하여 각종 결정을 내리기 위해서는 먼저 측정 결과 얻어진 자료의 성격을 먼저 파악해야 한다. 자료의 성격에 따라 해석하는 방법과 자료 분석 방법이 달라지기 때문이다. 이어서 시험 결과를 분석해 본다.

1) 척도

언어 능력을 측정할 때는 측정 단위를 설정하여야 하는데 측정의 단위를 척도(scale)라고 하며, 척도에는 명명척도, 서열척도, 등간척도, 비율척도가 있다.

(1) 명명척도

명명척도는 집단을 구별하기 위한 자료이다. 예를 들어 남자 수험생을

1, 여자 수험생을 2로 분류한 자료가 명명척도에 해당된다. 단순히 구분하는 역할만 수행하기 때문에 남자 수험생을 2로, 여자 수험생을 1로 분류해도 상관이 없다.

(2) 서열척도

서열척도는 수험자의 상대적 서열을 나타내는 자료이다. 주의할 점은 등수 간의 점수 차이가 일정하지 않다는 점이다. 예를 들어 1등이 98점, 2등이 96점, 3등이 90점이라면 1등과 2등의 점수 차이는 2점인데 비하여 2등과 3등의 점수에는 6점의 차이가 난다.

(3) 등간척도

등간척도는 임의 영점이 있고 점수 사이의 간격이 일정한 수험 자료이다. 영어 시험 성적이 여기에 해당된다. 시험 점수가 0점이라고 해서 이 수험자의 영어 실력이 0이라는 뜻은 아니다. 더 쉬운 시험에서는 100점을 받을 수도 있기 때문이다. 등간척도에는 덧셈 법칙은 적용되지만 곱셈 법칙은 적용되지 않는다. 예를 들어 80점은 40점과 40점이 더해진 점수이므로 덧셈 법칙은 적용되지만 80점을 받은 학생이 40점을 받은 학생보다 영어 실력이 두 배라고 해석해서는 안된다는데 유의해야 한다.

(4) 비율척도

비율척도는 몸무게나 키처럼 절대 0점이 있는 자료에 해당된다. 등간척도와는 달리 곱셈 법칙이 성립한다. 즉 20kg은 10kg과 10kg을 더한 것으로 덧셈 법칙이 적용되며 20kg은 10kg의 두 배이므로 곱셈 법칙도 적용된다.

2) 중심경향값

수험자 수가 많지 않은 경우에는 한 명 한 명의 결과를 분석해 보면 되지만 수험자가 많은 경우 전반적인 경향을 파악해야 하는데 이러한 목적으로 많이 사용되는 정보가 중심경향값(central tendency)이다. 평가 결과를 도표화하면 많은 자료들이 어떤 특정한 값으로 몰리는 현상을 보이는데 이를 중심경향 혹은 집중경향이라고 하고 중심경향을 나타내는 값을 중심경향값이라고 한다. 한마디로 중심경향값이란 평가 자료를 대표하는 값이라고 할 수 있는데 평균(mean), 중앙값(median), 최빈값(mode)이 있다. 수험자료가 정규분포를 따르는 경우 평균, 중앙값 그리고 최빈값은 동일하다.

(1) 평균(Mean)

중심경향값 중에서 가장 흔하게 사용되는 평균은 전체 사례수의 값을 더한 다음 총 사례수로 나눈 값을 말한다.

$$평균 = \frac{\sum X_i}{N}$$

X_i : 개별수험자 점수
N : 응시자수

중심경향값으로 평균이 제일 많이 사용되지만 극단적인 값이 있을 경우 지나치게 높아지거나 낮아질 수 있다는 점에 유의해야 한다. 예를 들어 대부분의 수험자가 30점에서 60점 사이의 점수를 받았는데도 한 명의 점수가 100점이라면 평균 점수가 높아져서 수험자가 받은 점수를 대표하기 힘들어진다.

(2) 중앙값(Median)

중앙값은 가장 작은 수부터 가장 큰 수까지 순서대로 배열했을 때 중앙에 오는 값을 말한다. 사례수가 홀수인 경우는 간단히 구할 수 있으며, 짝수인 경우 가운데에 있는 두 점수의 평균으로 구한다. 중앙값은 평균에 비해 극단적인 값의 영향을 상대적으로 덜 받는다.

(3) 최빈값(Mode)

최빈값은 분포에서 가장 많은 도수를 갖는 점수를 말한다. 다시 말해서 가장 많은 수의 수험자가 받은 점수이다. 최빈값은 중심경향값으로 자주 쓰이지는 않지만 특정분야에 활용 가능하다. 예를 들어 어떤 프로그램에서 수준별 강좌 개설을 결정할 때 평균보다는 가장 많은 수험자가 받은 점수대의 강좌를 제일 많이 개설하는 것이 현명한 선택일 것이다.

3) 분산도(Variability)

평가 자료의 흩어진 정도, 즉 다양성의 정도를 나타내는 것이 분산도이다. 분산도를 살펴보는 이유는 중심경향값이 동일하여도 평가 결과 자료의 분포 형태가 다를 수 있기 때문이다. 예를 들어 아래 두 집단의 시험 결과를 비교해보면 평균은 동일하지만 <그림 9-3>에 보고된 첫 번째 집단의 경우 점수가 각 점수대 별로 골고루 분포되어 있는 반면에 <그림 9-4>에 나타난 두 번째 집단의 경우 평균 점수 주위에 점수가 모여 있는 것을 알 수 있다. 만약 중심경향값만 비교한다면 두 집단의 점수 분포가 동일하다는 잘못된 결론을 내리게 될 것이다.

점수의 분포 상태, 즉 점수가 흩어져 있는 정도를 알기 위해서 가장 많이 사용하는 정보가 표준편차(standard deviation)이다. 표준편차는 아래 공식에서 볼 수 있듯이 편차, 즉 각 수험생의 점수가 평균에서 떨어진 정도를 제곱한 값들을 더하여 사례수로 나눈 값, 즉 분산에 제곱근을 한

값이다. 편차의 평균을 사용하지 못하는 이유는 점수의 절반은 평균보다 크기 때문에 편차가 양의 값이고 절반은 평균보다 작아서 편차가 음의 값이기 때문에 합하면 0이 되기 때문이다.

$$표준편차(S) = \sqrt{\frac{\sum(X-M)^2}{n-1}}$$

X = 각 학생의 시험 점수
M = 평균점수
n = 총 수험자 수

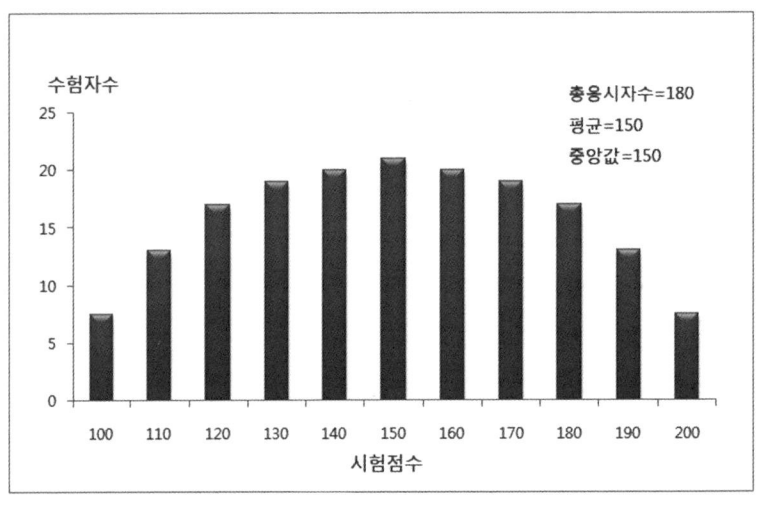

〈그림 9-3〉 분산이 큰 분포

표준편차 값이 크면 클수록 수험자의 점수에 차이가 많고 표준편차 값이 작을수록 평균 주위에 점수가 모여 있다는 뜻이다.

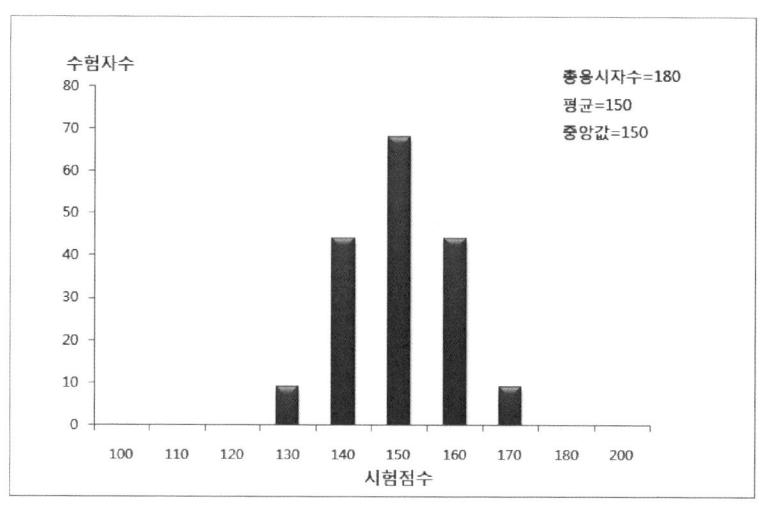

〈그림 9-4〉 분산이 작은 분포

3. 평가 결과 보고

시험 점수를 보고하는 다양한 방법에 대하여 살펴본다.

1) 원점수(Raw score)

먼저 원점수는 수험자가 시험에서 받은 점수이다. 대부분의 학교시험 결과는 원점수로 보고된다. 원점수의 한계는 같은 과목 내에서는 점수를 비교할 수 있지만 과목이 달라지면 점수를 비교하기 힘들다는 점이다. 난이도가 높은 시험에서 받은 60점과 낮은 시험에서 받은 60점은 의미가 다르기 때문이다. 이런 이유로 해서 수학능력시험처럼 다른 과목의 결과를 비교해야 하는 경우 과목별로 응시자가 다르고 난이도도 다르므로 수험생의 과목 선택에 따라 입시 결과가 달라지는 현상을 막기 위해서 표준점수를 계산해서 사용한다.

2) 표준점수(Standard score)

원점수의 상대적인 위치를 알려주는 점수를 표준점수라고 한다. 가장 많이 쓰이는 점수는 Z점수이다. Z점수는 원점수의 분포가 정규분포라는 가정 하에 원점수의 평균을 0으로 하고 표준편차를 1로 해서 변환한 점수이다. Z 표준점수는 다음 공식을 사용하여 구할 수 있다.

$$표준점수(Z) = \frac{X - \overline{X}}{S_X}$$

X = 학생의 점수
$\overline{X}$ = 평균점수
S_X = 표준편차

위 공식에서 보듯이 Z표준점수는 편차, 즉 개인 점수가 평균으로부터 떨어진 거리를 표준편차로 나눈 값으로 평균과 표준편차를 동일하게 조정함으로써 서로 비교가 불가능했던 과목이나 영역의 점수 비교를 가능하게 해준다. 예를 들어 서로 다른 학급에 속한 두 명의 수험자가 한 명은 읽기 시험에서 100점 만점에 76점을 받았고 다른 한 명은 듣기 시험에서 100점 만점에 82점을 받았다고 가정해보자. 원점수만 보면 듣기 시험을 본 학생이 읽기 시험을 본 학생보다 시험을 더 잘 본 것처럼 생각할 수 있다. 그러나 듣기 시험이 읽기 시험보다 더 쉬웠을 수도 있고 듣기 시험을 본 학급의 학생들이 읽기 시험을 본 학생들 보다 영어구사력이 더 뛰어났을 수도 있다. 따라서 두 집단의 성적을 직접 비교하기는 힘들다. 그러나 만약 우리가 두 집단의 평균과 표준편차를 알고 있다면 Z표준점수를 계산하여 두 점수를 비교할 수 있다. 예를 들어 위에서 예로 들었던 읽기 시험을 본 집단의 평균이 54점이고 표준편차가 20인 반면에 듣기 시험을 본 집단의 평균 점수가 72점이고 표준편차가 15점이라고 가정해 보자.

두 시험의 Z표준점수를 구해보면 다음과 같다.

$$\text{읽기: } (76-54)/20 = 1.1$$
$$\text{듣기: } (82-72)/15 = 0.67$$

이 경우 읽기 시험을 본 학생의 Z표준점수는 1.1인 반면에 듣기 시험을 본 학생의 Z표준점수는 0.67에 불과해서 읽기 시험을 본 학생이 훨씬 시험을 잘 보았다는 사실을 알 수 있다. Z표준점수는 전체평균이 낮을수록, 또 표준편차가 작을수록 커진다. Z표준점수와 원점수 사이의 대응관계를 살펴보면 원점수에서 평균에 해당하는 점수는 Z표준점수로 0이 된다. 또 원점수에서 평균보다 한 표준편차가 큰 점수는 Z점수로 1이 된다.

한편 T표준점수는 평균이 50, 표준편차가 10이 되도록 Z표준점수를 전환한 점수이다. T표준점수는 Z표준점수의 대부분이 소수점을 가지게 되고 Z표준점수의 절반이 음수이라는 불편함을 없애기 위해 고안되었으며 아래 공식으로 계산할 수 있다.

$$\text{T표준점수} = 10 \times \text{Z표준점수} + 50$$

위의 식으로 계산해보면 Z표준점수 0점은 T표준점수로 50이 되고 1점과 2점은 각각 60점과 70점으로 변환된다.

3) 퍼센타일 (Percentile rank)

퍼센타일은 백분위수로 주어진 점수 아래에 있는 점수의 퍼센트를 의미한다. 즉 그 집단 내에서 자신보다 낮은 점수를 받은 사람의 백분율을 알려준다. 퍼센타일 값은 1에서 99 범위에 있고 해당 집단 내에서 개인의 위치를 알려준다. 예를 들어 만약 어떤 수험자가 읽기 시험에서 72퍼센타일 점수를 받았다면 이 수험자가 같이 시험을 본 수험자들의 72%보다 더 높은 점수를 받았다는 의미이다. 혹은 28%의 수험자가 이 수험자와 같은 점수를 받았거나 더 높은 점수를 받았다는 의미이다. 퍼센타일은 아래 공식을 사용해서 구할 수 있다.

$$\frac{(해당 수험자보다 낮은 점수를 받은 수험자 수) + (같은 점수를 받은 수험자 수 \times 0.5)}{전체 수험자 수}$$

예를 들어 총 60명의 학생이 시험을 보았고 85점을 받은 학생이 60명 중 10등이고 같은 점수를 받은 학생의 수가 총 5명이라면 이 학생의 백분위수는 반올림하여 88%이다.

4) 분할점수(Cut score)

분할점수는 피험자가 주어진 영역의 능력이 있다고 판단할 수 있는 최소 점수를 의미한다. 합격과 불합격을 결정할 때에도 분할점수가 있어야 하고 상급, 중급, 초급처럼 등급을 나눌 때도 기준이 되는 분할점수를 설정하여야 한다.

Glaser(1963)가 말한 것처럼 연속선상에 있는 시험 점수에서 분할점수를 설정하는 것은 자의적이라는 한계를 가질 수밖에 없기 때문에 과학적인 절차와 방법을 사용하여 분할점수를 설정하여야 하고 분할점수가 제대로 설정되었는지 여러 가지 증거를 수집하여 확인해 보아야 한다. 분할점수를 설정하는 대표적인 방법을 살펴보면 아래와 같다.

(1) 집단 비교 방법

Zieky와 Livingston(1977)이 제안한 이 방법은 수험자 그룹을 잘 아는 교사와 같은 전문가가 수험자를 합격 또는 불합격으로 나눈다. 이들 수험자들에게 시험을 실시한 다음 시험 결과에서 분할점수를 설정하는데 합격자의 점수 분포와 불합격자의 점수 분포가 교차되는 점을 분할점수로 설정한다.

(2) 경계선 집단 방법(Borderline group method)

위에 소개한 집단비교방법처럼 수험자 그룹을 잘 아는 전문가 수험자를 합격, 경계선, 불합격 집단으로 나눈다. 경계선 집단이란 합격과 불합격의 경계선상에 있는 수험자 그룹을 뜻한다. 시험을 실시한 후 경계선 집단에 속하는 수험자 점수의 중앙값을 분할점수로 설정한다.

(3) Angoff 방법

분할점수 설정 방법으로 가장 광범위하게 사용되는 방법으로 교사나 전문가가 평가 문항을 분석한 후 각 문항마다 답을 맞힐 수험자의 비율을 추정한다. 이어서 추정된 각 문항의 확률을 더하여 준거점수를 설정한다. Angoff 방법으로 분할점수를 성공적으로 설정하기 위해서는 수험자의 수준에 익숙한 전문가가 각 문항에 수험자들이 답을 맞힐 확률을 예상할 수 있어야 한다.

(4) Bookmark 방법

문항 난이도를 먼저 구한 다음 전문가들에게 가장 쉬운 문항에서 가장 어려운 문항으로 순서대로 배열된 문항 책자를 준 다음 전문가들이 수험자 집단의 정답 확률이 0.67이하가 되기 시작하는 문항에 북마크를 하게 한다. 각 전문가의 분할점수는 북마크 바로 앞에 위치한 문항의 반응 확률의 중간값으로 설정한다. 문항 난이도는 수험자 집단에 상관없는 문항 고유의 난이도를 추정하기 위하여 문항반응이론을 이용하여 구한다.

4. 맺음말

대부분의 경우에 평가 결과는 여러 가지 정보와 함께 보고된다. 우리나라 수험자들은 본인의 점수와 등수, 전체 평균에만 관심을 두는 경우가 많은데 지금까지 살펴 본 것과 같은 정보를 확인해 보려는 노력을 기울일 필요가 있다. 예를 들어 문항 변별도 값이 음수인 경우 평가 과정에 문제가 발생했다는 신호로 받아들일 수 있다. 하위권 학생이 상위권 학생보다 더 많이 푼 문제라는 사실 자체가 일종의 경고 신호이기 때문이다. 만약 신뢰도 계수가 높지 않다면 표준편차 값이 작지 않은지 살펴보아야 한다. 또한 출제하면서 예상했던 난이도와 실제 난이도가 비슷한지, 변별도에 문제가 있는 문항은 없는지 확인해 보아야 한다. 평가 도구의 수준을 향상시키거나 이후에 이루어지는 교수 활동의 수준을 제고하는 데 이런 유용한 정보를 활용하려는 노력을 기울일 필요가 있다.

시험 결과를 평가의 목적에 맞게 보고하고 해석하는 작업은 평가 결과를 적절하게 사용하는데 있어서 필수적인 절차이다. 특히 평가 결과를 사용하는 사람이나 수험자가 평가 결과를 올바르게 이해할 수 있도록 도와주어야 한다.

참고자료

고전검사이론에 근거한 문항 분석에 대한 설명은 Brown(2005)과 성태제(2005, 2009)에 잘 정리되어 있다. 문항반응이론은 Embretson과 Reise(2000), Hambleton, Swaminathan과 Rogers(1991)가 대표적인 개론서이다. Rasch 모델을 이용한 분석은 McNamara(1996)와 장소영과 신동일(2009)을 참고하면 된다. 준거 점수 설정은 Cizek(2001)과 Cizek과 Bunch(2007)가 대표적인 입문서이며 일반화가능도 이론의 개론서로는 Shavelson과 Webb(1991)과 김양분(2001)이 적절하다.

연습문제

1. 주어진 수험 자료를 이용하여 다음 내용을 계산하고 그 결과를 해석해봅시다.
   1) 문항 난이도   2) 문항 변별도
   3) 평균, 표준편차   4) 각 수험자의 T-표준점수

	문항											난이도	변별도
	1	2	3	4	5	6	7	8	9	10	11		
1	0	1	1	1	0	0	1	0	0	1	1		
2	0	1	1	1	1	0	1	1	0	1	1		
3	0	1	1	1	0	1	1	1	0	1	0		
4	0	1	1	1	0	0	1	0	1	1	1		
5	0	1	1	1	0	1	1	1	1	1	1		
6	0	1	1	1	0	1	1	0	1	1	0		
7	0	1	1	1	0	0	0	0	1	0	1		
8	0	1	1	1	1	0	1	0	1	1	0		
9	0	1	0	1	0	1	1	1	0	0	1		
10	0	1	1	1	0	0	1	1	1	1	1		
11	0	1	1	1	1	1	1	0	1	1	0		
12	0	1	1	1	1	0	1	0	1	1	1		
13	0	1	0	1	0	1	1	1	0	1	1		
14	0	1	0	1	0	0	1	0	0	1	0		
15	1	1	0	1	1	0	0	1	0	1	1		
16	0	1	1	1	0	1	0	0	1	1	1		
17	0	0	0	0	0	0	1	0	1	0	1		
18	0	1	1	1	1	1	1	1	1	0	1		
19	0	1	0	0	1	0	0	1	1	0	1		
20	0	1	1	1	0	1	1	1	1	1	1		
21	0	1	1	1	0	0	1	1	1	0	1		
22	0	1	1	1	0	0	0	0	0	0	0		
23	1	0	1	0	0	0	1	0	0	0	0		
24	0	1	0	1	0	1	0	1	1	1	0		
25	0	1	1	1	1	0	0	0	0	0	0		
26	0	1	1	1	0	0	1	0	1	1	0		
27	1	1	1	1	0	0	1	0	0	1	0		
28	0	0	0	0	0	0	1	0	1	0	0		
29	1	1	1	1	0	1	0	0	0	1	1		
30	0	1	1	0	0	0	1	0	1	1	1		

제10장
읽기 평가

> **생각해보기**
>
> 동일한 시험 문제를 컴퓨터로 실시할 때와 종이로 실시할 때 시험 결과에 어떤 차이가 날지 생각해 봅시다. (Cohen & Upton, 2007) 여러분이 수험자라면 어느 방식을 선택하겠습니까?

우리나라에서 실시되는 대부분의 영어 시험에 읽기 영역이 포함되어 있고 문항 수도 다른 영역에 비해서 많기 때문에 읽기 능력을 평가하는 방법에 대해서 잘 알고 있다고 생각하기 쉽다. 또 채점자나 구술 면접관이 필요한 쓰기나 말하기 시험에 비해 실시하기 쉽다고 생각할 수도 있다. 그러나 읽기 평가를 제작해 본 사람이라면 읽기 능력이 무엇인지, 그리고 그 읽기 능력을 평가할 수 있는 방법에 대해서 알고 있는 바가 많지 않다는 사실을 깨닫게 된다. 수험자가 작성한 글을 읽을 수 있는 쓰기 평가나 수험자의 말을 직접 들을 수 있는 말하기 평가에 비해 읽기 활동은 머릿속에서 이루어지므로 수험자가 지문을 얼마나 이해하였는지 눈으로 확인할 수 있는 방법이 없기 때문에 평가도구를 제작해서 간접적으로 수험자의 읽기 능력을 추론해야 하는 어려움이 있다.

읽기 능력을 평가하기 위해서는 읽기 능력을 먼저 정확하게 파악해야 하므로 본 장에서는 읽기 능력의 특성에 대해서 먼저 살펴본다. 이어서 읽기 능력이 실제로 어떻게 정의되고 있는지 살펴보고, 다양한 평가 방법에 대해서도 알아본다. 마지막으로 읽기 평가를 제작할 때 지켜야 할 제작 원리를 검토해 본다.

1. 읽기 능력

언뜻 생각하면 읽기를 글의 내용을 파악해 나가는 수동적인 과정으로 생각하기 쉬우나 읽기는 글의 의미를 찾아나가는 능동적인 과정이다. 단순히 주어진 글의 내용을 파악하는 과정이라기보다는 글의 의미를 찾아 나가는 적극적인 과정으로 보아야 한다. 글의 일부분을 읽고 '이런 내용이구나'라는 가설을 세우고 그 다음 부분을 읽으면서 앞에서 내린 가설이 사실인지 확인해본다. 그 내용이 아닌 경우 어떤 내용의 글인지 다시 가설을 세우고 계속해서 읽으면서 확인해 나간다. 이처럼 읽기는 저자가 의도

한 바를 찾아나가는 탐색의 과정이다.

　읽기는 또한 상호작용적인 과정이다. 지문에 담겨있는 언어적인 정보와 독자의 머릿속에 있는 글의 내용이나 형식과 관련된 배경지식, 즉 스키마가 상호작용하는 과정에서 의미가 창조되어진다. 배경지식이 많은 글을 훨씬 쉽게 이해할 수 있고 같은 글을 읽고서도 사람에 따라서 이해하는 정도가 다르고 반응이 다른 이유도 글을 읽을 때 독자가 나름의 배경 지식과 경험을 활용하여 글의 의미를 재창조하기 때문이다.

　마지막으로 읽기는 목적이 있는 활동이다. 각 상황마다 글을 읽는 다양한 목적이 있고 읽는 목적에 따라서 읽어 나가는 방식에 차이가 나며 사용하는 읽기 기술이나 전략도 달라진다. 전화번호부에서 전화번호를 찾을 때와 중간고사를 준비하기 위해 전공서적을 읽을 때는 읽는 방식과 전략이 달라진다.

2. 조작적 정의

　읽기 능력을 평가하기 위해서는 평가대상인 읽기 능력에 대한 조작적 정의를 내려야 한다. 일반적으로 글을 읽을 때 요구되는 하위 기능을 파악하는 방법이나 글을 읽을 때 독자가 거치는 과정이나 전략을 기술하는 방법이 많이 사용된다. 읽기 평가를 제작하는 사람들이 가장 많이 취하는 접근법은 읽기의 하위 기능을 파악하는 방식이다. 예를 들어 Davis(1968)는 읽기 기술을 다음 여덟 가지로 제시하였다.

- recalling word meanings
- drawing inferences about the meaning of a word in context
- finding answers to questions answered explicitly or in paraphrase
- weaving together ideas in the content
- drawing inferences from the content

- recognizing a writer's purpose, attitude, tone, and mood
- identifying a writer's technique
- following the structure of a passage

이해의 정도를 기준으로 사실적 이해, 추론적 이해, 그리고 비평적 이해로 나누는 방법을 취하기도 한다. 사실적 이해는 지문에 나와 있는 정보를 있는 그대로 파악하는 읽기이고 추론적 이해는 명시적으로 제시되어 있지 않은 내용을 지문에 제시된 내용을 바탕으로 추론해 내는 읽기이다. 마지막으로 비평적 이해는 글의 내용이나 저자의 의도를 비판적으로 분석하는 읽기 활동이다.

읽기 평가도구를 제작하기 위해서는 해당 시험이 측정하는 읽기 능력을 정의 내려야만 한다. 예를 들어 북미 대학으로 유학을 오는 영어가 모국어가 아닌 학습자의 영어 실력을 평가하기 위해 제작된 토플 시험의 읽기 영역은 평가도구의 목적에 맞게 대학 수준의 교재를 이해할 수 있는 능력을 측정한다고 밝히고 있다. 또 아래와 같이 크게 세 가지 읽기 기술을 측정한다고 설명하고 있다.

Reading to find information
- effectively scanning text for key facts and important information
- increasing reading fluency and rate

Basic comprehension
- understanding the general topic or main idea, major points, important facts and details, vocabulary in context, and pronoun references
- making inferences about what is implied in a passage

Reading to learn
- recognizing the organization and purpose of a passage
- understanding relationships between ideas

- organizing information into a category chart or a summary in order to recall major points and important details
- inferring how ideas throughout the passage connect

이러한 학문 목적을 위한 읽기에 대한 정의를 바탕으로 다음과 같은 과제를 제작하였다.

〈표 10-1〉 iBT TOEFL 읽기 영역 구성

Reading Section Format	• Approximately 700 words • 3-5 passages • 12-14 questions per passage • Time: 60-100 minutes • Score scale: 0-30
Reading Question Format	• Multiple-choice format: questions with four choices with a single answer • Sentence insertion: questions asking to insert a sentence into the text (where the sentence fits best) at one of four provided choices. • Reading to learn questions: contain more than four choices and more than one possible correct answer. Test takers are expected to sort information provided in the question into a category chart or summary.

3. 평가 방법

읽기 평가에서 사용되는 대표적인 평가 방법을 살펴본다.

1) 선다형 문항(Multiple choice)

전통적으로 가장 많이 사용되고 있는 평가 방법이 선다형 문항이다.

8장에서 살펴본 것처럼 선다형 문항에도 여러 가지 장점이 있지만, 선다형 문항은 읽기를 평가할 수 있는 다양한 평가 방법 중의 하나에 불과하기 때문에 선다형 문항보다는 지문의 특성에 부합되는 평가 방법을 사용하려는 노력이 필요하다. 어떤 전자제품의 작동법을 설명하는 글이라면 실제로 해당제품을 조작해보는 과제가 설명서 빈칸에 들어갈 표현을 고르는 문항보다 더 바람직한 평가 방법일 것이다.

2) 규칙 빈칸 메우기 시험(Cloze test)

규칙 빈칸 메우기 시험은 지문에서 중요한 어휘를 삭제한 다음 수험자에게 삭제된 부분을 채우게 하는 방식의 시험이다. 초기에는 매 7번째 어휘를 삭제하는 것처럼 규칙적으로 어휘를 삭제하는 방식을 취하였지만 이 방식은 어휘를 삭제하는 방식에 따라서 시험의 결과가 달라진다는 문제점이 지적되면서 출제자가 중요한 어휘를 의도적으로 삭제하는 방식이 주로 이용되고 있다.

규칙 빈칸 메우기 시험을 제작할 때는 문맥을 제공하기 위해서 첫 번째 문장은 어휘를 삭제하지 않은 채 그대로 제시하고, 수험자들에게 전체 글을 먼저 다 읽은 다음 빈칸을 채워나가라는 지시도 한다.

규칙 빈칸 메우기 시험 방식의 경우 측정하는 능력이 분명하지 않다는 문제가 있다. 읽기 능력을 평가하기 위해서 실시되기도 하지만 이 시험 방식이 어휘나 문법 능력을 평가하기 위해 사용되는 경우가 많은 것도 그 이유에서다.

Capable of refueling midair, Air Force One has unlimited range and can carry the President wherever he needs to travel. The onboard electronics are hardened to _____ against an electromagnetic pulse, and it _____ equipped with advanced secure communications

> equipment, _____ the aircraft to function as a _____ command center in the event of _____ attack on the United States. Inside, _____ President and his travel companions enjoy 4,000 ___ feet of floor space on three, _____ including an extensive suite for the President _____ features a large office, lavatory, and _____ room. Air Force One includes a ___ suite that can function as an room, and a doctor is permanently _____ board. The plane's two food preparation _____ can feed 100 people at a time.

규칙 빈칸 메우기 시험의 변형으로 C-test도 있다. 규칙 빈칸 메우기 시험과 달리 이 방법은 두 번째 문장부터 매 두 번째 어휘를 앞쪽 절반은 그대로 두고, 뒤쪽 절반에 빈칸을 둔다. 철자의 수가 홀수인 경우 숫자가 더 많은 쪽을 빈칸으로 만든다.

> Strange as it may sound, the computer virus is something of an Information Age marvel. On one hand, vir___ show u_ how vulne____ we a__. A properly engin_____ virus can have a devas_____ effect, disru productivity a_ doing bil____ of dol____ in dam_____. On t_ other ha__, they sh__ us h_____ sophisticated a__ interconnected hum___ beings ha_____ become. For exa____, experts esti____ that t _____ Mydoom wo_ infected approx____ a qua_____-million comp_____ in a sin____ day i__ January 2004.

3) 요약하기(Summary)

요약은 수험자가 지문을 읽고 난 다음 지문의 내용을 요약하도록 하는 시험 방식으로 수험자가 지문의 요지를 제대로 파악하였는지를 알아보는 데 적절한 방법이다. 주어진 지문을 요약하기 위해서는 지문에서 중요한 내용과 불필요한 내용을 구별하고, 제시된 내용 사이의 관계도 파악해서 이를 글로 다시 정리해야 한다. 중국어 능숙도 시험인 HSK 쓰기 영역 문항으로 요약하기 과업이 출제된다.

（1）仔细阅读下面这篇文章，时间为10分钟，阅读时不能抄写、记录。
（2）10分钟后，监考收回阅读材料，请你将这篇文章缩写成一篇短文，时间为35分。
（3）标题自拟。只需复述文章内容，不需加入自己的观点。
（4）字数为400左右。
（5）请把作文直接写在答题卡上。

几年前我刚参加工作的时候，每天总是加班到很晚，常常深夜乘车回家。一天深夜，我乘地铁回家。在同车厢的人中，有一位小个子老太太，手里拿着一个很大的购物袋。我一看到她上车，就莫地想，她一定是那种很健谈的人，也就是一路上没完没了地与你说个不停的那种人。"千万别坐在我身边！千万别！"我心想。她的确没有坐到我身边，而是坐在了对面。

地铁下车的人很多，上车的人少。老太太环顾四周，看着人们上上下下，然后朝我笑笑。就这样，一直到车厢里只剩下我们两个。此时，她的笑声更大了。要说她的举止让我感到紧张，有些言过其实，但确实让我感到不可理解。

"很高兴，就剩下我们两个了，"她神秘地说，"因为我还有一些事必须要做。"就在这个时候，她身子前倾，将手伸进她那个大大的购物袋。她从袋子里拿出一把大号螺丝刀。当她拿着螺丝刀对着我的时候，我注意到螺丝刀头部被磨得很平。我以为她要对我做什么，吓得够呛。"对不起，年轻人，可我不得不这么做。这些孩子让人怕！他们总是拧松螺丝！"说完，她就突然转过身子，开始拧紧挨着我们的那扇车门上的螺丝。把门上所有的螺丝都拧紧之后，她把螺丝刀又放回到大袋子里，满意地坐到座位上。她没再说一句话，到下一站就下车了。

此刻，我的脸色看上去一定非常苍白，因为我下车时，乘务人员注意到我："你还好吗，朋友？" "不好，简直糟糕透了！"我回答道，并且告诉他我在车上所遇见的一切。他听了一点也不感到吃惊。"噢，她呀！"他笑着说，"她从不伤害人。"然后，他就给我讲了她的故事：3年前，老太太的儿子、儿媳去了国外，留下孙子让她照看。可悲的是，孙子在乘坐这趟车去上学时，因为车门上的一个螺丝松动，靠近门边站着的孩子，从车上掉下来摔死了。尽管事故与老太太一点关系也没有，可她感到自责，因为孩子是由她看管的。打那以后，她就总是在火车上拧紧车门上的螺丝，希望赎回"过错"。

"真太不幸了！"听他讲完这些，我感慨道，"可你们就不能阻止她吗？" "我们试过，"列车长苦笑着说，"可谁也阻止不了她，她照例不时上车检查每节车厢门上的螺丝是否松动，不是紧紧这个，就是紧紧那个，直到确信每个螺丝都安全牢固。时间长了，我们都把她当成了我们中的一员。"我不禁开始由衷地敬佩这位"神秘的乘客"了。

---

(1) 아래 텍스트를 정독할 것. 제한시간 10분. 읽으면서 베끼거나 기록할 수 없음

(2) 10분 경과 후, 감독관은 텍스트를 회수함. 수험생은 텍스트를 단문으로 요약할 것. 제한시간 35분

(3) 제목은 자유로 정함. 텍스트 내용을 다시 기술하되 자신의 견해는 첨가할 수 없음

(4) 글자수는 400자 안팎
(5) 답안지에 직접 쓸 것

　몇 년 전 직장생활을 막 시작했을 무렵, 매일 늦게까지 야근을 하고 늦은 밤에 차를 타고 귀가하곤 했다. 어느 날 깊은 밤 지하철을 타고 집에 가는 길이었다. 같은 칸에는 키가 작은 할머니 한 분이 손에 큰 장바구니를 들고 있었다. 할머니가 차에 오르는 것을 보자마자 입담 좋고 끝없이 얘기하는 그런 사람일 것이란 생각이 문득 들었다. 나는 마음 속으로 '제발 내 옆에는 앉지 마라. 제발…'이라고 생각했다. 과연 할머니는 내 옆이 아니라 맞은 편에 앉았다.
　하차하는 사람이 굉장히 많았고 남아있는 사람은 별로 없었다. 할머니는 주위를 둘러보았고 사람들이 타고 내리는 것을 보더니 나를 향해 웃었다. 이렇게 해서 차 안에는 우리 두 사람만 남게 되었다. 이때 할머니의 웃음 소리는 더욱 커졌다. 할머니의 행동이 나를 긴장시켰다면 지나친 말일 수도 있겠지만, 확실히 나에게는 이해가 안 되었다.
　"다행이네, 이제 우리 둘 밖에 안 남았어." 할머니는 신비롭게 말했다. "나에겐 아직 할 일이 남았으니까." 바로 이때 할머니는 몸을 스윽 내밀더니 장바구니에 손을 내밀어 큼지막한 드라이버를 꺼냈다. 할머니가 든 드라이버가 나를 향했을 때 드라이버의 끝부분이 닳아서 평평해진 것이 눈에 들어왔다. 나는 할머니가 나에게 뭔가를 할 까봐 덜컥 겁이 났다. "미안해요 젊은이. 하지만 이걸 꼭 해야 해. 아이들은 사람들을 놀라게 하지. 항상 나사를 헐겁게 해 놓거든." 말을 마치자 할머니는 갑자기 몸을 돌려 내 옆의 출입문 나사를 조이기 시작했다. 문의 모든 나사를 조이고 나자 할머니는 드라이버를 다시 바구니에 넣고는 만족스러운 듯 자리에 앉았다. 그리고는 아무 말도 없이 다음 역에서 내렸다.
　이 때 내 얼굴은 무척 창백해졌을 것이다. 차에서 내렸을 때 승무원이 나를 보더니 "손님, 괜찮으세요?"라고 물었기 때문이다. 나는 "아뇨, 많이 안 좋은데요."라고 말하며 방금 전 지하철에서 겪은 일을 전부 그에게 말했다. 그는 내 얘기를 듣고 전혀 놀라는 기색이 없었다. "아, 그 할머니"

> 그는 웃으며 말했다. "할머니는 사람들에게 폐를 끼치지는 않아요." 그는 이어서 할머니에 대한 얘기를 해 주었다. 3년 전 할머니의 아들, 며느리가 외국에 갔고 남아있는 손자는 할머니가 돌보게 되었다. 불행히도 손자가 바로 그 전철을 타고 등교할 때 출입문의 나사 하나가 헐거워졌고, 문에 기대어 서 있던 손자가 차에서 추락하여 사망했던 것이다. 할머니는 그 사고와 아무런 관련도 없었지만 아이를 돌보던 사람이 자신이었기 때문에 자책을 하게 되었다. 그 때 이후 할머니는 항상 지하철에서 출입문의 나사를 조이면서 '잘못'을 속죄하고 있다.
> "정말 안타까운 사연이군요." 그의 얘기를 듣고 나서 나는 느낌이 새로웠다.
> "그런데 지하철 측에서는 할머니를 막지 않았나요?"
> "물론 막아는 봤죠." 열차 차장이 씁쓸히 웃으며 말했다.
> "하지만 아무도 막을 수 없었어요. 할머니는 여전히 차에 올라 칸칸마다 출입문 나사가 헐거운지 조사를 했어요. 나사가 전부 안전하게 조여졌다고 믿을 때까지 조이고 또 조이더군요. 시간이 흘러 이젠 우리 모두 할머니를 직원처럼 생각하게 되었답니다."
> 나는 저절로 이 '신비로운 승객'을 마음으로부터 존경하게 되었다.
> (HSK 한국사무국, 2010)

요약하기 과제는 제작하기는 쉽지만 채점이 만만하지 않다. 우선 글의 요지에 대해서 출제자나 채점자가 의견의 일치를 보아야 한다. 또한 요지가 파악되었다 하더라도 어느 정도 자세하게 기술해야 하는지의 문제도 있다. 사람에 따라서 요약하는 수준에 차이가 나므로 글자 수처럼 분량을 제시해주면 좋다.

요약을 채점하기 위해서는 먼저 채점자들이 직접 요약을 해보고 모의시험을 통해 수집된 요약을 분석해서 채점기준을 설정하여야 한다. 특히 요약의 내용이 지문에 나오는 정보를 재구성하기 보다는 단순히 그대로 옮겨 적는 경향이 있다는 Johns와 Mayes(1990)를 참고할 필요가 있다.

요약하기 과제의 변형으로 iBT 토플에 요약문을 주고 적절한 것을 골라 요약을 완성하도록 하는 문항이 있다.

Directions: *An introductory sentence for a brief summary of the passage is provided below. Complete the summary by selecting the THREE answer choices that express the most important ideas in the passage. Some answer choices do not belong in the summary because they express ideas that are not presented in the passage or are minor ideas in the passage.* **This question is worth 2 points.**

The technology for modern cinema evolved at the end of the nineteenth century.

-
-
-

Answer choices

1. Kinetoscope parlors for viewing films were modeled on phonograph parlors.
2. Thomas Edison's design of the Kinetoscope inspired the development of large screen projection.
3. Early cinema allowed individuals to use special machines to view films privately.
4. Slide-and-lantern shows had been presented to audiences of hundreds of spectators.
5. The development of projection technology made it possible to project images on a large screen.
6. Once film images could be projected, the cinema became a form of mass consumption.

(ETS, 2009)

4) 회상하기(Recall)

수험자가 지문을 읽고 나서 지문을 보지 않은 채 기억나는 내용을 모두 적는 방식의 시험이다. 수험자가 작성한 자료를 통해서 수험자가 읽기 지문에 나오는 정보를 어떤 식으로 이해하고 정리하였는지 파악할 수 있으며 다음과 같은 절차로 진행된다(Bernhardt, 1991).

1. 적절한 길이의 읽기 지문을 선정한다.
2. 수험자에게 본인이 필요한 만큼 읽을 수 있고, 읽기가 끝나면 읽은 지문의 내용을 기억나는 대로 모두 다 적어야 한다고 알려 준다.
3. 수험자에게 읽을 수 있는 시간을 충분히 주어야 한다.
4. 수험자가 지문을 보지 않은 채 기억나는 모든 내용을 적도록 한다.

회상하기 문항의 채점 방법으로는 채점하는데 시간이 지나치게 오래 걸리는 Meyer(1985)보다는 Johnson(1970)이 제안한 방식이 더 선호된다. 이 방식은 지문을 짧은 부분으로 적절히 나눈 다음 각 부분을 내용 측면에서 가장 중요한 부분에서 가장 중요하지 않은 부분으로 네 단계로 나누고 차례대로 4점에서 1점까지 부여해서 수험자의 회상에 그 내용이 나올 경우 그 부분의 해당 점수를 부여한다.

5) 번역(Translation)

문법 번역식 교수 방법으로 진행되던 외국어 교실에서는 번역 활동이 학습자의 외국어 능력을 개발하는 중요한 교수 방법 중의 하나였을 뿐만 아니라 외국어 구사력을 평가하는 주요한 도구로 사용되었다. 그러나 읽기 능력에 대한 정의가 변화하면서 주어진 텍스트를 정확하게 모국어로 옮기는 능력의 중요성에 대한 비중이 낮아지게 되었고 읽기 평가에도 번역 문제가 거의 사용되지 않고 있다. 문장 단위의 번역을 시험에 출제하다

보면 읽기 교육이 다시 읽고 번역하는 방식으로 진행될 수도 있고, 학생들도 글 전체의 의미 파악보다는 복잡한 구문으로 이루어진 문장을 정확하게 우리말로 옮기는 능력이 더 중요하다는 잘못된 인상을 받을 수 있다. 그러나 수험자가 특정 부분을 정확하게 이해하고 있는지 알아보는 좋은 방법의 하나가 번역이라고 볼 수 있다.

번역을 채점하기 위해서는 기준이 필요하다. 예를 들어 수험자의 읽기 능력이 아니라 번역사를 선발하기 위해 개발된 Spanish into English Verbatim Translation Exam (Stansfield, Scott, & Kenyon, 1992)의 경우 문단 속의 어휘나 구, 문장, 그리고 단락을 번역하는 과제로 구성되어 있다. 그리고 의미가 정확하게 번역되었는가와 문법, 어순, 어휘, 어조와 스타일, 그리고 철자나 문장부호 등을 포함하는 표현 영역에서 채점이 이루어졌다.

6) 정보 전이(Information transfer)

정보전이 방식은 수험자가 주어진 글을 읽고 글의 내용을 도표나 그림과 같은 다른 방식으로 전환하는 시험 방식이다. 예를 들어 어떤 지역을 설명하는 글을 읽고 그 지역의 지도에 글에 소개된 장소나 건물을 표시하게 함으로써 수험자가 그 지문을 제대로 읽었는지 확인하는 방법이다.

이 과제를 제작할 때에는 지문을 다 이해한 사람이라면 누구나 어려움 없이 정보를 전이할 수 있어야 한다는 점에 주의해야 한다. 주어진 도표나 그림, 혹은 다른 자료를 파악하거나 작성하는 데 수험자가 어려움을 겪어서는 안 되기 때문이다. 예를 들어 IELTS 읽기 영역에 정보전이 문제가 출제된다.

Questions 21-23

The diagram below shows the areas of the brain activated by jokes.

Label the diagram.

*Choose **NO MORE THAN TWO WORDS** from the passage for each answer.*

Write your answers in boxes 21-23 on your answer sheet.

Right prefrontal cortex lights up-area of brain linked to
21 ....

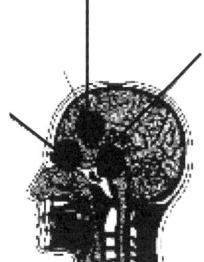

Orbital prefrontal cortex is activated-involved with
23 ....

22 ....become active too

(Cambridge University Press, 2006)

7) 단답형 문항(Short answer questions)

지문의 내용과 관련된 질문에 수험자가 직접 답을 적는 방식으로 수험자가 선택지 중에서 하나를 고르지 않고 직접 작성하기 때문에 수험자의 실제 능력을 더 정확하게 추론할 가능성이 있지만, 정답을 목표어로 적게 할 경우 지문의 내용을 제대로 이해하고도 답을 쓰는 능력이 부족해서 답을 적지 못하는 문제가 발생할 수 있다. 또 질문에 본문에 나오는 표현이 그대로 사용될 경우, 수험자가 지문의 내용을 이해하지 못하고도 답을 적을 수 있다는 점에 유의해야 한다.

4. 제작 원리

읽기 평가를 제작할 때 고려해야 할 사항은 아래와 같다.

1) 먼저 평가의 목적에 적합한 지문을 선정하여야 한다.
평가의 진정성을 높이기 위해서 수험자가 목표 언어 사용 상황에서 앞으로 읽어야 할 읽기 지문과 유사한 지문이 사용되어야 한다.

2) 읽기 지문의 진정성이라는 큰 틀 아래에서 가능한 다양한 주제와 형식의 지문이 사용되어야 한다.
우리가 일상생활에서 접하는 읽기 자료를 생각해보면 매우 다양하다. 읽기 평가의 목적이 수험자가 실제 상황에서 이러한 자료를 읽고 이해할 수 있는지 알아보는데 있기 때문에 시험에 사용되는 지문도 다양해야 할 것이다.

3) 지문의 이독성(readability), 즉 난이도가 수험자에게 적절해야 하고 편견에 사로잡힌 내용이 등장하는 지문이 사용되어서는 안 된다.
논쟁의 소지가 있는 글감이나 수험자에 따라서 정서적으로 부정적인 반응을 보일 수 있는 지문은 피하는 게 좋다. 지나치게 쉽거나 어려운 지문이 선정되지 않도록 지문 선정의 기준이 있어야 한다.

4) 특수목적을 위한 시험이 아니라면 배경지식을 가지고 있는 집단에게 더 유리한 지문을 선정하지 않아야 한다.

반대로 지나치게 상식적인 내용을 다루고 있어서 지문을 읽지 않고도 답을 할 수 있는 문항이 출제되어서도 안 된다.

5) 한 번 읽은 지문을 시험에 내는 것은 바람직하지 않다.
물론 우리나라 상황에서는 학교에서 실시하는 중간고사나 기말고사에 수업 시간에 다루지 않은 새로운 지문을 출제하면 다른 곳에서 그 지문을 읽은 적이 있는 학생이 있을 경우 형평성의 문제가 발생할 수 있으므로 교과서 지문에서 문제를 출제해야되는 경우가 많다. 성취도 평가의 경우 이미 읽은 적이 있는 지문을 시험에 낼 경우 글의 내용을 파악하지 않고도 기억해서 정답을 맞힐 가능성을 배제하기는 힘들다.

6) 문항 형식을 정하고 그 형식에 적합한 지문을 찾기보다는 지문을 선정하고 그 지문을 이해하고 있는지 파악할 수 있는 문항 형식을 찾는다.
대개 평가 문항이 결정되고 그 구성 내용에 해당되는 지문을 선정하는 경우가 많은데 이 경우 중요한 지문이라도 해당 유형으로 출제하기 힘든 지문은 제외되는 문제가 발생한다.

7) 같은 문항 형식을 고집해서는 안 된다.
문제 형식이 고정되면 수험자가 문제 형식에 익숙하지 않아서 본인의 실력을 제대로 발휘하지 못할 우려는 없어지지만, 정해진 문제 방식 위주로 학습하고 다른 내용은 소홀히 하게 되는 부정적인 환류효과를 가져올 수 있다. 또한 문제풀이 기술을 사용하여 문제를 풀 수 있는 가능성도 커진다. 각 평가방법 마다 장점과 단점이 있으므로 가능한 다양한 방법을 사용하도록 한다.

8) 평가의 진정성을 고려하여 언어의 네 기능이 통합된 문항을 출제하는

것이 바람직하다.

　글을 읽고 이해한 내용을 바탕으로 말을 하거나 글을 쓰는 형태의 평가 방식을 적극적으로 고려해 보아야 한다. 특히 수험자가 미래에 수행해야 하는 과제가 읽기와 다른 기능이 통합된 것이라면 통합형 읽기 과제가 개발되어야 할 것이다.

　9) 다양한 길이의 지문을 사용하여야 한다.
　짧은 길이의 지문을 출제할 경우 상대적으로 많은 지문을 수험자가 읽게 되는 장점이 있으나 실제 의사소통상황에서 짧은 길이의 글을 읽는 경우가 많지 않고 짧은 글을 읽는 능력과 긴 글을 읽어내는 능력에는 차이가 있으므로 다양한 길이의 글을 출제하는 것이 더 바람직하다.

　10) 지문에서 답이 나오는 순서대로 문항을 배열하여 수험자가 답을 쉽게 찾을 수 있도록 도와주어야 한다.
　앞 문항의 답이 지문의 뒤에 나오고 뒷 문항의 답이 앞에 나오는 경우 수험자가 혼란을 겪을 수 있다. 또한 지문에 나오는 표현과 문제에 나오는 표현이 동일하여 이해하지 않고도 답을 적을 수 있는 문제를 피하기 위해서는 비슷한 표현으로 바꾸어 제시하여야 한다.

　11) 문제나 지문을 모국어로 제시할 것인지 아니면 목표어로 제시해야 할지 결정해야 한다.
　제시 언어 문제는 응시자와 동일한 모국어를 구사하는 상황에서만 발생하는 문제라는 데 유의해야 한다. 여러 나라 수험자가 응시하는 시험은 당연히 목표어로 문제를 제작할 수밖에 없기 때문이다. 물론 목표어로 제작할 경우 문제나 선택지를 제대로 이해하지 못해서 지문을 이해하고도 문제를 틀리는 경우가 발생하지 않도록 유의해야 한다.

5. 맺음말

다른 영역에 비해 평가 도구 제작이나 채점이 용이하기 때문에 다른 영역에 비해 읽기 평가 방법에 대하여 많이 알고 있다고 생각하기 쉬우나 수험자의 읽기 능력을 평가하는 방법이 쉽지 않다는 점을 강조하였다. 문항 형식을 결정해 두고 그에 맞는 읽기 지문을 찾기보다는 읽어야 하는 지문을 선정한 다음 수험자가 그 지문의 내용을 제대로 파악하고 있는지 확인할 수 있는 다양한 평가 방법을 찾아 나가야 한다.

참고자료

Alderson(2000)은 읽기 평가를 넓고 깊게 조망하고 다룬 역작이다. Alderson(1990a,b) Lumley(1993), Alderson과 Lumley(1995)는 읽기 하위 기술과 관련하여 꼭 읽어보아야 하는 연구물이다. 최근에 이루어진 연구로는 읽기와 듣기 하위 기술을 구조모형방정식을 사용하여 탐색한 Bae와 Bachman(1998), 그리고 Song(2008)이 있다. 백인 출제자와 흑인 수험자가 구성해 낸 지문의 의미 차이를 분석한 Norton과 Stein(1998)도 시사하는 바가 큰 논문이다.

연습문제

1. 다음 지문을 수험자가 제대로 이해하고 있는지 확인할 수 있는 평가 문항을 제작해 봅시다. 실제 출제되었던 문항과 비교해 봅시다.

> 1) 현재 대학 연구의 수요자는 기업과 중앙 정부, 그리고 학계로 제한되어 있으며 연구주제도 지역 사회의 절실한 현안과는 동떨어진 경우가 많았다. 이와 같이 산학 협동 분야나 순수 학문 분야에 치우친 기존의 대학 연구에 대한 대안적 모델로서 최근 '과학 상점' 제도가 큰 관심을 끌고 있다. '과학 상점' 제도란 지역 사회 집단, 지방 정부, 일반 시민 등이 제기하는 기술적·사회적 문제들에 대해 교수와 학생들이 연구와

조언을 해 주는 것이다. 여기에 참여하는 교수와 학생은 자신들연구의 일환으로서 이 일을 수행하기 때문에 추가적인 시간과 비용이 들지 않는다. 대학 당국 역시 기존의 예산과 지방 정부의 일부 보조로 그 연구비를 지원하기 때문에 추가로 예산을 들일 필요는 없다. 더불어 이 제도를 통해 교수와 학생은 사회문제의 해결에도 기여한다는 보람을 얻게 되고, 대학과 지역 사회는 밀접하게 연결되어 서로 도움을 줄 수 있게 된다. (TOPIK 제19회)

2) Introducing dung beetles into a pasture is a simple process: approximately 1,500 beetles are released, a handful at a time, into fresh cow pats in the cow pasture. The beetles immediately disappear beneath the pats digging and tunnelling and, if they successfully adapt to their new environment, soon become a permanent, self-sustaining part of the local ecology. In time they multiply and within three or four years the benefits to the pasture are obvious.

Dung beetles work from the inside of the pat so they are sheltered from predators such as birds and foxes. Most species burrow into the soil and bury dung in tunnels directly underneath the pats, which are hollowed out from within. Some large species originating from France excavate tunnels to a depth of approximately 30 cm below the dung pat. These beetles make sausage-shaped brood chambers along the tunnels. The shallowest tunnels belong to a much smaller Spanish species that buries dung in chambers that hang like fruit from the branches of a pear tree. South African beetles dig narrow tunnels of approximately 20 cm below the surface of the pat. Some surface-dwelling beetles, including a South African species, cut perfectly-shaped balls from the pat, which are rolled away and attached to the bases of plants.

For maximum dung burial in spring, summer and autumn, farmers require a variety of species with overlapping periods of activity. In the cooler environments of the state of Victoria, the large French species (2.5 cms long), is matched with smaller (half this size), temperate-climate Spanish species. The former are slow to recover from the winter cold and produce only one or two generations of offspring from late spring until autumn. The latter, which multiply rapidly in early spring, produce two to five generations annually. The South African ball-rolling species, being a sub-tropical beetle, prefers the climate of northern and coastal New South Wales where it commonly works with the South African tunneling species. In warmer climates, many species are active for longer periods of the year.

(IELTS, Academic Reading Sample)

제11장
듣기 평가

> **생각해보기**
>
> 목표 의사소통영역에서 다양한 유형의 영어가 사용된다는 점을 반영하여 다양한 액센트로 듣기 평가 자료가 제작되고 있습니다. 만약 iBT TOEFL 시험에서 중국인 액센트로 듣기 자료를 제작해도 될까요? 이 경우 중국인 수험자가 모국어가 중국어가 아닌 다른 언어 구사자보다 중국어 액센트로 녹음된 자료를 더 잘 알아들을 수 있을까요? (Major, Fitzmaurice, Bunta, & Balasubramanian, 2002, 2005)

듣기는 우리가 일상생활에서 가장 많이 사용하는 언어 기능이다. 이러한 듣기 능력의 중요성 때문에 듣기 평가는 오래전부터 언어 평가의 중요한 영역으로 자리 잡고 있다. 대부분의 상황에서 듣고 말하기 때문에 듣기만을 따로 분리하여 평가하는 것이 실제 의사소통상황을 제대로 반영하지 못하는 측면이 있으나 듣기 능력만을 따로 평가하는 경우가 많다. 듣기 평가는 여러 측면에서 읽기 평가와 겹치는 부분이 많다. 두 기능 모두 이해 기능에 속하기 때문이다. 그러나 음성 자료를 수험자에게 제시해야 한다는 점에서 듣기 평가를 제작하는데는 준비해야 할 요소가 많다.

1. 듣기 능력

듣기 능력의 특성을 이해하기 위해서는 먼저 소리 인식(hearing)과 듣기(listening)를 구별해야 한다. 소리 인식이 단순히 외부의 소리를 인지하는 수준이라면, 듣기는 의도적으로 듣는 행위를 지칭한다. 따라서 청각 장애와 같이 건강상에 문제기 있는 경우 소리 인식에 문세가 생기지만 듣기의 경우 주위 소음이 심하거나, 또는 수험자가 피곤하거나 시험에 관심이 없는 경우에 문제가 발생한다.

듣기는 음성언어를 수동적으로 받아들이는 과정이라기보다는 전달되어 오는 음성언어의 의미를 언어적인 정보와 배경지식을 활용하여 파악해 나가는 능동적인 과정이다.

듣기 평가에서 고려해야 하는 중요한 특성 중의 하나는 자연스러운 상황에서의 발화 속도이다. 듣기 자료의 종류에 따라 발화 속도에 차이가 있음을 다음 표를 통해 알 수 있다(Tauroza & Allison, 1990).

〈표 11-1〉 장르별 발화 속도(분당 어휘수)

	Radio	Lecture	Interview	Conversation
Faster than normal(above)	190	185	250	260
Moderately fast	170-190	160-185	210-250	230-260
Average	150-170	125-160	160-210	190-230
Moderately slow	130-150	100-125	120-160	160-190
Slower than normal(below)	130	100	120	160

2. 조작적 정의

듣기 평가를 제작하기 위해서는 듣기 능력을 먼저 정의해야 한다. 읽기와 마찬가지로 음성자료를 성공적으로 듣는데 요구되는 하위기능을 파악하는 방법이 가장 많이 사용된다. 듣기 기능의 하위 기능을 분류한 대표적인 모델로는 듣기를 대화 듣기(conversational listening)와 학문적 듣기(academic listening)로 구분한 Richards(1983)의 분류가 있다.

평가 도구들도 나름대로 듣기 능력을 정의하고 있는데 예를 들어 대학수학능력시험 외국어 영역에서는 측정하고자 하는 듣기 능력을 '대화나 담화를 듣고 내용을 전체적으로 이해하고 추론하거나 세부 내용을 파악하는 능력'이라고 정의하고 다음과 같이 크게 세 가지 영역의 듣기 능력을 측정한다고 밝히고 있다.

• 사실적 이해력
사실적 이해력은 대화·담화·문단의 핵심적 내용과 전개 방식에 비추어 정보를 가급적 정확하고 신속하게 파악하는 능력으로, 말이나 글의 내용을 추론·분석·비판하기 보다는 진술된 그대로 파악하는 능력을 측정한다.
- 추론적 이해력
추론적 이해력은 대화·담화·문단에 표현된 내용과 전개 방식의 사실적 이해에 근거하여 직접적으로 명시되지 않은 사항을 논리적으로 추론해 낼 수 있는 능력으로, 지칭의 문맥상 의미 추론, 의도적으로 삭제한 내용이나 표현의 추론, 문단의 전후 관계 추론, 말이나 글의 요지·제목·견해·주장·의도 추론 등의 능력을 측정한다.
- 종합적 이해력
종합적 이해력은 대화·담화·문단의 표현·내용·전개 방식 등을 개별적 언어 요소에 대한 분석이 아니라 종합적으로 파악하여 문제를 해결할 수 있는 능력으로, 글의 종류, 분위기, 목적, 어조, 태도, 느낌 파악하기 등의 이해력을 측정한다.

iBT 토플의 듣기 영역의 경우 대학교 캠퍼스에서 이루어지는 강의와 대화를 알아들을 수 있는 능력을 측정하기 위해 제작되었으며 다음과 같은 듣기의 하위 능력을 평가한다고 밝히고 있다.

Listening for basic comprehension
- comprehend the main idea, major points, and important details related to the main idea (Note: comprehension of all details is not necessary.)

Listening for pragmatic understanding
- recognize a speaker's attitude and degree of certainty
- recognize a speaker's function or purpose

Connecting and synthesizing information
- recognize the organization of information presented
- understand the relationships between ideas presented (for example, compare/contrast, cause/effect, or steps in a process)
- make inferences and draw conclusions based on what is implied in the material
- make connections among pieces of information in a conversation or lecture
- recognize topic changes (for example, digressions and aside statements) in lectures and conversations, and recognize introductions and conclusions in lectures

이러한 구인 정의를 바탕으로 다음과 같은 과제가 도출되었다.

〈표 11-2〉 iBT TOEFL 듣기 영역 구성

Listening Section Format	• 4-6 lectures, some with classroom discussion each 3-5 minutes long, 6 questions each • 2-3 conversations, each 3 minutes long, 5 questions each • Time: 60-90 minutes • Score scale: 0-30
Listening Question Format	• multiple-choice questions with four answer choices and a single correct answer • multiple-choice questions with more than one answer(e.g., two answers out of four or more choices) • questions that require you to order events or steps in a process • questions that require you to match objects or text to categories in a chart

3. 평가 방법

듣기 평가에서는 전통적으로 선다형 방식이 가장 많이 사용되는데 선다형 문항도 크게 다음 몇 가지 유형으로 구분된다.

1) 내용에 관한 질문에 답하는 문항

이 유형은 대화나 담화를 듣고 들은 내용에 대한 질문에 답을 하는 문항이다. 주제를 파악하거나 세부 내용을 파악하는 유형의 문제가 이에 해당된다.

4. 대화를 듣고, 남자가 할 일로 가장 적절한 것을 고르시오.
① 환영 표지판 만들기
② 공항에 마중 나가기
③ 집에 친구 초대하기
④ 자매 학교 방문하기
⑤ 시내 관광 시켜주기

You hear:

M: A group of students from our sister school in Taiwan is coming next week.
W: That's right. Our teacher said they'll be here for three days.
M: I hope we can make their trip memorable.
W: What should we do with them in their free time?
M: What about taking them on a city tour?
W: I don't think they'll have enough time for that. Our teacher wants to invite them to her house for dinner.
M: By the way, don't you have to go meet them at the airport as our school representative?
W: Right. Oh, I'm supposed to make a welcome sign for them.
M: You know what? Since you're so busy, I'll make one for you.
W: Thanks a lot. I can't wait to meet them.

(대학수학능력시험 외국어영역, 2010)

2) 응답이나 연결되는 내용을 고르게 하는 문항

이 유형은 대화를 듣고 질문에 적절한 응답이나 연결되는 내용을 고르는 형식의 문항이다.

(A) To meet the new director.
(B) It's the first room on the right.
(C) Yes, at two o'clock.

> You hear:
> Where is the meeting room?
>
> (ETS, 2010)

다음 텝스 문항은 대화에 나오는 질문에 어울리는 응답을 찾게 하고 있다.

> 다음 대화를 듣고 연결될 수 있는 가장 적절한 응답을 고르시오.
>   a) Taking a train is a convenient way to travel.
>   b) No, you can walk. It's not far from here.
>   c) Yes, you can't miss it. It's just on the next block.
>   d) Actually, there's a taxi stand in front of the City Center.
>
> You hear:
> M: Excuse me, ma'am. Could you tell me where the train station is?
> W: It's located behind the City Center.
> M: How can I get there? Do I need to take a taxi or bus?
> W: _____
>
> (서울대학교 언어교육원, 2005)

3) 같은 내용의 표현을 고르는 문항

다음 유형은 문장을 듣고 같은 의미의 표현을 고르는 문항이다.

>   a. It was good.
>   b. It wasn't good.
>   c. It wasn't beautiful.
>
> You hear:
> That movie was pretty bad.
>
> (The University of Michigan, MELAB, 2010)

아래 문항처럼 대화를 듣고 대화의 내용과 같은 내용의 문장을 고르는 문항도 있다.

a. They'll stay home
b. They don't like football
c. They'll go to a game.

You hear:
A: Let's go to the football game.
B: Yeah, that's a good idea. I don't want to (wanna) stay home.

4) 선택지로 시각 자료를 제시하는 문항

듣기 자료를 듣고 관련된 시각 자료를 고르는 문항도 출제된다.

1. 대화를 듣고, 여자가 구입할 물건을 고르시오. [1점]

①    ②

③    ④

⑤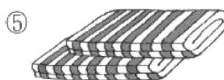

You hear:
M: How may I help you, ma'am?
W: I'm looking for a blanket to go with my mattress covers.
M: What size are the covers?
W: Queen size.
M: Do they have any patterns?
W: Yes, they do. One has flowers and the other has stripes.

M: Well, in that case, I think a plain blanket would be good.
W: You mean one with no patterns? Why is that?
M: Too many different patterns don't go well together. Besides, we're currently offering two plain blankets for the price of one.
W: Sounds great. I'll go for it.

(대학수학능력시험 외국어영역, 2007)

반대로 시각자료를 제시하고 그 자료를 정확하게 묘사한 선택지를 고르는 문항도 있다.

You hear:
(A) They're leaving the room.
(B) They're turning on the machine.
(C) They're standing near the table.
(D) They're reading the newspaper.

(ETS, 2010)

5) 정보 전이(Information transfer)형 과제

읽기 평가에서와 마찬가지로 듣기 자료를 듣고 들은 정보를 표나 그림에 옮기는 유형의 과제이다.

[서답형 3] 대화를 듣고 포스터의 빈칸에 들어갈 말을 영어로 쓰시오. [4점]

You hear:
M : Look at this poster!
W : Hmm.... [pause] The Black Box Theater is looking for staff.
M : They need a sound and a lighting technician.
W : Right, they want a sound engineer! That's what I'd like to apply for.
M : That would be good for you. You used to be in charge of sound in the school drama club.
W : Yeah, but I had to quit because of my studies.
M : If you want to apply for the position, you should go to the Black Box Theater. The interviews will begin at 3:30 on Friday, July 23.
W : OK. I'll be there for an interview.

(국가수준 학업성취도 평가, 한국교육과정평가원, 2010)

---

6) 컴퓨터기반 평가(Computer-based test) 상황에서의 평가방식

최근 들어 컴퓨터 기반 평가가 실시되면서 새로운 방식의 과제가 도입되고 있다. 예를 들어 듣기 자료에 대한 맥락을 제공할 수 있는 그림이나 비디오 자료를 제시할 수도 있고 수험자가 듣기 횟수를 조절할 수도 있다. 응답하는 방식도 단순히 정답을 선택하거나 답을 입력하는 수준에서 벗어나 순서대로 배열하거나 분류하는 것과 같은 다양한 방식을 시도할 수 있다.

7) 받아쓰기(Dictation)

받아쓰기는 들은 내용을 정확하게 받아 적는 활동으로 유창성보다는 정확성을 중요시하던 시기에 많이 활용되던 교수 방법이다. 모든 부분을 다 받아 적는 받아쓰기 활동도 있지만 출제자가 판단하기에 중요하다고 생각되는 부분만 적게 하는 활동도 있다. 듣기 평가의 관점에서 보면 약간의 철자 오류가 있다고 하더라도 수험자가 제대로 내용을 파악하고 있다고 판단되면 감점할 필요가 없다.

4. 제작 원리

1) 가능한 한 실제 듣기 자료를 제시하여야 한다.
목표로 하는 의사소통 상황에서 이루어지는 듣기 자료를 그대로, 다양하게, 많이 제시할수록 듣기 평가의 구인 타당도가 높아질 것이다.

2) 만약 평가를 위해 듣기 대본을 준비한다면 최대한 자연스럽게 만들고 녹음해야 한다.
실제 듣기 자료를 들어보면 완전한 문장으로 끝나는 경우가 많지 않고 말을 더듬거나 멈추기도 하고 머뭇거리기도 한다. 또 잘못 시작하기도 하고 수정하는 경우도 많으며 '아, 어'와 같은 삽입어(filler)와 축약형을 사용하는 경우도 많다. 이런 자연스러운 발화의 특징이 반영되도록 제작하여야 한다. 특히 읽기 자료를 수정하여 듣기 자료로 제작하는 것은 바람직하지 않다. 읽기 자료와 음성 자료의 특성에는 큰 차이가 있기 때문이다.

3) 수험자가 답을 찾아 적을 시간을 위해 각 문항의 답이 적절하게 듣기 자료에서 분리되어 있어야 한다.

앞 문항의 답을 생각하다가 뒷 문항의 답이 나오는 자료를 듣지 못할 수도 있기 때문이다. 읽기 평가에서처럼 앞 문항의 답이 뒷 문항의 답보다 앞에 나와야 한다.

4) 듣기 능력이 평가 목표라면 답을 적는 과정에서 수험자가 범한 철자 오류나 문법상의 오류에 대해 감점하는 것은 바람직하지 않다.

5) 평가 방법의 영향에 대해서 고민해야 한다.

아래에 제시된 질문에서 볼 수 있듯이 듣기 평가를 제작할 때 고려해야 할 요소가 매우 많고 어떤 결정을 내리느냐가 평가 결과에 영향을 미치게 된다.

> - 몇 번 들려줄 것인가?
> - 선택지를 문자 언어로 제시할 것인가? 음성 언어로 제시할 것인가?
> - 어떤 accent로 듣기 자료를 녹음할 것인가?
> - 발화 속도는?
> - 미리 문제와 선택지를 보여줄 것인가? 듣기 자료를 들은 다음 선택지를 제시할 것인가?
> - 필기(note taking)를 허용할 것인가?

6) 수험자에게 최적의 시험 환경을 제공해야 한다.

수험자가 듣기 자료를 방해 받지 않고 들을 수 있는 환경이 마련되어야 한다. 음향 시설에 문제가 있거나 소음 때문에 듣는데 방해를 받는 일이 없어야 한다.

7) 하향식 듣기 기술, 특히 얼굴 표정이나 몸짓, 어조, 말씨와 같은 준언어적(paralinguistic) 단서를 활용하여 말하는 사람이 전달하고자 하는 내용을 파악하는 능력도 측정하여야 한다.

8) 다양한 평가 방법을 사용하여야 한다.
문항 형식을 고정하기 보다는 수험자가 이해해야 하는 듣기 자료를 정한 다음, 수험자가 그 내용을 제대로 파악하였는지를 확인할 수 있는 문항을 만들어야 한다. 예를 들어 어떤 기구의 사용방법에 대한 듣기 자료라면, 사용법을 들은 다음 실제로 그 기구를 작동해 보도록 할 수 있을 것이다.

5. 맺음말

듣기 능력의 중요성에 대한 인식에 비해 듣기 능력을 평가하는 방법에 대한 관심은 부족하다. 수험자가 수행해야 하는 과제에 상관없이 비슷비슷한 방식의 평가가 실시되고 있는 실정이다. 대부분의 의사소통상황에서 언어가 통합되어 사용되는 점을 고려하여 듣기는 듣기만을 평가해야 한다는 지나치게 엄격한 원칙보다는 다양한 평가 방법을 사용하려는 시도가 이루어져야 한다. 위에서 지적한 것처럼 다른 영역에 비해서 평가 방법에 대한 고민이 많이 필요한 영역이므로 연구 결과를 바탕으로 타당한 결정을 내려야 한다.

참고자료

Buck(2001)을 참고하면 듣기 평가의 전반적인 측면을 파악할 수 있다. 듣기 평가 방법의 영향과 관련하여 이루어진 연구로는 accent에 관한 연구, 시각자료 제시에 관한 연구, 듣기 자료의 제공 횟수, 문항 제시 여부에 관한 연구, 노트 필기에 관한 연구 등을 참고할 수 있다.

연습문제

1. 미디어테크놀로지를 듣기 평가에 활용하려는 여러 가지 시도가 이루어지고 있습니다. 컴퓨터 기반 평가에서 화면에 제시되는 시각 자료에 정답을 알려주는 정보가 제시되어도 되는지 진정성, 상호작용성, 구인 타당도 측면에서 논의해 봅시다.

2. 다음 시험의 듣기 영역의 녹음 속도를 측정해 보고 적절한지 논의해 봅시다.
   1) TOPIK
   2) KBS 한국어 시험
   3) 수학능력시험 언어영역
   4) 수학능력시험 외국어영역

3. 듣기 평가도구를 개발할 때 결정하여야 하는 중요한 주제들입니다. 어느 쪽이 더 합리적인 선택인지 논의해 봅시다.
   1) 듣기 자료를 한 번 들려줄 것인가, 두 번 들려줄 것인가?
   2) 문제 및 선택지를 미리 보여줄 것인가? 시험지에 제시할 것인가 아니면 들려줄 것인가?
   3) 듣기 자료를 소리만 제시할 것인가 아니면 비디오로 제시할 것인가?

제12장
쓰기 평가

> **생각해보기**
>
> ETS에서 실시한 TWE 시험이나 CBT TOEFL에서는 작문 시험에 나오는 주제를 미리 공개하였습니다. 작문 주제를 왜 미리 공개하였을까요? 작문 주제가 미리 공개되었을 때와 공개되지 않았을 때 작문 수준에 차이가 생기게 될지 논의해 봅시다. (Powers & Fowles, 1998; Powers, 2005)

1. 쓰기 능력

쓰기는 단순히 말을 글자로 옮기는 과정이 아니라 문자 기호를 사용하여 자신의 메시지를 독자에게 전달하는 의사소통 과정이다. 다른 의사소통 상황에서처럼 글을 쓰는 경우에도 목적이 있고 글을 읽는 대상이 존재한다. 대개 말을 할 때에는 상대방이 앞에 있어서 제대로 이해했는지 확인할 수 있고 다시 설명해줄 수 있지만 쓰기의 경우 독자가 함께 있지 않은 경우가 대부분이므로 독자가 이해하는 데 어려움이 없도록 완결된 구조여야 하므로 그만큼 글쓰는 사람의 부담이 커진다.

글을 쓰는 과정을 보면 단순히 생각한 바를 문자 언어로 옮기는 과정이라기보다는 정보를 수집하고 생각해서 쓰고 고치고 다시 쓰는 과정이 반복적으로 진행된다. 또한 처음부터 쓸 내용을 완벽하게 구상하고 글을 쓰기보다는 글을 쓰면서 쓸 내용을 찾아나가므로 글을 쓰는 과정은 발견의 과정이라고 볼 수 있다. 이와 같이 반복되는 과정을 거치면서 본인이 말하고 싶은 내용과 글의 내용을 일치시켜 나간다.

어떤 상황에서 어떤 목적을 달성하기 위하여 누구를 대상으로 글을 쓰게 되는 가에 따라서 글의 내용과 형식도 달라진다(최연희, 2009).

2. 조작적 정의

글을 쓰는데 어떤 능력이 요구되는지에 대해서는 여러 가지 견해가 있다. Tribble(1996)과 Hyland(2003)는 쓰기 능력에는 다음과 같은 하위 기능이 포함된다고 제안하였다.

- Content knowledge: Knowledge of the concepts involved in the subject area
- Context knowledge: Knowledge of the context which makes it possible for a writer to write appropriate texts for particular readers, and knowledge of

> the contexts alongside which this new text will be read
> - Language system knowledge: Knowledge of those aspects of the language system (e.g., lexis, syntax) necessary for the completion of the task
> - Writing process knowledge: Knowledge of the most appropriate way of preparing for a specific writing task (including a command of writing skills appropriate to the task) (Tribble, 1996, p. 43, pp. 67-68, pp. 158-159)
> - Genre knowledge: of communicative purposes of the genre and its value in particular contexts (Hyland, 2003, p. 27)

iBT 토플 시험의 쓰기 영역은 수험자가 대학 생활에서 필요한 쓰기 능력을 소유하고 있는지를 알아보기 위하여 실시된다. 이때 요구되는 쓰기 능력을 크게 학습한 내용에 대하여 쓰는 활동과 자신의 의견을 개진하는 쓰기 활동으로 구분하였다. 첫 번째 쓰기 활동은 학습한 내용에 대하여 보고서를 쓰거나 시험 답안을 쓰는 쓰기 활동을 재현하고 있다. 교재나 관련 자료에서 읽은 내용과 강의시간에 들은 내용을 종합하여 글을 작성해야 한다. 이런 쓰기 활동에서는 쓸 내용을 아무런 자료 분석 없이 자신의 경험에 의존해서 생각해 내기 보다는 듣기 자료나 읽기 자료에서 제시된 정보를 종합해서 글을 쓰게 된다. 따라서 언어의 기능이 통합된 통합형 과제가 출제된다. 이 문항이 요구하는 쓰기 능력은 구체적으로 다음과 같이 정의되고 있다.

> - take notes on what they hear and read, and use them to organize information
> - summarize, paraphrase, and cite information from the source material accurately
> - write about the ways the information they heard relates to the information they read

두 번째 유형은 본인의 의견을 제시하는 문항이다. 예를 들어 논쟁이 되고 있는 주제에 대하여 본인의 경험에 근거하여 의견을 제시하는 작문을 한다. 그리고 이런 유형의 과업을 수행하기 위해서는 다음과 같은 능력이 요구된다고 정의하고 있다.

- identify one main idea and some major points that support it
- plan how to organize the essay (e.g., with an outline)
- develop the essay by using reasons, examples, and detail
- express information in an organized manner
- use effective linking words (transitional phrases) to connect ideas and help the reader
- understand the flow of ideas
- use a range of grammar and vocabulary for effective expression
- use grammar and vocabulary accurately; use idiomatic expressions appropriately
- follow the conventions of spelling, punctuation, and layout

쓰기 능력에 대한 정의는 채점 기준표에서도 간접적으로 알아볼 수 있다. 중요하다고 생각되는 요소를 평가하기 때문이다. 채점 방법과 기준에 대해서는 이 장의 뒷부분에서 알아볼 수 있다.

3. 평가 방법

어떤 사람이 얼마나 글을 잘 쓰는지 알아보는 가장 좋은 방법은 직접 글을 쓰게 하는 방법이다. 문법이나 어휘 문항으로 쓰기 능력을 간접적으로 측정하려는 시도도 있지만 아무리 이런 문항을 많이 출제하여도 그 결과로 수험자가 실제로 글을 잘 쓸 수 있다고 확신하기 힘들기 때문이다. 수백 개의 간접평가 문항을 풀게 하기 보다는 한 단락이라도 직접 글을 써 보게 하는 것이 수험자의 쓰기 능력을 정확하게 판단할 수 있는 구체적인 근거를 제공할 것이다. 수험자의 쓰기 능력을 평가하기 위하여 많이 활용되는 평가 방법을 정리해 보면 아래와 같다.

1) 에세이 시험(Timed impromptu essay)

전통적으로 가장 많이 사용되어온 쓰기 평가 방법이다. 30분이나 40분처럼 짧은 시간 안에 주어진 주제에 대하여 본인의 경험이나 생각을 바탕으로 에세이를 쓰는 과제이다. 토플 독립형 쓰기 과제가 여기에 해당된다. 이 과제의 경우 수험자가 평소에 생각해 본 적이 없는 주제에 대하여 주어진 짧은 시간 내에 쓸 내용을 계획하고 글을 쓰고 검토하고 수정하는 모든 일이 이루어져야 한다는 점에서 수험자의 평소 글쓰기 실력을 제대로 평가하기 힘들다는 문제점이 있다. 이런 에세이 시험의 한계를 극복하기 위해 수험자에게 주는 시간을 늘리고 작문 과제를 두세 개 주고 그 중 하나에 대해 쓰게 하거나 미리 작문 주제를 공개하는 것과 같은 방법이 사용되기도 하지만 에세이 시험이 가지고 있는 근본적인 제약을 극복하기는 힘들 것이다.

2) 도표나 차트 묘사 과제(Picture description task)

도표나 차트에 나오는 내용을 설명하거나 요약하는 과제이다. 이 과업의 경우 과제가 그림으로 제시되기 때문에 지시문에 나오는 표현을 수험자가 이해하지 못하거나 지시문에 너무 많은 정보가 제시되어 수험자가 단순히 주어진 정보를 다른 말로 옮겨 적는 것을 방지할 수 있는 장점이 있다. 예를 들어 IELTS의 쓰기 영역 첫 번째 과제가 이런 유형의 과제이다.

Writing Task 1

You should spend about 20 minutes on this task

The graph below shows the proportion of the population aged 65 and over between 1940 and 2040 in three different countries.

Summarize the information by selecting and reporting the main features, and make comparisons where relevant.

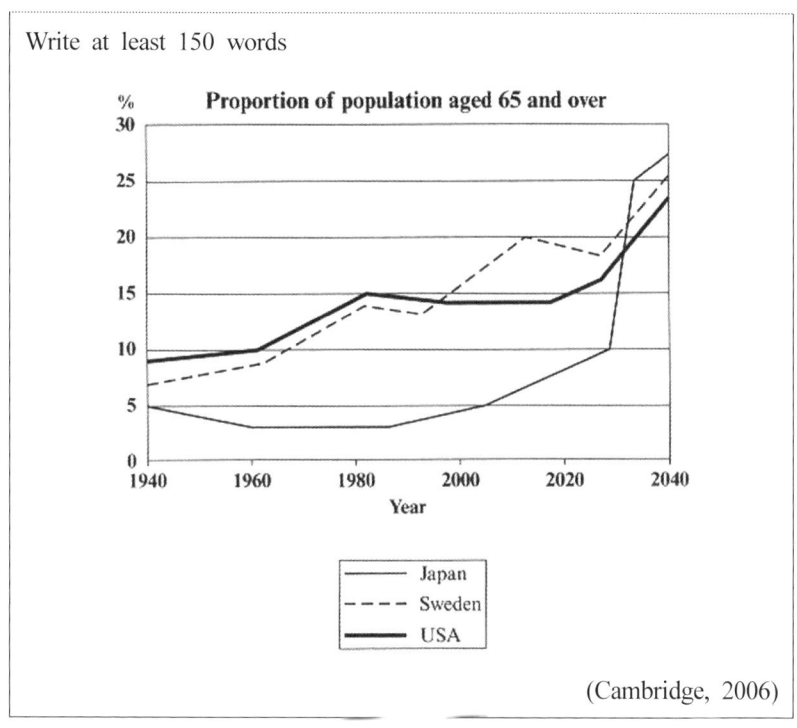

(Cambridge, 2006)

　도표나 차트를 묘사하게 하는 과제가 포함된 말하기나 쓰기 평가가 많다. 그러나 목표언어 사용 상황에서 차트를 묘사하는 쓰기 활동이 많이 이루어지는지 분명하지 않은 경우가 많고, 문제 형식이 비슷해지면 답을 하는데 요구되는 전형적인 표현들을 수험자가 사전에 준비할 가능성도 크다. 또 차트의 내용이 지나치게 복잡한 경우 수험자가 내용을 파악하기 힘들어할 수도 있다.

　다른 유형으로 이야기가 있는 그림을 주고 그림의 내용을 묘사하게 하는 과제도 많이 활용되는데 이 경우 시간의 흐름이 있는 글, 즉 서사 구조의 글을 쓰는 능력을 측정할 수 있다.

3) 통합형 과제(Integrated task)

쓰기 시험에서는 쓰기 능력만을 측정해야만 한다고 주장하는 입장도 있으나 실제 의사소통상황에서는 언어의 네 기능이 통합되어 사용된다. 따라서 평가 과제의 진정성을 높이기 위해서는 통합형 과제가 개발되어 실시되어야 할 것이다. 통합형 쓰기 과제의 대표적인 예로는 iBT 토플 쓰기 영역 두 번째 과제이다. 이 과제는 기본적으로 대학생들이 강의를 듣고 교재를 읽은 다음 그 내용을 바탕으로 논문을 쓰는 상황을 재연하고 있다. 수험자들은 먼저 해당 주제에 관한 글을 읽고 이어서 관련 강의를 듣는다. 마지막으로 이를 바탕으로 작문을 하게 된다. 작문 하는 과정에서 지문은 계속해서 볼 수 있는데 이는 대학교에서 페이퍼를 작성할 때 책을 참고할 수 있다는 점을 반영하고 있다. 대학생들이 학교에서 수행하는 쓰기 활동과 비슷한 상황을 최대한 재연하려고 한다는 것을 알 수 있다.

4) 응답하는 글쓰기(Response essay)

이 과제는 지문을 제시하고 지문의 내용과 관련된 질문에 답하게 하는 형식의 과제이다. 에세이 시험과 유사한 방식이라고 볼 수 있지만 수험자가 쓸 거리를 제공해준다는 점에서 에세이 시험보다는 좀 더 심도 있는 수험자의 쓰기 능력을 평가하기에 용이하다. 한 번도 생각해 본 적이 없는 주제에 대하여 글을 쓰는 경우가 많지 않고, 대부분의 학문목적의 글쓰기 상황에서 아무런 자료 없이 즉흥적으로 글을 쓰기 보다는 읽은 자료에 대해 의견을 제시하기 때문이다. 또 매우 일반적인 주제가 아니라 자료를 분석한 결과에 근거해서 자신의 의견을 진술할 수 있는 쓰기 능력도 측정할 수 있다. 우리나라 대학입학 전형의 일환으로 실시되는 논술시험이 이런 유형을 취한다. 미국 캘리포니아 주립 대학 신입생들의 작문 실력을 평가하기 위해 실시하는 UC Analytical Writing Placement Exam이 이 형식을 취하고 있다.

Directions: Read carefully the passage and the essay topic. Respond to the topic by writing an essay that is controlled by a central idea and is specifically developed.

You will have two hours to read the passage and to complete your essay. You may underline the passage and make marginal notes as you read. Plan your essay before you begin writing, using the "Notes" side of the blue Information Sheet. Allow time to review and proofread your essay and to make any revisions or corrections you wish.

Your essay will be evaluated on the basis of your ability to develop your central idea, to express yourself clearly, and to use the conventions of written English. The topic has no "correct" response.

Writing that appears on the "Notes" page will not be read.

Essay Topic: How does Kluckhohn explain the differences and similarities among the world's peoples? What do you think about his views? Use examples from your own experience, reading or observation in developing your essay.

Introductory Note: Clyde Kluckhohn (1905-1960) was professor of anthropology at Harvard University. The following passage, adapted from his book Mirror for Man, defines what anthropologists mean by culture and explains culture's influence on how people think, feel and behave.

One of the interesting things about human beings is that they try to understand themselves and their own behavior. While this has been particularly true of Europeans in recent times, there is no group which has not developed a scheme or schemes to explain human actions. To the insistent human query "why?", the most exciting illumination anthropology has to offer is that of the concept of culture. Its explanatory importance is comparable to categories such as evolution in biology, gravity in physics, disease in medicine. Why do so many Chinese dislike milk and milk products? Why during World War II did Japanese soldiers die willingly in a Banzai charge that seemed senseless to Americans? Why do some nations trace descent through the father, others through the mother, still others through both parents? Not because different peoples have different instincts, not because they were destined by God or Fate to different habits, not because the weather is different in China and Japan and the United States. Sometimes shrewd common sense has an answer that is close to that of the anthropologist: "because they were brought up that way." By "culture" anthropology means the total life way of a people, the social legacy individuals acquire from their group. Or culture can be regarded as that part of the environment that is the creation of human beings.

All this does not mean that there is no such thing as raw human nature. The members of all human groups have about the same biological equipment. All people undergo the same poignant life experiences, such as birth, helplessness, illness, old age, and death. The biological potentialities of the species are the blocks with which cultures are built. Some patterns of every culture crystallize around focuses provided by biology: the difference between the sexes, the presence of persons of different ages, the varying physical strength and skill of individuals. The facts of nature also limit culture forms. No culture provides patterns for jumping over trees or for eating iron ore. There is thus no "either-or" between nature and that special form of nurture called culture. The two factors are interdependent. Culture arises out of human nature, and its forms are restricted both by human biology and by natural laws.

5) 포트폴리오 평가(Portfolio assessment)

포트폴리오 평가는 학생들이 산출한 작문을 지속적으로 수집한 다음 이를 분석하여 학습자의 쓰기 능력의 발달을 파악하는 평가 방법이다. 여러 단계에서 결과물을 수집하기 때문에 결과 보다는 과정 중심의 평가 방법이다. 또 대부분의 평가가 한 번의 결과물로 평가하는 것과는 달리 포트폴리오는 수험자의 실력을 판단할 수 있는 여러 가지 자료를 수집한다는 점에서 수험자의 쓰기 능력을 제대로 평가할 가능성이 크고 포트폴리오를 작성하는 과정과 포트폴리오에 포함될 작품을 고르는 과정에서 학습자가 주도적으로 참여하기 때문에 더 교육적이다.

포트폴리오는 몇 가지 유형으로 실시될 수 있다. 학습자의 작품 중에서 최고의 작품만 수집해서 평가하는 전시(showcase) 포트폴리오가 있다면 최종 결과물뿐만 아니라 그 과정에서 산출한 작품까지 포함하여 학습한 과정과 성장을 확인할 수 있는 과정(progress) 포트폴리오도 있다.

학습자가 제출할 작품을 선정하므로 자가 평가의 기회를 제공한다고 볼 수 있으나 수험자가 많은 경우 실행하기 힘들고, 채점상의 어려움이 있다. 특히 수집된 포트폴리오를 평가하는 기준을 설정하는 일은 많은 논의를 필요로 한다.

4. 채점 방법

수험자의 작문은 채점자 훈련을 받은 채점자가 미리 마련된 채점 기준에 따라 채점해야 한다. 먼저 채점 기준은 평가의 목적에 따라 적절하게 제작되어야 하는데 평가의 목적에 따라 주안점을 두어야 하는 채점 영역이 달라지기 때문이다. 또한 과제에 따라서 채점 영역과 기준이 달라지기도 한다.

작문 채점 방법은 전체적으로 평가하여 하나의 점수를 부여하는 총괄적 채점(holistic scoring) 방법과 각 영역별로 점수를 부여한 후 평균을 구하거나 나름의 가중치를 적용하여 총점을 계산해서 최종 점수를 부여하는 분석적 채점(analytic scoring) 방법이 있다. 두 채점 방법 모두 장·단점이 있고 어떤 채점 방법이 더 뛰어나다고 말하기 어려우므로 주어진 평가의 목적과 상황에 따라 적절한 채점 방법을 채택해서 사용해야 한다.

1) 총괄적 채점

총괄적 채점은 여러 가지 채점 요소를 한꺼번에 고려하여 수험자의 작문을 평가하고 단일 점수를 부여하는 방식이다. 채점자가 여러 항목을 일일이 따로 평가하는 분석적 채점에 비해 상대적으로 시간이 짧게 걸리고 작문의 전체적인 인상을 고려한다는 점에서 독자가 실제 상황에서 글을 읽을 때와 비슷한 방식의 평가가 이루어질 수 있다.

총괄적 채점의 대표적인 예로는 ETS에서 토플 시험의 일환으로 실시했던 TWE의 채점기준이나 아래에 제시된 iBT TOEFL 쓰기 영역에 단독 과제의 채점 기준이 있다. 5점에 해당되는 채점 기준의 경우 주어진 과제 수행 정도, 적절한 설명이나 예시, 세부사항 제시를 통한 글의 구성, 글 전개의 일관성, 다양한 구문 사용이나 적절한 어휘 선택, 관용표현 사용과 같은 언어 구사력 등이 고려되어 있음을 알 수 있다.

	Scores
6	**Demonstrates clear competence in writing on both the rhetorical and syntactic levels, though it may have occasional errors.** A paper in this category 　- effectively addresses the writing task 　- is well organized and well developed 　- uses clearly appropriate details to support a thesis or illustrate ideas 　- displays consistent facility in the use of language 　- demonstrates syntactic variety and appropriate word choice
5	**Demonstrates competence in writing on both the rhetorical and syntactic levels, though it will probably have occasional errors.**

	A paper in this category - may address some parts of the task more effectively than others - is generally well organized and developed - uses details to support a thesis or illustrate an idea - displays facility in the use of language - demonstrates some syntactic variety and range of vocabulary
4	**Demonstrates minimal competence in writing on both the rhetorical and syntactic levels.** A paper in this category - addresses the writing topic adequately but may slight parts of the task - is adequately organized and developed - uses some details to support a thesis or illustrate an idea - demonstrates adequate but possibly inconsistent facility with syntax and usage - may contain some errors that occasionally obscure meaning
3	**Demonstrates some developing competence in writing, but it remains flawed on either the rhetorical or syntactic level, or both.** A paper in this category may reveal one or more of the following weaknesses: - Inadequate organization or development - inappropriate or insufficient details to support or illustrate generalizations - a noticeably inappropriate choice of words or word forms - an accumulation of errors in sentence structure and/or usage
2	**Suggests incompetence in writing.** A paper in this category is seriously flawed by one or more of the following weaknesses: - serious disorganization or underdevelopment - little or no detail, or irrelevant specifics - serious and frequent errors in sentence structure or usage - serious problems with focus
1	**Demonstrates incompetence in writing.** A paper in this category - may be incoherent - may be undeveloped - may contain severe and persistent writing errors

총괄적 채점 방식은 채점자가 여러 가지 요소를 종합적으로 고려하여 하나의 점수를 부여하기 때문에 채점이 빨리 진행된다는 장점이 있다. 반면에 총괄적 채점의 약점은 수험자의 쓰기 능력이 여러 영역에서 동일한 수준으로 발달하지 않는다는 데 있다. 예를 들어 한 영역에서는 5점이지만 다른 영역에서는 4점에 해당될 경우 하나의 점수만 부여해야 하기 때문에 어느 영역 점수를 기준으로 최종 점수를 부여해야 할지 판단하기 어렵다. 또 수험자가 어떤 측면에서 뛰어나고 부족한지는 알려주지 못한다.

2) 분석적 채점

분석적 채점에서는 내용이나, 구성과 같은 채점 영역을 결정한 다음 각 영역별로 채점한다. 분석적 채점의 대표적인 예에는 아래에 제시된 Jacobs et al. (1981)이 제안한 채점기준표가 있다.

분석적 채점은 총괄적 채점에 비해서 시간이 오래 걸리는 단점이 있으나 채점자가 각 영역별로 일일이 채점하기 때문에 채점 결과의 신뢰도가 높아진다. 또한 각 영역별로 점수를 부여하므로 수험자에게 진단정보를 줄 수도 있다. 그러나 부분의 합이 전체가 되지 않는 경우가 많으므로 작문의 전체적인 인상을 평가하지 못한다는 약점도 있다.

ESL COMPOSITION PROFILE

STUDENT　　　　　　　　DATE　　　　　　　TOPIC

SCORE	LEVEL	CRITERIA	COMMENTS
CONTENTS	30-27	**EXCELLENT TO VERY GOOD**: knowledgeable ● substantive ● thorough development of thesis ● relevant to assigned topic	
	26-22	**GOOD TO AVERAGE**: some knowledge of subject ● adequate range ● limited development of thesis ● mostly relevant to topic, but lacks detail	
	21-17	**FAIR TO POOR**: limited knowledge of subject ● little substance ● inadequate development of topic	
	16-13	**VERY POOR**: does not show knowledge of subject ● non-substantive ● not pertinent ● OR not enough to evaluate	

ORGANIZATION	20-18	**EXCELLENT TO VERY GOOD**: fluent expression ● ideas clearly stated/supported ● succinct ● well-organized ● logical sequencing ● cohesive
	17-14	**GOOD TO AVERAGE**: somewhat choppy ● loosely organized but main ideas stand out ● limited support ● logical but incomplete sequencing
	13-10	**FAIR TO POOR**: non-fluent ● ideas confused or disconnected ● lacks logical sequencing and development
	9-7	**VERY POOR**: does not communicate ● no organization ● OR not enough to evaluate
VOCABULARY	20-18	**EXCELLENT TO VERY GOOD**: sophisticated range ● effective word/idiom choice and usage ● word form mastery ● appropriate register
	17-14	**GOOD TO AVERAGE**: adequate range ● occasional errors of word/idiom form, choice, usage but meaning not obscured
	13-10	**FAIR TO POOR**: limited range ● frequent errors of word/idiom form, choice, usage ● meaning confused or obscured
	9-7	**VERY POOR**: essentially translation ● little knowledge of English vocabulary, idioms, word form ● OR not enough to evaluate
LANGUAGE USE	25-22	**EXCELLENT TO VERY GOOD**: effective complex constructions ● few errors of agreement, tense, number, word order/function, articles, pronouns, prepositions
	21-18	**GOOD TO AVERAGE**: effective but simple constructions ● minor problems in complex constructions ● several errors of agreement, tense, number, word order/function, articles, pronouns prepositions but meaning seldom obscured
	17-11	**FAIR TO POOR**: major problems in simple/complex constructions ● frequent errors of negation, agreement, tense, number, word order/function, articles, pronouns, prepositions and/or fragments, run-ons, deletions ● meaning confused or obscured
	10-5	**VERY POOR**: virtually no mastery of sentence construction rules ● dominated by errors ● does not communicate ● OR not enough to evaluate
MECHANICS	5	**EXCELLENT TO VERY GOOD**: demonstrates mastery of conventions ● few errors of spelling, punctuation, capitalization, paragraphing
	4	**GOOD TO AVERAGE**: occasional errors of spelling, punctuation, capitalization, paragraphing but meaning not obscured
	3	**FAIR TO POOR**: frequent errors of spelling, punctuation, capitalization, paragraphing ● poor handwriting ● meaning confused or obscured
	2	**VERY POOR**: no mastery of conventions ● dominated by errors of spelling, punctuation, capitalization, paragraphing ● handwriting illegible ● OR not enough to evaluate
TOTAL SCORE	**READER**	**COMMENTS**

Weigle(2002)은 총괄적 채점과 분석적 채점의 특징을 다음과 같이 정리하였다.

〈표 12-1〉 총괄적 채점과 분석적 채점 비교 (Weigle, 2002, p. 121)

Quality	Holistic Scale	Analytic Scale
Reliability	lower than analytic but still acceptable	higher than holistic
Construct Validity	holistic scale assumes that all relevant aspects of writing ability develop at the same rate and can thus be captured in a single score;	analytic scales more appropriate for L2 writers as different aspects of writing ability develop at different

	holistic scores correlate with superficial aspects such as length and handwriting	rates
Practicality	relatively fast and easy	time-consuming; expensive
Impact	single score may mask an uneven writing profile and may be misleading for placement	more scales provide useful diagnostic information for placement and/or instruction; more useful for rater training
Authenticity	White (1995) argues that reading holistically is a more natural process than reading analytically	raters may read holistically and adjust analytic scores to match holistic impression
Interactiveness	n/a	n/a

5. 제작 원리

1) 실제 상황에서 이루어지는 쓰기 활동의 특성을 가능한 한 많이 반영하여야 한다.

주어진 주제에 대하여 생각할 시간이나 수정할 시간도 거의 없는 상황에서 도출된 작문이 수험자의 작문 실력을 제대로 반영한다고 단정하기는 어렵다. 평가의 실용성 측면에서는 좋은 선택일 수 있지만 타당성 측면에서는 에세이 시험이 좋은 선택이라고 보기 힘들다. 손으로 장시간 글을 쓰는 시험 방식의 경우 먼저 많은 경우 쓰기 활동이 컴퓨터로 이루어지고 또 수험자들이 문서 작성 프로그램의 여러 가지 기능을 활용하지 못한다는 점에서 작문 과제의 진정성을 떨어뜨릴 수 있다.

2) 모든 수험자가 쓸거리가 있는 주제를 골라야 한다.
먼저 쓸거리가 충분한지, 채점할 만한 분량의 작문을 할 수 있는지 확인해 보아야 한다. 수험자가 모국어로 쓰기 힘든 과제를 외국어로 작문하는 것은 어렵다고 보아야 한다. 찬반 의견이 분명하고 의견이 첨예하게 대립하고 있는 주제를 제시하는 것도 바람직하지 않다. 이런 경우 채점자도 그 주제에 대한 나름의 견해가 있을 수 있기 때문에 수험자의 의견과 채점자의 의견이 다른 경우 채점 결과에 영향을 미칠 수 있다. 또 수험자가 자기 나름의 새로운 견해를 제시하기 어려워 상투적인 답을 하기 쉽다는 점도 유의해야 한다. 어느 한 편의 입장을 억지로 지지하도록 하기보다는 자신의 견해를 논리적으로 전개할 수 있도록 하여야 한다.

3) 수험자가 상상해서 답을 해야 하는 주제나 다양한 답을 제시하기 힘든 주제는 피해야 한다.
짧은 시간 안에 평소에 생각해 보지 않은 내용이나 상황에 대하여 상상해서 글을 쓰는 것은 쉬운 일이 아니다. 또 시험 상황을 제외하면 상상해서 글을 쓰는 경우도 많지 않다는 점도 고려할 필요가 있다.

4) 과제에 대한 수험자의 정의적 반응을 고려해야 한다.
개인의 경험에 대한 질문을 할 때는 사람에 따라 개인적인 질문에 답하는 것에 부담을 가지는 수험자가 있을 수 있다는 점을 고려해야 한다.

5) 과제 지시문에는 꼭 필요한 정보만 제시되어야 한다.
지나치게 많은 정보가 제시되면 수험자가 할 말이 없을 수도 있고 수험자가 지시문에 나와 있는 표현을 그대로 답안에 옮겨 쓸 수도 있기 때문이다.

6) 지시문에 글의 독자나 내용, 형식에 대한 구체적인 정보를 제시한다.
이런 내용을 결정하느라 수험자가 시간을 허비하지 않게 되고 수험자마다 과제를 다르게 해석해서 다양한 유형의 작문이 제출되어 채점에 어려움을 겪을 수 있다.

7) 작문과제는 실제적이어야 한다.

실제 과제란 수험자가 미래에 수행해야 하는 과제를 뜻한다. 수험자가 미래에 수행하게 되는 과제를 파악한 다음 대표적인 과제가 출제되어야 한다.

8) 채점 기준은 평가의 목적에 따라 선정되어야 하고 과제개발 단계에서 함께 개발되어야 한다.

채점 기준이 수험자에게도 제시되어 그들의 작문이 어떻게 채점될 것인지 알 수 있도록 한다.

9) 여러 문항이 출제될 경우 문항별 점수를 제시해 주어야 한다.

문항의 점수가 제시될 때 수험자는 시간, 자신의 능력, 그리고 배점을 고려하여 자기에게 유리한 문항부터 푸는 전략을 세울 수 있을 것이다.

10) 채점이 제대로 이루어지기 위해서는 채점자 교육이 이루어져야 하고 채점이 제대로 이루어지고 있는지 계속해서 점검이 이루어져야 한다.

채점은 수험자 별로 하지 말고, 문항 별로 실시하여 채점의 일관성을 유지하여야 한다.

6. 맺음말

글을 쓰는 과정은 자기가 쓰고자 하는 내용을 찾아 나가는 발견의 과정으로 글의 내용을 계획하여 쓰고, 읽고, 생각하고, 고치고, 다시 계획하여 쓰는 여러 활동이 반복된다. 쓰기 평가는 수험자가 수행해야 하는 작문 과제를 파악하여 실제 작문 과정이 최대한 보장되는 평가 환경에서 수험자가 본인의 실력을 최대한 발휘할 수 있도록 도와주어야 한다.

참고자료

쓰기 평가에 관한 입문서로는 Weigle(2002)이 대표적이고 작문 시험을 중심으로 쓰기 평가의 이론과 실제를 다룬 Ruth와 Murphy(1988)도 쓰기 평가를 공부하는 사람이라면 반드시 읽어보아야 할 역작이다. 그리고 Assessing Writing은 쓰기평가 분야만을 다룬 학술지이다.

연습문제

1. 다음은 실제 쓰기 작문 과제로 출제되었던 작문 주제입니다. 보완할 점이 있는지 검토해 봅시다(Hughes, 2003; Raimes, 1983; Ruth & Murphy, 1988).

    1) Describe your favorite person.
    2) You have met a man from outer space who have landed on earth near your school playground. He can understand English, but he does not know anything about schools here on earth. Describe your school for him. Tell him about your school building. Tell how the school building looks on the outside and the inside. Tell him about your teacher and your classmates.
    3) Write about an event you wish you had witnessed or could witness. The event can be real or imagined; the time of the event can be past, present, or future. Make it clear why the event is significant to you.
    4) Men are superior to women. Agee or disagree with the statement, giving reasons for your opinion.
    5) Explain your agreement or disagreement with the following statement: The history of women in our country is the history of oppression.
    6) Write about the advantages and disadvantages of being born into a wealthy family.
    7) You are writing to your pen pal's mother and telling her about your room. You do not like your room much at the moment and you want to make changes, so you want your pen pal's mother to "see" what is

wrong with your room.

2. 다음 수험생이 쓴 작문을 본문에 제시된 TOEFL 쓰기 영역의 채점 기준에 따라 채점해 보고 옆 사람과 그 결과를 비교해 봅시다.

TOPIC:

Supporters of technology say that it solves problems and makes life better. Opponents argue that technology creates new problems that may threaten or damage the quality of life. Using one or two examples, discuss these two positions. Which view of technology do you support? Why?

Essay 1

I agree with the opponents of technology say that technology creates new problems that may threaten or damage the quality of life. The most serious problem is the pollution. Toxic wastes are being dumped into rivers, lakes and even out atmosphere. Fish and other marine live cannot survive in polluted rivers and oceans. Also, toxic gases are being produced by cars, factories and planes. This is the main source which causes the acid rain. Acid rain has done a great damage to the forest that the quanlity of trees are reducing day by day. The ozone layer - a protective layer that surrounding us in the atmosphere is carring away by wasted chemicals. That means we are losing our protective layer and letting ultrovoilet to pass through. And for us, we are breathing in a lot of polluted air which may make us ill or sometimes may cause death.

Technology may solve a lot of problems but the point is the result of technology gives us disavantages more than avantages. So I am on the side of the opponents.

Essay 2

In my own points of view I support technology can solve problems and makes life better such as development of computer. Computer helps human solves thousands of problems especially science. A lot of calculation was so complex. It is impossible count them from normal method. It should use a very fast computer in order to compute it. Super conductor, one of the hot technology topic. A lot of siencists study this kind of stuff. It is a very important stuff. If we can use it in normal way, that is wonderful. We can easily solve the big problem, "energy". Because super conductor has a special mental, it can pass through the energy without lossing. It is a Hi-technology's symbol.

But technology also created a lot of problems such as industary unless thing. Human feel dizzy from them. A lot of vehicles running on the road, creating much CO2, affect the earth's nature condition. Recently, the weather was so bad, because of the CO2. CO2 blocks the sun light. So the weather was inconsiderable.

Finally, I support technology. Because it is more benefit.

Essay 3

These are several viewpoints on the implications of technological change and advancement and such schools of thought which considerably vary have their respective validity. Technological change has its advantages and disadvantages. For one, it is true that it partly solves problems and makes life better. At the same time, technological changes may likely create new problems thereby threatening or damaging quality of life. In the developing economies, for instance, technological advantages has both its merits and demerits. The introduction and seeming acceptability and usefulness of computers have somehow helped increase the efficiency of several firms. It is not only in the industrial sector that technological change proven to be very effective. In the agricultural sector, for example, the introduction of new technologies in increasing production has been very effective in expanding agricultural produce. These are just a few examples to illustrate the advantages of technological advancement.

On the other hand, countries should be more careful on their choice of technology since it must be noted that while certain types of technology are adaptable to developed economies the same type of technology may not fit the environment of developing countries due to differing economic, social, cultural, and political factors. For example, infrastructure improvements such as a construction of irrigation dam in the mountains of the philippines where several natives reside may likely be resisted by the population due to cultural factors. They may prefer not to prefer not to have such improvements in view of traditional values. Another example is the pollution impact of some technological improvements particularly in the industrial sectors.

The choice and adaptability of new technology should therefore be carefully studied. The short, medium, and long term impact of such technology is very important particulary for developing economies. The benefits should always be greater than the costs.

I am inclined to support both positions because both views have their own validity. However, I am more convinced that technological advancement is highly beneficial to countries so long as they are aware of the disadvantages of such technology.

Essay 4

Technology by definetion refers to the improvement of the technical know how and advancement of machinery to improve the working systems in the human society. In a way this looks a very good idea in that man's work would be made much faster and less laborious. Machines which are the main implements of technology have a major advantage to mans' ways of life. Take for example an aeroplane, which being a product of advance in tecnology has made all corners of the earth look like they are only centimetres apart. It has made the means of communication which prior to its development was very difficult much easier and less risky. Travelling to many parts of the world which are very many miles apart now only takes a few hours or days whereas this used to take days or even months.

    On the other hand technology has created a number of new harzards to the health of societies.

The machines make life easy but also expose people to new problems. In the example considered above transportation has become easier by planes but these planes also expose people to accidents which have become so numerous and claim many lives daily. As we all know that a majority of these machines use fuel and that to use the fuel it has to burn there are new products which we introduced into our environment. These new products include gases from automobiles which pollute the air we breathe. These gases expose us to lung diseases, cancers and number of new ailments which have not yet been fully explored.

    In conclusion I think that although advances in technology may seem favorable there are alot of harzards which it introduces into our ways of life.

제13장
말하기 평가

> **생각해보기**
>
> 두 명의 수험자가 서로 질문을 주고받으면서 과업을 수행하는 말하기 평가에서 상대방 수험자가 발언권을 독점하거나 말하기 실력이 부족해서 대화가 제대로 이루어지지 않아서 자기 실력보다 점수가 낮게 나온다고 항의하는 수험자가 있습니다. 상대방 수험자가 누구인가에 따라서 실제로 시험 결과가 달라질까요?
> (Davis, 2009)

세계화가 급격하게 진행되면서 서로 다른 언어를 구사하는 사람들이 만나는 기회가 증가하면서 말하기 능력의 중요성도 점점 더 커지고 있다. 우리나라에서도 최근 들어 채용 시에 말하기 평가 결과를 요구하는 기업이 많아지면서 각종 말하기 시험에 응시하는 수험자의 수가 급증하고 있다.

　본 장에서는 먼저 말하기 능력의 특성에 대해서 살펴보고 기존의 평가에서 말하기가 어떻게 평가되고 있는지도 알아본다. 이어서 말하기를 평가할 수 있는 다양한 방법과 채점 방법을 비롯하여 말하기 평가를 제작하거나 채점할 때 고려해야 하는 원칙을 검토해본다.

1. 말하기 능력

　말하기의 가장 큰 특징은 대부분의 의사소통 상황에서 동시에 이루어진다는 점이다. 쓰기의 경우 쓸 내용을 생각하고 글을 쓰고 수정하는 과정을 거칠 수 있고 독자의 경우에도 본인이 원하는 시간에 글을 읽을 수 있다. 그러나 말하기의 경우 대부분의 상황에서 상대방의 말을 바로 알아듣고 즉각적으로 응답을 해야 하기 때문에 읽기나 쓰기에 비해 훨씬 더 실시간으로 이루어진다.

　언어적인 측면에서 보면 말하기는 쓰기에 비해서 격식을 덜 차리는 경우가 많고 반복되는 경향이 있으며 완벽한 문장으로 말을 하는 경우도 많지 않다. 또한 문법에 맞지 않는 말을 할 때도 있으며 독립된 문장 보다는 연결어로 계속 이어 말하는 경우가 많다.

　말하는 대상이나 상황에 따라서 어느 정도 정중하게 말을 해야 하는지 결정되고, 해서는 될 말과 해서는 안 되는 말을 구별해서 할 수 있는 능력도 요구된다. 마지막으로 글자 그대로의 의미도 중요하지만 해당 표현이 가지는 여러 가지 의미를 상황에 따라 적절하게 파악할 수 있어야 한다.

예를 들어 아래 대화를 보자.

> A: It's cold here.
> B: Okay. I will close the window.

이 대화에서 B의 응답을 보면 A가 한 말을 글자 그대로 단순히 춥다고만 이해하지 않고 추운 날씨인데도 창문이 열려 있었고 창문을 닫아주기를 바라는 A의 의도를 B가 파악해서 창문을 닫겠다고 응답하고 있다.

2. 조작적 정의

말하기 능력도 대개 말하기 기능의 하위 기능을 파악하는 방식으로 정의되고 있다. 예를 들어 Common European Framework에서는 말하기 하위 기능을 크게 다음 여섯 가지로 제시하고 있다.

- giving and asking for factual information, e.g. describing, reporting, asking;
- expressing and asking about attitudes, e.g. agreement/disagreement, knowledge/ignorance, ability, permission;
- suasion, e.g. suggesting, requesting, warning;
- socialising, e.g. attracting attention, addressing, greeting, introducing;
- structuring discourse, e.g. opening, summarising, changing the theme, closing;
- communication repairs, e.g. signalling non-understanding, appealing for assistance, paraphrasing.

iBT 토플의 말하기 영역은 시험의 목적에 맞게 대학교에서 생활하는데 요구되는 말하기 능력, 즉 강의실 안과 밖에서 생활하는데 필요한 말하기 능력을 측정하는 시험이다. 이 시험이 측정하는 구체적인 말하기 기능도 강의실 안에서 요구되는 기능과 강의실 밖에서 요구되는 기능으로 구분되어 있다. 먼저 강의실에서는 다음과 같은 말하기 기능을 수행할 수 있어야 한다고 정의하고 있다.

- respond to questions
- participate in academic discussions with other students
- synthesize and summarize what they have read in their textbooks and heard in class
- express their views on topics under discussion

한편 강의실 밖, 일상생활에서 필요로 하는 말하기 기능을 다음과 같이 규정하고 있다.

- participate in casual conversations
- express their opinions
- communicate with people in such places as the bookstore, the library, and the housing office

이런 기준에 따라서 다음과 같은 과제가 제시된다.

〈표 13-1〉 iBT TOEFL 말하기 영역 구성

Task Type	Task Description
Independent Tasks	
1. Personal Preference	to express and defend a personal choice from a given category
2. Choice	to make and defend a personal choice between two contrasting behaviors or courses of action
Integrated Tasks	
3. Campus Situation Topic: Fit and Explain	to summarize the speaker's opinion within the context of the reading passage
4. Academic Course Topic: General/Specific	to combine and convey important information from the reading passage and the lecture excerpt

5. Campus Situation Topic: Problem/Solution	to demonstrate an understanding of the problem and to express an opinion about solving the problem
6. Academic Course Topic: Summary	to summarize the lecture and demonstrate an understanding of the relationship between the examples and the overall topic

3. 평가 방법

말하기 능력을 측정하기 위해 사용되는 대표적인 방법에는 다음과 같은 방법이 있다.

1) 소리 내어 읽기(Read-aloud)

첫 번째 평가 방법은 수험자가 주어진 문장이나 단락을 소리 내어 읽는 방법이다. 예를 들어 전화로 말하기 실력을 평가하는 PhonePass 시험에 소리내어 읽기 문항이 포함되어 있다.

Part A Reading: Please read the sentences as you are instructed.

Now read sentence 5
Larry's next door neighbor is awful.

Now read sentence 4.
Most people still want to drive their cars, though.

TOEIC Speaking 시험에도 한 단락을 소리 내어 읽는 문항이 포함되어 있다.

Directions:

In this part of the test, you will read aloud the text on the screen.
You will have 45 seconds to prepare.
Then you will have 45 seconds to read the text aloud.

If you're shopping, sightseeing and running around every minute, your vacation can seem like hard work. To avoid vacation stress, come to the Blue Valley Inn on beautiful Lake Meed. While staying at our inn, you'll breathe clean country air as you view spectacular sights. With its spacious rooms, swimming pool, and many outdoor activities, the Inn is the perfect place for a vacation you won't forget.

The Blue Valley Inn prides itself on the personal attention it provides to every guest. The Blue Valley motto has always been "A happy guest is our greatest treasure".

(ETS, 2008)

문장을 소리 내어 읽는 능력과 실제로 말을 하는 능력에는 차이가 크다. 또한 일상생활에서 실제로 문장이나 단락을 정확하게 소리 내어 읽는 경우는 드물다. 이런 점에서, 소리내어 읽기 문항은 진정성이 높은 과제라고는 보기 힘들 것이다.

한편 항공종사자 영어 평가(English Proficiency Tests for Aviation) 시험에는 무선통신 메시지를 읽는 과제가 나온다.

Task 2. Read-back Radiotelephony Messages

Directions: Read each message loudly and clearly. You have 20 to 40 seconds to read each message, depending on the time allotted. Begin speaking after the prompt.

> Now read Message A.
>
> a. Kimpo approach, hold between ANYANG and DAEBU 8,00ft turn left, Sam Air 889. (20″)
>
> Stop. Now read Message B
> b. Cleared straight in ILS approach runway 28 descend to 3,000 ft, QNH 1011 hpa, wilco Air Asia 723. (20″)
>
> Stop. Now read Message C
> c. Western 813, holding, after departure climb straight ahead to altitude 2,500 ft before turning right. (20″)
>
> Stop. Now read Message D
> d. Mayday, mayday, mayday, Incheon tower Hook-Air engine failed, will attempt to land your field, 5 miles south, 4000 ft heading 360. (20″)
>
> Stop. Now read Message E
> e. Tower Good Air 880 at minima. No contact making go around. (20″)
>
> (G-TELP KOREA, 2007)

이 과제의 경우, 수험자가 읽는 문장은 조종사의 업무와 연관성이 매우 높지만 실제 상황에서는 조종사가 미리 적어둔 문장을 읽는 것이 아니라 즉석에서 상황을 말로 표현하는 업무를 수행하기 때문에 이 과제 또한 상황적 진정성이 높다고 보기 힘들다.

2) 그림 묘사(Picture description) 과제

그림을 묘사하는 과제는 반직접 말하기 평가에서 많이 사용되는 평가 방법이다. 수험자에게 사진이나 지도, 그래프를 제시하고 주어진 시간 내에 해당 외국어로 묘사하게 하는 방식의 과제이다.

iBT 토플 시험이 도입되기 전에 ETS가 실시했던 TSE에 포함되었던 과제들이 대표적인 예이다. 이 과제는 그림을 바탕으로 순서대로 그림을 묘사하게 해서 수험자가 사건이나 경험을 시간 순서에 맞추어 말할 수 있는 능력을 측정하고 있다. 또한 그림을 바탕으로 두 가지 질문을 추가로 제시하고 있다.

4. Tell me the story that the pictures show. (60 seconds)

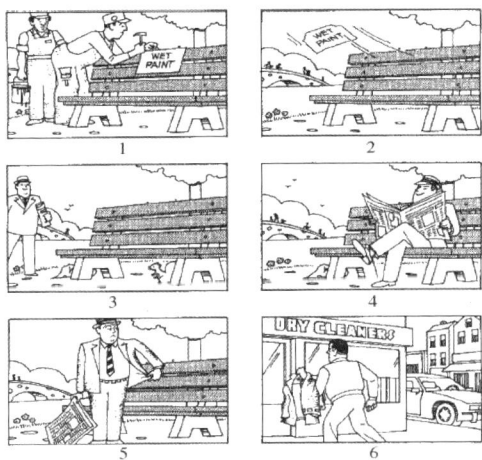

5. What could the painters have done to prevent this? (30 seconds)

6. Imagine that this happens to you. After you have taken the suit to the dry cleaners, you find out that you need to wear the suit the next morning. The dry cleaning service usually takes two days. Call the dry cleaners and try to persuade them to have the suit ready later today. (45 seconds)

(ETS, 2001)

차트를 묘사하는 문항도 많이 출제되는데 아래에 제시된 TSE의 과제가 좋은 예이다.

---

10. The graph below presents the actual and projected percentage of the world population living in cities from 1950 to 2010. Tell me about the information given in the graph. (60 seconds)

11. What might this information mean for the future? (45 seconds)

percentage of the world population: living in cities 1950~2010

[그래프: y축 Projected 10~90, x축 Year 1950~2010, Percentage 선이 1950년 약 30에서 2010년 약 55까지 증가]

(ETS, 2001)

이 경우, 그래프 내용을 파악하는 능력이 평가가 측정하는 능력에 포함되지 않는다면 내용파악이 쉬운 그래프가 제시되어야 할 것이다. Xi(2010)에 따르면 같은 내용이라고 하더라도 그래프를 어떻게 그리느냐에 따라서 수험자의 말하기 점수에 차이가 난다. 따라서 모든 수험자가 큰 어려움 없이 묘사할 수 있도록 출제되어야 할 것이다.

3) 구술 면접(Oral proficiency interview)

지금까지 소개한 평가 방법이 수험자 혼자 말을 하는 반직접 말하기 평가 방식이라면 구술 면접 시험은 수험자와 시험관이 대화를 주고받는다는 점에서 차이가 난다.

구술 면접은 크게 준비(warm-up), 수준탐색(level-checks), 수준확인(probe), 그리고 종료(wind-down) 단계로 이루어진다. 각 단계에서는 다음과 같은 일이 진행된다.

(1) Warm-up: First portion of interview, less than three minutes long, with the purpose of making the interviewee feel comfortable. It consists of greetings, and exchanging of everyday social amenities;

(2) Level Check: Second portion of interview, which consists of checking the highest level of proficiency of the interviewee. If during the level check, the interviewer notices that the level is not the one expected, s/he will adjust the level of the questions either upward or downward. This phase is repeated several times during the interview and alternates with the probe phase;

(3) Probes: Probes are questions designed to spur a language level higher than the one expected. If the probe is successful, the interviewer can start level checking at this higher level; if the probe is not successful then this is a good indicator that the interviewee's proficiency is at the level expected. The probes should be alternated with level checks, to establish the right rating;

(4) Wind-down: Last portion of interview (few minutes), back at the level at which the interviewee functions best. The interviewer ends the conversation thanking the interviewee. This termination resembles the way in which conversations normally end in authentic situations.

구술 면접이 이루어지는 대표적인 시험으로 IELTS 말하기 영역이 있다. IELTS 말하기 영역은 크게 세 단계로 이루어진다.

PART 1

The examiner asks the candidate about him/herself, his/her home, work or studies and other familiar topics.

EXAMPLE

Your country
- Which part of your country do most people live in?
- Tell me about the main industries there.
- How easy is it to travel around your country?
- Has your country changed much since you were a child?

PART 2

Describe a well-known person you like or admire.
You should say:
    who this person is
    what this person has done
    why this person is well known
and explain why you admire this person.

You will have to talk about the topic for one to two minutes.

You have one minute to think about what you're going to say.
You can make some notes to help you if you wish.

PART 3

Discussion topics:

Famous people in your country

Example questions:
What kind of people become famous people these days?
Is this different from the kind of achievement that made people famous in the past?
In what way?
How do you think people will become famous in the future?

Being in the public eye

Example questions:
What are the good things about being famous? Are there any disadvantages?
How does the media in your country treat famous people?
Why do you think ordinary people are interested in the lives of famous people?

(Cambridge, 2006)

구술 면접을 실시하는 또 다른 시험으로는 ACTFL Oral Proficiency Interview가 있다.

> **About the ACTFL OPI**
>
> The ACTFL Oral proficiency Interview, or ACTFL OPI as it is often called, is a standardized procedure for the global assessment of functional speaking ability. It is a face-to-face or telephonic interview between a certified ACTFL tester and an examinee that determines how well a person speaks a language by comparing his or her performance of specific communication tasks with the criteria for each of ten proficiency levels described in the ACTFL Proficiency Guidelines-Speaking (Revised 1999). The ten proficiency levels are:
>
> | | |
> |---|---|
> | Superior | Intermediate Mid |
> | Advanced High | Intermediate Low |
> | Advanced Mid | Novice High |
> | Advanced Low | Novice Mid |
> | Intermediate High | Novice Low |
>
> Since the ACTFL OPI is an assessment of functional speaking ability, independent of any specific curriculum, it is irrelevant when, where, why and under what conditions the candidate acquired his/her speaking ability in the language.

간접평가 방식이 유행하던 시기에는 구술 면접 방식에 대한 긍정적인 평가가 많았으나 구술 면접 시험의 특성에 대한 연구가 진행되면서 여러 가지 측면에서 한계점이 지적되고 있다. 가장 많이 지적되는 문제는 대화가 이루어지기는 하지만 실제로 이루어지는 대화와 여러 측면에서 차이가 난다는 점이다. 예를 들어 서로 대화를 주고받는 일상적인 대화와는 달리 면접관이 일방적으로 질문하면 수험자가 답을 하는 형식으로 진행되고 대화의 주제도 면접관이 갑자기 변경하는 경우가 있다. 한마디로 면접관과 수험자 사이에 일방적인 역할관계가 성립되는 것이다. 또한 채점 기준의 타당성에 관한 문제도 계속 제기되고 있다.

4) 수험자간 협동과제(Peer interaction)

구술 면접 시험이 수험자와 시험관이라는 역할관계가 작용하여 일상적인 대화와는 다른 의사소통이 이루어진다는 문제점을 극복할 수 있는 방안의 하나로 제안된 방법이 수험자간 협동과제 평가이다. 시험관과 수험자가 아니라 두세 명의 수험자가 같이 대화하는 방식으로 진행된다. 대표적인 예가 First Certificate of English(FCE) 말하기 영역에 있는 협력과제(collaborative task)이다.

PART 3 Collaborative Task (3 Minutes)

The part of the test consists of a two-way discussion between the candidates, developed around a topic-based visual stimulus. These visuals can be either photographs or artwork and are supported by spoken and written prompts. The candidates are given a task which involves discussing each visual in turn in order to express and justify opinions, evaluate and speculate, and work towards reaching a negotiated conclusion towards the end of the task. Tasks are designed to be accessible to the candidates and do not require specific knowledge of the world.

This part forms the basis for the questions in Part 4 and tests the candidate's ability to sustain an interaction, exchange ideas, express and justify opinions, agree and/or disagree, make suggestions, speculate, evaluate and work towards a negotiated outcome.

(Cambridge, 2010)

이 시험 방식의 경우 과제를 함께 수행하는 동료 수험자에 따라서 시험 결과가 달라질 수도 있다는 점에서 우려를 표하는 수험자가 많다. 상대방 수험자의 능숙도가 너무 높으면 상대방이 대화를 주도해 나가거나 상대적으로 실력이 낮아 보일 수도 있고 반대로 상대방이 대화를 주고받을 정도의 영어 구사력이 없어서 본인의 실력을 발휘할 수 있는 기회를 가지지 못할 수도 있다. 또한 상대방이 대화를 독점하는 경우가 발생할 수도 있다. 물론 이런 문제 상황이 실제로 수험자의 과제 수행에 부정적인 영향을 미치지 않을 수도 있지만 이 과제에 대한 수험자들의 인식에 부정적인 영향을 미치는 경우가 있을 수 있다. 한편 두 명이 아니라 서너 명의 수험자가 과업을 수행하는 그룹평가(Group Testing)도 실시되고 있다.

5) 의견제시하기(Monologue)

반직접평가에서 제시된 자료와 관련된 질문에 답을 하거나 어떤 주제에 대해서 개인 의견을 말하게 하는 평가 방식이다. 예를 들어 TOEIC Speaking에 다음과 같은 과제가 나온다.

Directions: In this part of the test, you will be presented with a problem and asked to propose a solution. You will have 30 seconds to prepare. Then you will have 60 seconds to speak.

Respond as if you work at the bank.
In your response, be sure to show that you recognize the problem, and propose a way of dealing with the problem.

Now listen to the voice message.

You hear:

> Hi, this is Marsha Syms. I'm calling about my bank card. I went to the bank machine early this morning, you know-the ATM-because the bank was closed, so only the machine was open. Anyway, I put my card in the machine and got my money out, but then my card didn't come out of the machine. I got my receipt and my money, but then my bank card just didn't come out. And I'm leaving for my vacation tonight so I'm really going to need it. I had to get to work early this morning and couldn't wait around for the bank to open. Could you call me here at work and let me know how to get my bank card back? I'm really busy today and really need you to call me soon. I can't go on vacation without my bank card. This is Marsha Syms at 555-1234. Thanks.
>
> (ETS, 2010)

단순히 주어진 주제에 답하게 하기 보다는 문제 상황을 듣고 해결책을 말하게 하는 흥미로운 과제이다.

6) 역할극(Role play)

수업 시간에 많이 실시되는 역할극이 말하기 평가에서도 활용된다. 역할극은 특수목적을 위한 언어 평가에서 도입되어 사용되는 평가방법이다. 예를 들어 영어가 모국어가 아닌 의료 인력을 선발하기 위해 호주에서 개발하였던 Occupational English Test의 경우 수험자가 의사가 되어 환자 역할을 하는 사람과 역할극을 수행하도록 설계되었다. 실제 상황을 연출하려고 한다는 점에서 진정성이 높은 과제라고 할 수 있다. 이 시험의 역할카드가 아래에 제시되어 있다.

그러나 학교 평가에서 이미 암기한 내용으로 역할극을 수행하거나 직접 대본을 작성한 다음 수행하는 역할극의 경우 암기해서 과제를 수행한다는 점에서 앞에 소개된 시험에 비해서는 진정성이 낮다고 볼 수 있다.

실생활에서 두 사람이 자기가 할 말을 다 외워서 말하는 경우는 거의 없기 때문이다.

CANDIDATE'S CARD

Setting: Hospital clinic.
Patient: An elderly person who is recovering from a stroke (CVA). The patient is making slow progress in learning to walk again.

Task:　Talk to the patient about the following pieces of equipment
　　　　• a wheelchair
　　　　• a walking frame
　　　　• a walking stick

　　　　Explain the advantages and disadvantages of each one.

　　　　You would like the patient to be as independent in his or her movements as possible. You feel the frame is not appropriate.

　　　　You want the patient to have a stick. You do not want the patient to have a wheelchair at this stage.

ROLE PLAYER'S CARD

Setting: Hospital clinic.
Patient: Your are elderly person who is recovering from a stroke. You feel you are making painfully slow progress, and don't really expect to be able to walk again.

Task:　You feel you should be allowed to have a wheelchair.

　　　　Ask the physiotherapist when you will be given a wheelchair.

> Insist on your need for this equipment. Explain that you feel that the painful exercises you are doing at the moment are pointless, and that you are pessimistic about your chances of making real progress.
>
> Be difficult!

7) 정보차 활동(Information gap activity)

정보차 활동은 서로 다른 정보를 가지고 있는 두 명의 학습자가 자신이 가지고 있지 않은 정보에 대해 서로 묻고 답하는 활동으로 말하기 수업시간에 많이 사용하는 활동이다. 이 활동을 말하기 평가에도 활용할 수 있다.

8) 프리젠테이션(Presentation)

학교나 기업, 공공기관 등 다양한 분야에서 프리젠테이션 하는 기회가 많아지면서 효과적으로 발표할 수 있는 능력의 중요성이 점점 더 커지고 있다. 따라서 수험자가 발표 내용을 제한된 시간 내에 준비해서 발표하는 프리젠테이션 과제도 말하기 능력 평가 도구로 활용될 가능성이 크다. 물론 프리젠테이션 평가에서 평가하고자 하는 능력의 정의에 따라 달라지겠지만 발표 내용에 대하여 수험자에게 질문을 하는 순서를 포함하여 질문의 요지를 파악하고 적절하게 응답할 수 있는 능력이 있는지도 평가할 필요가 있다.

9) 토론(Debate)

최근 들어 토론 형식의 말하기 평가에 대한 관심이 커지고 있다. 토론은 주어진 주제에 대하여 팀을 나누어 서로 반대되는 의견을 개진하고 다른 팀의 발표 내용에 질문이나 반박을 하고 상대방은 응답을 하는 방식으로 진행된다.

4. 채점 방법

말하기 영역 채점도 쓰기 영역처럼 총괄적 채점 방식과 분석적 채점 방식으로 나눌 수 있다. 총괄적 채점 기준의 대표적인 예는 ACTFL scale 이다. 이 시험의 경우 총 10등급이 있고 각 등급마다 아래와 같은 기준이 상세화되어 있다.

INTERMEDIATE LOW

Speakers at the Intermediate-Low level are able to handle successfully a limited number of uncomplicated communicative tasks by creating with the language in straightforward social situations. Conversation is restricted to some of the concrete exchanges and predictable topics necessary for survival in the target language culture. These topics relate to basis personal information covering, for example, self and family, some daily activities and personal preferences, as well as to some immediate needs, such as ordering food and making simple purchases. At the Intermediate-Low level, speakers are primarily reactive and struggle to answer direct questions or requests for information, but they are also able to asks a few appropriate questions.

Intermediate-Low speakers express personal meaning by combining and recombining into short statements what they know and what they hear from their interlocutors. Their utterances are often filled with hesitancy and inaccuracies as they search for appropriate linguistic forms and vocabulary while attempting to give form to the message. Their speech is characterized by frequent pauses, ineffective reformulations and self-corrections Their pronunciation, vocabulary and syntax are strongly influenced by their first language but, in spite of frequent misunderstanding that require repetition or rephrasing. Intermediate-Low speakers can generally be understood by

> sympathetic interlocutors, particularly by those accustomed to dealing with non-natives.

ACTFL scale은 전 세계적으로 가장 많이 사용되는 채점 기준이지만 실증적 연구에 기반을 둔 채점 기준이 아니라는 점에서 비판을 받기도 한다(Bachman, 1988; Bachman & Savignon, 1986). 또한 지나치게 광범위하여 수험자나 시험 결과를 활용하는 사람들에게 도움이 되는 구체적인 정보를 제공하기 힘들다.

한편, 분석적 채점 방식을 사용하는 말하기 평가의 예로는 Common European Framework of Reference (CEF) 척도가 있는데 예를 들어 가장 최상급인 C2레벨의 척도는 다음과 같다.

〈표 13-2〉 최상급 C2레벨의 척도

	C2
RANGE	Shows great flexibility reformulating ideas in differing linguistic forms to convey finer shades of meaning precisely, to give emphasis, to differentiate and to eliminate ambiguity. Also has a good command of idiomatic expressions and colloquialisms.
ACCURACY	Maintains consistent grammatical control of complex language, even while attention is otherwise engaged (e.g. in forward planning, in monitoring others' reactions).
FLUENCY	Can express him/herself spontaneously at length with a natural colloquial flow, avoiding or backtracking around any difficulty so smoothly that the interlocutor is hardly aware of it.
INTERACTION	Can interact with ease and skill, picking up and using non-verbal and intonational cues apparently effortlessly. Can interweave his/her contribution into the joint discourse with fully natural turntaking, interacting, allusion making etc.
COHERENCE	Can create coherent and cohesive discourse making full and appropriate use of a variety of organisational patterns and a wide range of connectors and other cohesive devices.

5. 제작 원리

1) 수험자의 말하기 능력을 평가할 수 있는 가장 좋은 방법은 직접 말을 하게 하는 방법이다.

말하기 평가의 경우 간접평가 방식을 활용하여 아무리 많은 문제를 풀게 하여도 그 결과로 수험자가 실제로 해당 목표어로 말을 할 수 있다고 확신하기 어렵기 때문이다.

2) 수험자가 미래에 수행할 과제를 조사한 다음 대표적인 과제를 선정하여 가능한 한 많이 출제해야 한다.

실시되고 있는 말하기 평가도구를 보면 비슷한 과제로 구성되어 있는 경우가 많은데 이는 바람직하지 않다.

3) 평가의 목적에 따라서 직접평가 방식과 반직접평가 방식을 선택하여야 한다.

반직접평가 방식의 경우 직접평가에 비해 실용도는 높을지 모르지만 수험자가 다른 사람과 실제로 상호작용할 수 있는 능력을 측정하기는 힘들다는 점을 염두에 두어야 한다.

4) 평가 방식의 단점을 고려해야 한다.

구술 면접 방식의 경우 시험관과 수험자가 직접 의사소통을 하고 훈련된 시험관이 진행하기 때문에 평가 시행의 일관성을 유지할 수 있지만 수험자끼리 말하기 과업을 수행하게 할 경우 상대방 수험자의 특성이 평가 결과에 영향을 미칠 수도 있다는 점에 유의해야 한다.

5) 통합형 문항을 출제하는 것도 바람직하다.

실제 의사소통 상황에서 언어 기능이 통합되어 사용되고 있는 현실을 고려해야 할 것이다.

6) 채점은 주어진 평가 상황이나 목적에 따라 적절하게 선정되어야 한다. 무작정 세부 채점 항목이 많다고 해서 채점이 정확해 지는 것은 아니다. 채점 영역도 평가의 목적에 따라 설정되어야한다.

7) 원어민이 최상급의 도달 목표가 되어야 하는지 검토가 필요하다.
원어민 수준이 어느 정도인지 구체적으로 정의내리기도 어렵고 대부분의 수험자가 도달할 수 없는 수준이기 때문이다(김현주, 2007; 신동일, 2006). 그러나 원어민 영어가 기준이 되지 않을 경우 어떤 기준으로 평가할 것인가라는 문제가 발생한다. 한국인으로서 영어를 제일 잘 구사하는 수준이 어느 수준인지 규명해야 하는 더 어려운 문제에 직면하기 때문이다.

8) 다양한 언어 사용의 현실을 반영하여야 한다.
수험자의 다양한 액센트나 다양한 유형의 영어를 어떻게 평가할 것인지 결정해 두어야 한다. 예를 들어 어떤 발음을 평가의 표준으로 삼아야 할지, 이해할 수 있는 정도를 어떤 기준으로 판단해야 하는지 기준을 세워야 한다.

9) 수험자의 정의적인 측면을 고려해야 한다.
수험자가 안정감을 느낄 수 있는 쾌적하고 편안한 환경을 제공하고, 지나치게 긴장해서 실력을 제대로 발휘하지 못하는 일이 발생하지 않도록 준비 단계에서 최대한 긴장을 풀게 해주고 친밀감을 갖도록 해야 한다. 특히 공격적이거나 대화를 주도하고자 하는 특성을 가진 면접관이 수험자에게 불안감을 조성해서는 안 된다.

10) 채점자를 엄격한 기준에 따라 선발하고 반드시 채점자 훈련을 실시

해야 한다.

수험자가 해당 언어를 얼마나 잘 구사하는지를 판단하기 위해서는 수험자가 산출한 시험 결과물을 평가할 채점자가 필요하다. 채점자는 당연히 해당 언어를 구사하는데 문제가 없어야 하므로 채점자 훈련을 받은 원어민 채점자가 가장 이상적이지만 제 2언어가 아닌 외국어 상황에서 원어민 채점자를 확보하기 어려운 경우 언어 구사력이 뛰어난 비원어민 채점자가 채점에 참여할 수도 있다. 이 경우 비원어민 채점자가 원어민 채점자처럼 채점을 수행해 낼 수 있는지를 확인하는 절차를 거쳐야 한다.

원어민이라고 해도 채점자 훈련 없이는 좋은 채점자가 될 수 없기 때문에 채점자 훈련을 받아야 하고 제대로 채점하는지 지속적인 확인이 이루어져야 하는 것처럼 비원어민 채점자도 원어민 채점자처럼 채점할 수 있고 제대로 채점하고 있는지 확인하는 절차가 필수적이다. 한국어 말하기 시험을 채점하는 외국인 채점자의 모습을 그려보면 이 문제가 단순한 문제가 아니라는 점을 쉽게 알 수 있다. 어느 정도의 외국어를 구사할 때 원어민 수준으로 채점할 수 있는지, 상대적으로 더 어려움을 겪는 채점 영역은 없는지, 어느 수준의 수험자까지 채점할 수 있는지 등을 사전에 확인해 보아야 한다. 또 채점이 제대로 실시되었다는 증거를 제시하여야 할 것이다. 준비가 제대로 되지 않은 상태에서 평가와 채점을 실시하면 잘못된 채점 결과와 결정으로 이어질 수 있다는 점에 유의해야 한다.

11) 수험자에게 준비하는 시간을 주어야 한다.

실제 의사소통 상황에 참여하여 말을 해야 하는 사람들은 대화가 이루어지는 상황과 주제, 상대방에 대하여 알고 있기 때문에 본인이 어떻게 말을 해야 할지 판단할 수 있는 여러 가지 정보를 알고 있다. 그러나 평가 상황에서는 말을 해야 하는 주제나 형식이 일방적으로 주어지므로 수험자에게 준비할 수 있는 시간을 충분히 주어야 한다.

6. 맺음말

수험자의 말하기 능력을 평가하는 도구가 많이 개발되어 실시되고 있지만 평가 방식은 반직접평가나 구술 면접과 같은 몇 가지 형식에 국한되어 있는 실정이다. 수험자가 목표로 하는 의사소통영역에서 수행해야 하는 말하기 과제를 파악하고 그 과제를 수행할 능력이 있는지를 파악하는 다양한 평가 방식을 개발해서 실시되어야 할 것이다. 또한 다양한 언어적 배경을 가진 수험자들을 평가할 수 있는 기준에 대한 고민도 필요하다고 지적하였다.

참고자료

Luoma(2004)는 말하기 평가의 전반을 파악하는데 도움이 되고 Fulcher(2003)는 말하기 평가의 이론적인 부분과 실제적인 정보를 잘 정리하고 있다. Young과 He(1998)는 구술면접시험의 한계점을 지적하고 상호작용능력을 평가해야 한다는 점을 역설하고 있다.

연습문제

1. 다음 목적으로 실시되는 말하기 평가에서 어떤 평가 과제를 사용할 수 있을지 각 평가 상황마다 두 가지 과제를 제시해 봅시다.
   1) 비원어민 의사
   2) 외국계 회사 비서
   3) 영어 교사

2. 아래 제시된 말하기 시험 동영상을 보고 각 수험자의 말하기 능력을 발음, 정확성, 유창성, 상호작용 측면에서 평가해 봅시다.

   http://www.youtube.com/watch?v=gUy9thS_SEc

제14장
어휘·문법 평가

> **생각해보기**
>
> 영어가 사용되는 지역에 따라 어휘나 문법에 차이가 나는 경우가 있습니다. 토익시험에서 미국 영어에서는 틀린 표현이지만 해당지역 영어에서는 올바른 표현이어서 그 지역 학생들이 그 문제를 다 틀렸다면 어떻게 처리해야 할까요? (Lowenberg, 1993)

어휘와 문법 영역은 학교에서 가장 빈번하게 평가되고 있는 영역이지만 대규모 표준화 시험에서는 어휘와 문법이 차지하는 비중이 점점 줄어들고 있는 추세이다. 어휘와 문법이 언어 사용에 필수적인 요소라는 데는 누구나 동의하지만 이 두 영역을 평가해야 하는가에 대해서는 이견이 존재한다.

이 두 영역의 평가와 관련하여 제기되는 주된 비판은 전통적인 방식의 어휘와 문법 영역이 어휘나 문법에 관한 지식만 측정할 뿐 실제로 수험자가 해당 어휘와 문법을 의사소통 상황에서 사용할 수 있는 능력을 평가하지 못한다는 점이다. 문법 영역과 어휘 영역 평가에서 100점을 받은 수험자가 실제로 글을 쓰거나 대화를 할 때 어휘나 문법을 적절하게 사용하지 못하는 경우가 많다는 것이다. 그러나 성취도 평가에서처럼 두 영역을 평가해야 하는 경우가 많기 때문에 이 장에서는 어휘와 문법의 특성을 알아보고 이어서 어휘와 문법을 평가하는 방법에 대해서 살펴본다. 마지막으로 어휘와 문법 평가를 제작할 때 고려해야 할 점에 대해서 검토해본다.

1. 어휘 평가

어휘 능력이 의사소통에 중요한 요소라는 점은 누구나 다 동의한다. 수험자의 의사소통 전략이나 배경 지식 등이 의사소통에서 중요한 역할을 수행하지만 어휘 실력이 부족할 경우 높은 수준의 의사소통은 힘들기 때문이다.

Nation(2001)에 따르면 대학 교육을 받은 보통의 원어민은 적어도 20,000개 이상의 어군(word families)을 알고 있고 외국어 학습자가 영어로 의사소통을 무난하게 하기 위해서는 적어도 5,000개 정도는 알고 있어야 한다. 그는 영어 어휘 중에서 빈도수가 가장 높은 1000개의 어휘가 학술 서적(academic text)이나 신문에 나오는 어휘의 77%정도, 소설에 나오는 어휘의 약 80%이상, 대화에 사용되는 어휘의 85%정도를 차지하기 때문에 이 기본 어휘를 가장 먼저 배워야 한다고 주장하였다.

수험자의 어휘를 평가하기 위해서는 먼저 어휘를 안다는 것의 정의를 내려야 한다. Thornbury(2002)에 의하면 어휘를 안다는 것은 8가지 측면에서 그 어휘와 관련된 사항을 알아야 한다고 주장하였다.

- the word's form - both spoken and written
- the word's meaning (or meanings)
- any connotations the word might have
- whether the word is specific to a certain register or style
- the word's grammatical characteristics - e.g., part of speech
- the word's common collocations
- the word's derivations
- the word's relative frequency

실제로 어휘 평가는 이런 다양한 어휘의 특성 중에서 한두 개를 측정하는데 그치는 경우가 많다.

한편 어휘 능력을 크게 수용어휘(receptive vocabulary)와 표현어휘(productive vocabulary)로 나누기도 한다. 해당 어휘를 보거나 들었을 때 그 의미를 알고 있는 경우를 수용어휘(receptive vocabulary)라고 하고, 말을 하거나 글을 쓸 때 사용할 수 있는 어휘를 표현어휘(productive vocabulary)라고 부른다. 예를 들어 선다형 시험의 경우, 수용어휘 능력을 측정하는 방식이다.

1) 어휘 평가 방법

어휘 평가는 크게 문맥 속에서 어휘를 제시하는 과제와 문맥 없이 제시하는 과제로 분류된다.

(1) 문맥 속에서 어휘를 제시하는 대표적인 과제는 읽기 시험에서 지문 속에 나오는 어휘의 의미를 묻는 과제이다.

Paragraph 6

Four specific activities have been identified as major contributor to the desertification processes: overcultivation, overgrazing, firewood gathering, and overirrigation. The cultivation of crops has expanded into progressively drier regions as population densities have grown. These regions are especially likely to have periods of severe dryness, so that crop failures are common. Since the raising of most crops necessitates the prior removal of the natural vegetation, crop failures leave extensive tracts of land devoid of a plant cover and susceptible to wind and water erosion.

---

5. The word progressively in the passage is closest in meaning to
   ○ openly   ○ impressively
   ○ objectively   ○ increasingly

6. According to paragraph 6, which of the following is often associated with raising crops?
   ○ Lack of proper irrigation techniques
   ○ Failure to plant crops suited to the particular area
   ○ Removal of the original vegetation
   ○ Excessive use of dried animal waste

7. The phrase devoid of in the passage is closest in meaning to
   ○ consisting of   ○ hidden by
   ○ except for   ○ lacking in

(ETS, 2009)

(2) 문장완성(Sentence completion)

두 번째 방식은 문장이나 지문 속의 빈칸에 들어갈 적절한 어휘를 골라 문장이나 단락을 완성하는 문항이다.

다음 대화문의 빈칸에 들어갈 가장 적절한 표현을 고르시오.
1.
A: Are you here on business?
B: No, for _____. This is my holiday.

(a) play
(b) interest
(c) pleasure
(d) entertainment

(서울대학교 언어교육원, 2005)

문맥이 없이 어휘 능력을 평가하는 방법에는 다음과 같은 과제가 있다.

(3) 유추(Analogy) 문제

Graduate Record Exam에는 어휘와 어휘의 관계를 파악해야 풀 수 있는 어휘 문제가 출제된다.

Directions: Questions in this section will include a pair of words in all capital letters, followed by five lettered pairs of words. You will be required to identify the answer choice that expresses a relationship most similar to that expressed in the original pair.

    3. SEDATIVE   : DROWSINESS
    A EPIDEMIC   : CONTAGIOUSNESS

```
B  VACCINE     : VIRUS
C  LAXATIVE    : DRUG
D  ANESTHETIC  : NUMBNESS
E  THERAPY     : PSYCHOSIS
```

(4) 반의어(Antonym)

문맥없이 반의어를 묻는 문항도 출제된다.

Directions:

Each question below consists of a word printed in capital letters followed by five lettered words or phrases. Choose the lettered word or phrase that is most nearly opposite in meaning to the word in capital letters. Since some of the questions require you to distinguish fine shades of meaning, be sure to consider all the choices before deciding which one is best.

　　DIFFUSE:
(A) CONCENTRATE
(B) CONTEND
(C) IMPLY
(D) PRETEND
(E) REBEL

---

(5) 그림을 이용하는 문제

문자언어의 습득이 음성언어 발달에 비해 늦게 일어나는 유아나 아동의 경우 그림을 이용하여 어휘 능력을 평가할 수 있다. 예를 들어 아래 제시된 문항은 동물과 식물의 이름을 알고 있는지를 평가하는 과제이다.

(Cambridge, 2010)

아래 문항은 그림에 제시된 동물의 특징을 설명하는 문단에 있는 빈칸에 그림과 함께 주어진 어휘를 골라 넣어 단락을 완성하는 과제이다

Part 4
– 5 questions –

Read this. Choose a word from the box. Write the correct word next to numbers 1–5. There is one example.

A horse

I've got four .....legs....., two ears, two eyes and long

(1) .... on my head. I'm a big animal. I don't live in

a (2) .... or a garden. I like eating

(3) .... and apples. I drink (4) ....

A woman, a (5) .... or a child can ride me.

What am I? I am a horse.

(Cambridge, 2010)

(6) 말하기나 쓰기 평가 과제를 통한 평가

어휘 능력을 분리해서 측정하지 않고 과업을 수행하면서 다른 능력과 함께 종합적으로 평가하는 방식도 있다. 말하기나 쓰기 평가의 채점 기준에 어휘 영역이 포함되는 경우가 대표적이다. 예를 들어 미국에서 학생들의 쓰기 능력을 평가하는 기준으로 많이 사용되는 Six Trait Analytic Writing Rubric에 어휘 영역이 포함되어 있는 것을 볼 수 있다.

6

Words convey the intended message in an exceptionally interesting, precise, and natural way appropriate to audience and purpose. The writer employs a rich, broad range of words, which have been carefully chosen and thoughtfully placed for impact. The writing is characterized by

- accurate, strong, specific words; powerful words energize the writing.
- fresh, original expression; slang, if used, seems purposeful and is effective.
- vocabulary that is striking and varied, but that is natural and not overdone.
- ordinary words used in an unusual way.
- words that evoke strong images; figurative language may be used.

3

Language is quite ordinary, lacking interest, precision and variety, or may be inappropriate to audience and purpose in places. The writer does not employ a variety of words, producing a sort of "generic" paper filled with familiar words and phrases. The writing is characterized by

- words that work, but that rarely capture the reader's interest.
- expression that seems mundane and general; slang, if used, does not seem purposeful and is not effective.
- attempts at colorful language that seem overdone or forced.
- words that are accurate for the most part, although misused words may occasionally appear, technical language or jargon may be overused or

> inappropriately used.
> • reliance on clichés and overused expressions.

2) 어휘 평가 출제 원리

어휘 평가 과제를 제작할 때는 다음과 같은 점을 고려해야 한다.

(1) 어휘에 대한 지식이 아니라 어휘를 사용할 수 있는 능력이 평가의 목표가 되어야 한다.

평가의 목적에 따라 수용 어휘 지식을 측정할 필요가 있을 수도 있지만, 대부분의 평가 상황에서는 수험자가 실제로 말을 하거나 글을 쓸 때 적절한 어휘를 사용할 수 있는 지를 평가하여야 한다.

(2) 같은 어휘도 문맥에 따라서 다른 의미로 사용되거나 적절성이 달라질 수 있으므로 문맥 속에서 평가해야 한다.

어휘가 독립적으로 사용되는 경우는 거의 없으므로 문맥과 분리된 형식의 어휘 평가 과제는 진정성이 결여되고, 따라서 수험자의 어휘 능력을 제대로 평가한다고 볼 수 없다.

(3) 어휘의 다양한 특성을 평가하려고 노력하여야 한다.

어떤 어휘를 안다는 것은 그 어휘의 여러 가지 특성을 알고 있다는 의미라고 앞에서 지적하였다. 어휘 평가 방식에 따라서 평가하는 특성이 달라지기 때문에 한 가지 평가 방식보다는 몇 가지 방식을 사용하여 수험자의 어휘 능력을 총체적으로 평가하여야 할 것이다.

(4) 어휘 선정의 기준이 있어야 한다.

대부분의 시험에서 출제되는 어휘 선정이 전문적 판단에 의존하는 경우가 많다. 평가해야 할 어휘 수에 비해 실제 출제할 수 있는 어휘의 수가 절대적으로 작기 때문에 어휘 선택의 기준이 반드시 마련되어야 한다. 평가해야 할 영역을 먼저 설정하고 출제할 수 있는 어휘의 범위를 정한 다음 선정 기준에 따라서 어휘를 선정하여야 한다. 예를 들어 특수목적을 위한 언어 평가의 경우 해당 언어용 영역에서 요구되는 어휘 코퍼스를 구축하여 어휘사용을 분석하면 좀 더 과학적으로 어휘를 선정할 수 있을 것이다.

2. 문법 평가

문법은 전통적으로 언어 학습에서 큰 비중을 차지한 주요 영역이었지만 언어 교육 방법의 변화와 함께 문법 영역이 사라지고 있는 시험이 많아지고 있다. 문법 영역의 비중이 작아지는 이유는 어휘 영역에서처럼 전통적인 방식의 문법 평가들이 수험자가 해당 문법을 사용해서 말을 하거나 글을 쓸 수 있는 능력보다는 문법 지식을 평가하는데 그치고 있다는 비판 때문이다. 문법 시험에서 만점을 받은 수험자가 실제로 쓴 글이나 말에 문법적 오류가 많다는 지적은 문법시험이 문법에 맞게 글을 쓰거나 말을 하는 능력보다는 문법 지식만을 평가하고 있다는 좋은 반증이다.

문법 평가는 크게 형태(form)와 의미(meaning) 두 영역에서 평가가 이루어져야 한다. 예를 들어 수동태를 생각해 보자. 수동태는 be 동사와 과거분사로 이루어지고 뒤에 by와 함께 행동의 주체가 나오는 형식으로 구성된다. 능동태 문장을 수동태 문장으로 전환하라는 시험 문항은 문법의 형태를 묻는 과제이다.

> 다음 문장을 주어진 어휘로 시작되는 문장으로 전환하시오.
>
> The same gang that hijacked the armored care robbed the bank.
> → The bank _____.

 동시에 수동태는 문법적 의미도 가진다. 한편 문법 의미에는 글자 그대로의 의미와 상황에 따라 부여되는 함축된 의미가 있다. 수동태는 글자 그대로 어떤 행동을 당하는 사람에게 초점을 둔다. 그렇다면 언제 수동태를 사용해야 할까? 수동태는 행동을 받는 대상이 theme이거나 topic일 때, 또는 행동의 주체를 알 수 없거나 문맥에서 유추 가능할 때 사용한다. 수동태와 능동태를 적절히 구사하기 위해서는 형태의 차이뿐만 아니라 언제 각 형식을 사용해야 하는지, 어떤 의미 차이가 있는지 알고 있어야 할 것이다.

 따라서 문법 평가는 단순히 수험자의 문법적 지식만을 측정하는데 그쳐서는 안 되며 의사소통 상황에서 전달되는 의미를 이해하거나 원하는 내용을 전달하기 위해 필요한 문법 지식을 사용할 수 있는 지를 측정하여야 한다(Celce-Murcia & Larsen-Freeman, 1999; Purpura, 2004).

1) 문법 평가 방법
(1) 선다형 과제

 이런 유형의 문제는 제작하기 쉽고 짧은 시간 안에 많은 문법 항목을 평가할 수 있다는 장점이 있다. 문장의 빈칸에 들어갈 알맞은 표현을 고르는 아래 문항이 대표적인 유형이다.

Structure and Written Expression Practice Questions - Section 2

The Structure and Written Expression section contains sentences that test your knowledge of important structural and grammatical elements of standard written English. These sentences include a variety of topics and give no particular advantage to individuals in any specific field of study.

Multiple-choice task:

Directions: Questions 1-4 are incomplete sentences. Beneath each sentence you will see four words or phrases, marked A, B, C, and D. Choose the one word or phrase that best completes the sentence. Then, on your answer sheet, find the number of the question and fill in the space that corresponds to the letter of the answer you have chosen.

Example I

Geysers have often been compared to volcanoes _____ they both emit hot liquids from below the Earth's surface.

1) due to   2) because
3) in spite of   4) regardless of

Example II

During the early period of ocean navigation, _____ any need for sophisticated instruments and techniques.

1) so that hardly   2) where there hardly was
3) hardly was   4) there was hardly

비슷한 형식이지만 토익에 출제되는 아래의 과제는 편지라는 큰 틀 안에서 각 빈칸에 들어갈 적절한 표현을 선택하게 하는 방법을 택하여 평가 과제의 진정성을 제고하고 있다.

Questions 141-143 refer to the following e-mail:

To: All Employees
From: Camille Raynes
Date: December 14
Re: Performance bonus

Dear Employees,
As you know, the past year was a great success for us. To reward you for your excellent performance, the Board of Directors has approved a bonus for all employees. This bonus will be _____ in your next paycheck.

141. (A) involved
 (B) joined
 (C) composed
 (D) included

_____, we are now calculating wage increases for the upcoming year. Each employee's performance.

142. (A) Instead
 (B) In addition
 (C) Beforehand
 (D) Otherwise

will be examined carefully as we determine the appropriate increase. All full-time employees are eligible for this increase. Your supervisor _____ you of the amount of your increase during the first week of January.

   143. (A) informed
           (B) to inform
           (C) will inform
           (D) was informing

Thank you again for making last year such a success!

Sincerely,

Camille Raynes
Human Resources

(ETS, 2010)

(2) 선다형 오류 찾기 과제 (Multiple-choice error identification task) 이 유형은 주어진 문장 속에서 밑줄 친 부분 중 오류가 있는 것을 찾는 문항이다.

Directions: In questions 5-10, each sentence has four underlined words or phrases. The four underlined parts of the sentence are marked A, B, C, and D. Identify the one underlined word or phrase that must be changed in order for the sentence to be correct. Then, on your answer sheet, find the number of the question and fill in the space that corresponds to the letter of the answer you have chosen.

5. Electrical disturbances on Earth are frequently caused with storms
　　　A　　　　　　　　　　　　　B　　　　　　C
　on the surface of the sun.
　　　　D

6. Inventor granville Woods received him first patent on January 3,
　　　　　　　　　　　　　　　　　　　A　　　　　　　　B
　1884, for a steam boiler furnace.
　　　　C　　D

7. A deficient of folic acid is rarely found in humans because the vitamin
　　　A　　　　　　　　　B　　　　　　　　　　C
　is contained in a wide variety of foods.
　　　　　　　D

(3) 적절한 표현 고르기

대학수학능력시험 외국어 영역에는 아래 예시처럼 문장 속에서 네모 안에 들어갈 표현 두 개를 제시한 다음 적절한 것을 선택하게 하는 형식의 문항이 출제된다.

21. (A), (B), (C)의 각 네모 안에서 문법에 맞는 표현으로 가장 적절한 것은?

While awaiting the birth of a new baby. North American parents typically furnish a room as the infant's sleeping quarters. For decades, child-rearing advice from experts has **(A)** encouraged / been encouraged the nighttime separation of baby from parent. For example, a study recommends that babies be moved into their own room by three months of age. "By six months a child **(B)** who / whom regularly sleeps in her parents' room is likely to become dependent on this arrangement," reports the study. Yet parent-infant 'co-sleeping' is the norm for approximately 90 percent of the world's population. Cultures as **(C)** diverse / diversely as the Japanese, the Guatemalan Maya, and the Inuit of Northwestern Canada practice it.

	(A)	(B)	(C)
①	encouraged	…… who	…… diverse
②	encouraged	…… whom	…… diversely
③	encouraged	…… who	…… diversely
④	been encouraged	…… who	…… diverse
⑤	been encouraged	…… whom	…… diverse

(4) 의미를 묻는 문항

지금까지의 문항 형식이 문법 형태에 초점을 두었다면 의미에 초점을 두는 과제도 있다. 먼저 아래 문항은 글자 그대로의 의미를 묻는 문항이다.

Example: Testing knowledge of literal meaning at the A2 level (elementary)

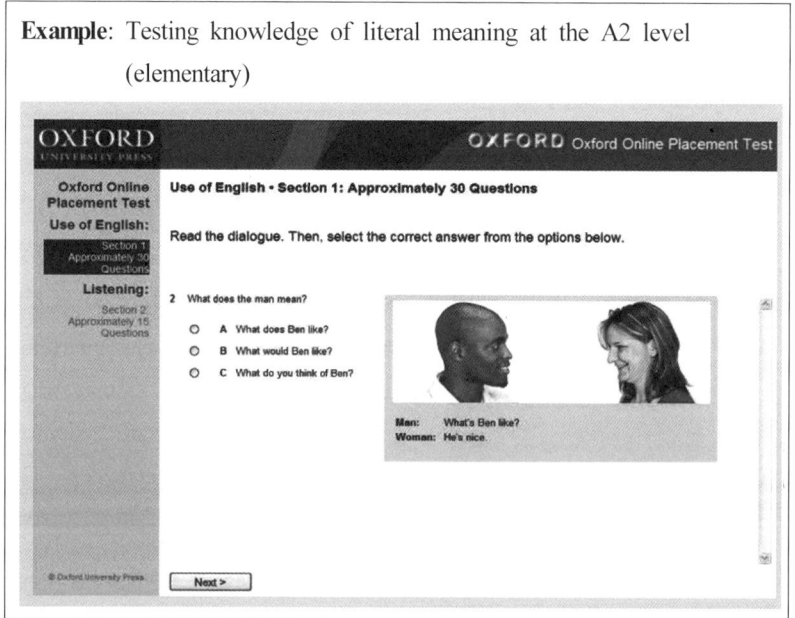

This item tests the learners' understanding of literal meaning. Here the statement "What's Ben like?" has the same literal meaning as "What do you think of Ben?"

한편 아래 문항은 함축된 의미를 묻는 문항이다.

Example: Testing knowledge of intended meaning at the A1 level (beginning)

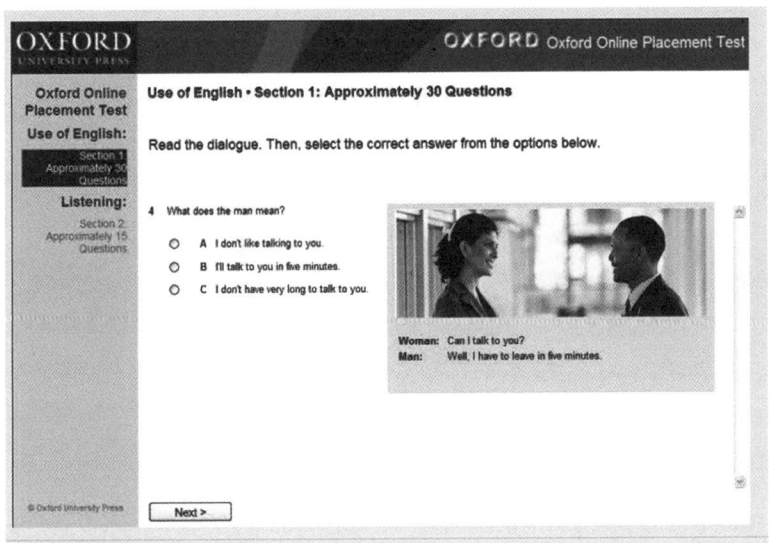

In this example, the woman asks the man if she can speak to him. He agrees, but says he only has five minutes, thereby implying that the conversation needs to be limited to five minutes. In the dialogue, he only says, "Well, I have to leave in five minutes." His meaning in this context is that he can speak to the woman, but this meaning is implied rather than explicitly stated. By mentioning when he needs to leave, he wishes to communicate the following: "Yes let's talk, but I can only do so for five minutes."

마지막으로 아래 문항은 담화 속에서 제시된 빈칸에 들어갈 적절한 표현을 넣게 하는 방식으로 문법적 형식과 의미에 대한 지식을 측정하고자 한다.

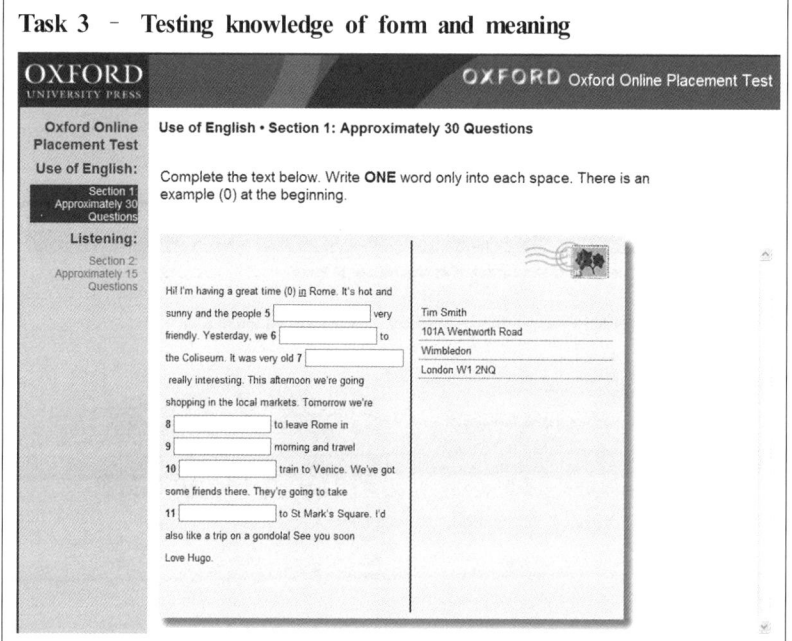

Task 3 is designed to test whether test takers can understand a long passage with gaps and whether they have sufficient knowledge of grammar and vocabulary to complete these gaps correctly. In other words, this task type was designed to measure the test takers' knowledge of both grammatical form and meaning.

(5) 지식을 활용하여 적절한 표현을 고르거나 잘못된 표현을 고르는 문제였다면 직접 적거나 수정하는 문제도 있다.

PART IV – ERROR CORRECTION

(sample)

1. Do not open this booklet until you are told to do so.

2. In this test you must correct a passage that is full of errors. You will have to change words, spelling and punctuation. You must not however make any changes in the meaning of any part of the passage nor make any major changes in the style of any sentence. Write the changes directly on the test paper. Please write clearly.

3. You will have 20 minutes to do the test.

CORRECT THE FOLLOWING PASSAGE:

Mr. Smith are the chairmen of the council's annual 's general meating which he is assisting, all years. These year he had lost his train so late he is?

DO NOT OPEN THIS BOOKLET UNTIL THE SUPERVISOR TELLS YOU TO.

CORRECTION

        is   *Chairman*   *Annual General meeting of the Council*
Mr. Smith ~~are~~ the ~~chairmen~~ of the ~~council's annual 's general meating~~ which he ~~is~~
  attends every   *is*   *has missed*   *late.*
~~assisting, all~~ years. The~~se~~ year he ~~had lost~~ his train so ~~late~~ he is~~?~~

---

(6) 수험자가 수행한 말하기나 쓰기 자료에서 간접적으로 평가하는 방법도 있다. 대부분의 말하기나 쓰기 채점표에 문법 영역이 포함되어 있는

것이 좋은 예이다. 다음은 토플 말하기 통합형 문항에서 언어 사용(language use) 영역의 3점에 해당하는 채점 기준이다.

The response demonstrates fairly automatic and effective use of grammar and vocabulary, and fairly coherent expression of relevant ideas. Response may exhibit some imprecise or inaccurate use of vocabulary or grammatical structures or be somewhat limited in the range of structures used. Such limitations do not seriously interfere with the communication of the message.

2) 문법 평가 출제 원리

(1) 학교 평가에서는 문법 지식 자체가 평가의 목적일 수도 있지만 대부분의 평가 상황에서 문법 지식 자체가 평가의 목적이 될 수는 없다.

문법 지식을 측정하는 시험이 실시되면 학습자들이 실제 언어 구사 능력보다는 문법 규칙만 학습하게 되는 부정적인 영향을 미칠 수도 있다.

(2) 문법 지식을 활용할 수 있는 능력이 목표라면 실제로 문법을 구사할 수 있는 과업을 제시하여야 한다.

글을 쓰거나 말을 하게하고 그 과정에서 수험자의 문법 활용 능력을 평가하는 방식이 바람직하다. 물론 진단평가나 성취도 평가에서는 분리 평가 방식을 사용해야 할 수도 있을 것이다. 그러나 문법 지식이 아니라 문법 능력을 측정하기 위해서는 의사소통 과제를 수행하게 하고 그 과정에서 문법 능력을 평가하여야 한다.

(3) 문법의 형식뿐만 아니라 의미도 측정할 필요가 있다.

많은 경우 언어의 형식에 초점을 둔 평가가 이루어지는데, 주어진 의사소통 상황에서 그 언어 형식이 어떤 의미로 사용되는지도 평가하여야 한다. 동일한 표현이라고 해도 상황에 따라서 함축적 의미가 달라질 수 있으므로 형식뿐만 아니라 의미도 평가해야 할 것이다.

(4) 문맥에서 측정하여야 한다.

어휘에서와 마찬가지로 문법도 문맥 속에서 평가하여야 한다. 문맥이 부족하면 부족할수록 문법 규칙을 평가하는데 머무르기 쉽다. 언어가 항상 문맥 속에서 사용된다는 점을 고려한다면 문맥 속에서 평가할수록 평가의 진정성이 높아질 것이다.

(5) 살아있는 영어를 평가하여야 한다.

이 원리는 크게 두 가지 측면에서 접근할 수 있다. 먼저 시험에 출제되는 언어의 예시가 실제 의사소통상황에서 사람들이 많이 사용하는 것이어야 한다. 또한 문법의 경우 규범문법보다는 실제의 언어 사용을 반영하는 기술문법 위주로 변화되어야 한다.

(6) 세계화가 진행되면서 다양한 유형의 영어가 구사되고 있다는 사실도 고려해야 한다.

어떤 영어에서는 비문법적인 표현이 다른 유형의 영어에서는 문법적일 수 있기 때문에 특정 영어를 사용하는 수험자가 불이익을 당해서는 안 된다.

3. 맺음말

문법과 어휘를 평가하는 목적은 문법 규칙과 어휘 지식에 있다기 보다는 문법에 맞게 언어를 사용할 수 있고 어휘를 의사소통 상황에서 적절하게 사용할 수 있는 능력이다. 따라서 다른 평가 영역에서와 마찬가지로 단편적인 지식을 묻는 평가 방식보다는 사용 능력을 묻는 방식으로 측정되어야 할 것이다.

앞에서 지적한 것처럼 문법 영역의 경우 언어 형식뿐만 아니라 문맥에서의 의미도 측정하는 수준으로 나아가야 한다. 또 어휘 영역의 경우에도 문맥 속에서 평가가 진행되어야 할 것이다.

참고자료

Read(2000)는 어휘 평가 전반을 다루고 있는 학술서이고 Nation(2001)에도 어휘 평가에 관한 내용이 나온다. Purpura(2004)는 문법 평가의 전반을 다루고 있다. 특히 9장에서 문법 평가 분야에서 탐색해야 할 흥미로운 연구 과제를 제시하고 있다. Rea-Dickens(1991, 2001)는 문법 평가와 관련하여 많이 인용되는 문헌이고 문법 능력과 관련해서는 Larsen-Freeman(1991)이 좋은 출발점이다.

연습문제

1. 문법을 평가해서는 안 된다는 주장의 근거를 살펴보고 본인의 의견을 제시해 봅시다.

2. 아래 어휘를 p. 286에 인용된 Thornbury가 제시한 어휘의 8가지 특성 중 최소한 3가지 측면에서 평가하는 문항을 출제해 봅시다.

   1) 아빠, 터벅터벅, 뜨거운 감자
   2) coffee, probably, jump on the bandwagon

제15장
외국어 평가의 전망과 과제

> **생각해보기**
>
> 대학수학능력시험을 응시하는 청각 장애인은 듣기 평가를 어떤 식으로 치르는 것이 가장 바람직한지 생각해 봅시다.
>
> 안녕하십니까? 현 고3 담임입니다. 청각장애인(2급)의 경우 대학수학능력시험에서 언어영역 듣기와 외국어영역 듣기 시험을 어떻게 치르는지 알고 싶습니다. 또한 청각장애인을 위한 고사실이 별도로 마련되는지도 알고 싶습니다. 감사합니다. 2006년 4월 10일 (한국교육과정평가원 열린마당 대학수학능력시험)

본 장에서는 언어 평가 분야의 주요 연구 주제를 중심으로 발전 과제를 살펴본다.

1. 의사소통 능력

이 책에서 여러 번 강조하였지만 평가해야 할 대상을 제대로 모르는 상황에서 정확한 평가가 이루어지기는 힘들기 때문에 언어 평가에서 가장 중요한 연구 주제는 언어 능력이라는 구인에 대한 정확한 이해라고 할 수 있다.

외국어로 의사소통할 수 있는 능력에 대한 여러 가지 논의가 행해졌고 그 하위 구성 요소를 파악하려는 시도가 많이 이루어져왔지만 최근 들어 이 분야에 대한 연구가 많이 진행되지 않는 것은 안타까운 일이다. 물론 이 분야는 단순히 언어 평가 분야만의 몫은 아니다. 의사소통을 연구하는 다른 분야의 연구가 활성화될수록 평가 도구 개발이나 평가 도구의 채점 척도 개발 단계에서 의사소통이라는 구인의 실체에 좀 더 가까이 다가갈 수 있을 것이다.

언뜻 생각하면 이런 연구가 실제 평가 도구를 개발하고 활용하는데 그다지 도움이 되지 않는다고 생각할 수도 있다. 그러나 의사소통의 특성에 관한 이론적 논의가 제기될 때마다 새로운 평가 방법이나 평가 기준이 도출되었다는 점을 고려하면 이 분야의 연구가 얼마나 중요한지 알 수 있다. 특히 의사소통의 성공 여부가 개인의 의사소통능력에 좌우되기 보다는 의사소통하는 참여자들이 함께 만들어 나가는 공동의 작업이라는 '상호작용 능력'을 평가에 구현할 수 있는 방안을 탐색하는 연구가 이루어질 필요가 있다.

2. 평가 방법의 영향

　평가 방법 단원에서 살펴본 것처럼 평가 결과에는 수험자의 언어 능력 이외에도 다양한 요소가 영향을 미친다. 이러한 요소 중의 하나가 평가 방법이다. 동일한 읽기 지문으로 선다형 문항과 단답형 문항을 출제했을 때 점수에 차이가 날 수 있는데 이 결과는 측정하고자 하는 언어 능력이 아닌 평가 방법의 차이가 평가 결과의 차이로 연결되므로 바람직하지 못한 결과이다.

　언어 평가 도구가 수험자의 언어 능력을 제대로 평가하고 있다면 평가 결과가 수험자의 언어 능력에 의해 좌우되어야 하므로 평가 방법의 영향은 평가 도구가 측정하고자 하는 능력의 일부분이라고 보기 힘들다. 따라서 평가 방법이 평가 결과에 미치는 영향을 파악하는 연구는 언어 평가에서 매우 중요한 연구 분야이다.

　수험자의 언어 능력을 제대로 추론하기 위해서는 수험자가 수행해야 되는 과제와 유사한 새로운 평가 방법을 개발해서 실시하는 노력이 이루어져야 한다. 그러나 아무리 진정성이 높은 평가 도구를 개발해서 실시한다고 하더라도 평가 상황은 실제 의사소통 상황이 아니기 때문에 평가 방법이 평가 수행에 미치는 영향에 관한 연구가 이루어져야 한다.

　특히 최근 들어 언어 능력 평가가 컴퓨터 기반이나 인터넷 기반으로 실시되는 경우가 점점 많아지면서 컴퓨터 기반 평가 방식이 평가 결과에 미치는 영향에 관한 연구가 이루어질 필요가 커지고 있다. 단순히 지필고사로 실시되던 문제를 컴퓨터 화면으로 옮기는 차원을 넘어서서 컴퓨터 기반 평가는 새로운 평가 방법을 가능하게 해 주기 때문이다. 읽기 평가에서는 수험자가 실제로 글의 내용에 맞게 주어진 단락을 적절한 순서로 배치하게 할 수 있으며 듣기 평가의 경우 동영상을 제시할 수도 있다. 쓰기 평가에서도 손으로 글을 쓸 때와는 달리 컴퓨터를 사용하면 여러 기능을 활용할 수 있을 것이다. 예를 들면, 컴퓨터가 틀린 철자를 자동으로 확인해주기도 하며 복사해서 붙이는 기능을 통해 쉽고 깔끔하게 수정할 수도 있다. 또한 손으로 쓴 글보다 컴퓨터로 작업한 글을 인쇄한 것이 더 좋은 인상을 줄 수도 있다. 듣기 평가의 경우 듣기 자료와 관련된 사진이나 동영상 자료를 제시하면 평가의 진정성을 높일 수도 있지만, 평가 상황에서는 동영상 제시가 반드시 긍정적인 것만은 아닐 수도 있다(Ockey, 2007; Wagner, 2007). 예를 들어 실제로 시각 자료가 문제를 푸는 데 결정적인 단서를 제공하지 않는 경우 눈을 감고 소리에만 집중하는 수험자도 많고 실제 정답을 맞히는데 필요한 단서가 제공되지도 않는 화면에 집중하다가 중요한 음성자료를 놓치는 수험자도 많다는 연구 결과는 과연 비디오를 제공하는 것이 바람직한 것인가라는 질문을 던지게 한다.

한편 컴퓨터를 이용한 채점도 시도되고 있다. 수험자의 발화를 음성인식기능을 사용하여 채점하는 Phone Pass 시험과 한 명의 채점자와 E-rater 컴퓨터 채점 시스템을 활용하는 iBT 토플 쓰기 영역의 독립형 과제가 대표적인 예이다. 컴퓨터가 사람처럼 채점할 수 있는지, 컴퓨터 채점 결과를 어느 정도 신뢰할 수 있는지도 반드시 확인해보아야 한다(Enright & Quinlan, 2010). 이처럼 컴퓨터를 이용한 평가는 새롭고 다양한 평가 방식을 도입할 수 있다는 가능성과 함께 새로운 연구 과제를 제시하고 있다. Chapelle과 Douglas(2006)가 지적한 컴퓨터 기반 평가의 과제, 즉 새로운 평가 과제가 측정하는 구인, 개인적응검사의 문항 선정 문제, 컴퓨터 채점의 정확성, 문제 누출과 같은 보안 문제, 그리고 부정적 영향을 중심으로 더 많은 연구가 진행될 필요가 있다.

3. 평가 도구 개발

평가 도구가 측정하고자 하는 능력이 광범위할수록 평가 도구를 개발하기가 어렵고 그 결과 수험자의 언어 능력을 추론하기도 힘들어진다. 따라서 주어진 목적에 적합한 평가 도구가 많이 개발될 필요가 있다.

우리나라에서 평가와 관련된 심각한 문제 중의 하나가 잘 알려진 몇 개의 평가 도구가 원래 평가 도구의 목적과 상관없이 다양한 목적으로 잘못 사용되고 있다는 점이다. 주된 이유 중의 하나는 사용자가 믿고 선택할 수 있는 평가 도구가 많지 않다는 것이다. 따라서 다양한 직종에서 요구되는 외국어 능력을 측정하는 타당하고 신뢰할 수 있는 평가 도구를 개발하는 작업이 많이 이루어져야 할 것이다. 비행기 조종사나 관제사의 언어 능력을 평가하는 도구, 예비 언어 교사의 언어 능력을 평가하는 평가 도구, 망명을 신청한 사람의 출신지를 판단할 수 있는 평가 도구 등 다양한 목적의 평가 도구가 개발되고 있고 계속적으로 더 개발되어야 한다.

또 다른 중요한 연구 분야는 지금까지는 측정하지 못했던 언어 능력을 평가할 수 있는 평가 도구의 개발이다. 제2언어 화용능력(pragmatic ability)을 측정하는 평가 도구가 개발된 것이 좋은 예이다(Roever, 2006).

4. 타당도

개발하거나 실시되고 있는 평가 도구의 타당도를 확인하는 연구는 언어 평가에서 가장 많이 진행되는 연구이다. 평가 도구의 타당도는 평가 상황에 따라 달라지기 때문에 동일한 평가 도구라고 하더라도 사용되는 목적과 상황이 달라질 때마다 타당도를 탐색하는 작업이 이루어져야 할 것이다.

대부분의 연구에서 한두 개의 증거만 수집하는데 그치는 경향이 있는데 이는 바람직하지 못하다. 본서에서 밝힌 것처럼 다양한 종류의 증거를 분석해서 시험 결과가 적절하게 해석되어 사용되고 있는지 살펴보아야 할 것이다. 특히 많은 사람들이 당연시하고 있는 여러 가지 관행이 실제 사실인지 아닌지를 밝히는 노력도 이루어져야 한다.

모든 평가 도구는 양호도를 판단할 수 있는 자료를 제공하여야 한다. 평가 도구를 사용하는 사람들은 평가 도구의 양호도를 확인해 보아야 하며 자료가 제시되지 않은 경우 해당 기관에 관련 정보를 요구하여야 한다.

평가 도구의 타당성과 관련하여 중요한 연구 주제의 하나는 언어 교육 분야에서 진행되는 연구에서 사용되는 연구 도구의 양호도이다. 연구에 참여한 학습자의 언어 능숙도를 평가하거나 교수 방법에 따른 교수 효과를 파악하기 위해서는 해당 영역의 언어 능력을 평가할 수 있는 도구를 제작하여 능숙도를 측정하여야 한다. 따라서 연구 도구의 타당성은 연구 결과의 타당성과 직결되는 아주 중요한 요소이다.

5. 평가 도구 사용

평가를 실시하는 궁극적인 목적은 평가 결과를 바탕으로 다양한 결정을 내리는데 있기 때문에 결과가 제대로 해석되어 공정한 결정이 내려지고 있는지를 탐색하는 것은 매우 중요한 작업이다. 평가 결과가 대부분 숫자로 보고되기 때문에 객관적인 기준이라는 인상을 주어서 평가 결과에 따른 여러 가지 결정에 대한 반발을 최소화 할 수 있지만 이런 평가의 특성을 정치적 목적을 달성하기 위해서 악용하는 사례도 많다.

아무리 잘 제작된 평가 도구라고 하더라도 제작된 목적 이외로 사용된다면 의도하지 않은 결과로 이어진다. 따라서 평가 도구가 제대로 사용되고 있는지, 예상하지 못한 부정적인 결과를 초래하고 있지는 않은지, 제대로 사용되고 있지 않다면 어떤 문제가 발생하고 있는지 밝히고 바로잡는 노력이 이루어져야 한다.

평가 도구 사용과 관련해서 먼저 평가를 굳이 실시할 필요가 있는지 확인하는 작업부터 이루어져야 한다. 특히 우리나라에서 유행처럼 번지고 있는 유아나 초등학교 저학년 영어 학습자를 대상으로 실시되는 평가가 좋은 예이다. 왜 평가를 실시해야 하는지 그 목적과 함께 평가가 이들에게 미치는 부정적인 영향은 없는지, 나아가 발달 단계에 적합한 평가가 이루어지고 있는지를 확인하는 작업이 이루어져야 할 것이다.

평가 도구의 오용에 관한 문제점은 평가 정책, 평가 도구 선정, 실시, 채점, 결과 해석 및 보고 등 평가의 전 과정에 걸친 교육을 통해 줄여나가야 한다. 평가를 실시하는 사람들은 International Test Commission이 제정한 International Guidelines for Test Use와 International Language Testing Association의 Code of Ethics, 마지막으로 AERA, APA, 그리고 NCME가 출판한 Standards for Educational and Psychological Testing에 제시된 원칙과 규정을 지키도록 노력하여야 하고 평가 전문가들은 평가 도구가 적절하게 사용되고 있는지 끊임 없이 점검하며, 필요한 경우 문제 제기를 하여야 한다. 평가를 전공하는 사람이라면 평가의 전 단계에 걸쳐서 평가 도구의 양호도를 확보할 수 있는 방안을 탐색해야할 뿐만 아니라 평가 도구가 제내로 사용뇌고 있는지를 살펴보는 파수꾼 역할도 수행할 수 있어야 할 것이다.

6. 학교 평가

지금까지 이루어진 언어 평가 분야의 연구는 대규모로 실시되는 표준화 시험에 관한 연구가 주를 이루었다고 볼 수 있다. 이들 시험이 차지하는 비중을 고려해 보면 이해되는 측면이 크다. 그러나 실제로 가장 많은 수험자가 응시하는 언어 평가는 학교에서 실시되는 중간고사나 기말고사와 같은 학교 시험이라고 할 수 있다. 전 세계의 모든 학교에서 실시되고 있기 때문이다.

우리나라의 경우 내신 성적의 중요성 때문에 중간고사나 기말고사에 대한 관심이 매우 크지만 학교에서 실시되는 영어 시험이 어떻게 제작되어 실시되는지, 시험의 내용 타당도는 높은지, 시험 점수의 신뢰도는 높은지에 대한 연구는 많이 이루어지지 않고 있다. 언어 평가가 교실에서 이루어지는 학교 교육의 효율성을 제고하는데 필수적인 유용한 정보를 제공할 수 있음에도 불구하고 학교 현장에서는 규준참조평가 방식의 성취도 평가만을 강조하는 경향이 있다. 중간고사나 기말고사와 같은 성취도 평가 이외에도 진단평가는 실시되고 있는지, 배치평가는 제대로 이루어지고 있는지, 형성평가는 어떤 식으로 실시되고 있으며 기대된 효과를 얻고 있는지 등에 관한 연구도 이루어질 필요가 있다. 물론 주어진 상황과 목적에 적합한 여러 가지 평가 도구를 많이 개발하여 교수 활동의 효율성을 제고하려는 시도가 이루어져야 할 것이다. 학습한 결과 평가(Assessment of Learning)에 머무르기 보다는 학습을 위한 평가(Assessment for Learning), 더 나아가 학습과 결합된 평가(Assessment as learning)가 이루어져야 할 것이다(Mcmillan, 2007, 부록 5). 마지막으로 최근 들어 유럽이나 미국을 중심으로 외국어 교육과 평가를 ACTFL Scale이나 Common European Framework과 같은 능숙도 척도나 성취기준(standards)에 근거해서 실시하려는 노력이 많이 이루어지고 있다. 이들 척도나 성취기준의 타당성에 대한 연구도 시급하게 이루어질 필요가 있다.

참고자료

컴퓨터기반 언어 평가에 있어서는 Chapelle과 Douglas(2006)가 좋은 출발점이다. 발표된 지 오래된 논문이지만 Alderson(1988)도 컴퓨터 기반 평가와 관련하여 중요한 이슈들을 정리한 논문으로 많이 인용된다. 세계어로서의 영어가 언어 평가에 주는 시사점에 대한 논문으로는 Lowenberg(1993)가 이 문제를 제기한 초기 연구로 유명하고 김현주(2007)도 이 문제를 실증적으로 접근한 대표적인 연구이다. 최근에 발표된 연구로는 Canagarajah(2006)가 돋보인다. 언어 능숙도 척도의 타당성에 관한 논의는 North(2000)가 대표적이며 Fulcher(2004)와 Language Testing 22권 3호에 실린 논문들이 이 주제를 심층적으로 다루고 있다.

|참|고|문|헌|

한국교육과정평가원. (2010). 대학수학능력시험 외국어영역 기출문제. from http://www.kice.re.kr/ko/board
김양분. (2001). 일반화가능도이론. 서울: 교육과학사.
김은정. (2005). 대학 교양영어 시험문제 출제양상. 영어교육, 60(2), 267-283.
김현주. (2007). 영어 말하기 평가의 채점과정 연구. 영어영문학연구, 49(4), 169-186.
김현주. (2007). 윤리적 영어 평가와 수험자의 권리. 영어학, 7(3), 439-455.
박선화, 박문환, 이봉주. (2004). 대학수학능력시험 출제 매뉴얼: 수리 영역. 서울: 한국교육과정평가원.
성태제. (2005). 현대교육평가. 서울: 학지사.
성태제. (2009). 교육평가의 기초. 서울: 학지사.
신동일. (2006). 한국의 영어 평가하 2: 말하기 시험편. 서울: 한국문화사.
신상근. (2005). 듣기 평가의 문항 난이도 예측. 어학 연구, 41(3), 683-692.
이완기. (2003). 영어 평가 방법론. 서울: 문진미디어.
장소영, 신동일. (2009). 언어교육평가 연구를 위한 FACETS 프로그램 : 기초과정편. 서울: 글로벌콘텐츠.
정태영. (2005). Phonepass set-10을 이용한 말하기 능력 평가. *Foreign Languages Education, 12*(2), 241-256.
진경애, 장경숙, 김미경, 이후고. (2004). 대학수학능력시험 출제 매뉴얼: 외국어 영역. 서울: 한국교육과정평가원.
최연희. (2009). (편). 영어 쓰기 교육론: 원리와 적용. 서울: 한국문화사.
최연희. (2000). 영어과 수행 평가의 이론과 실제: 대안적 평가의 제작. 서울: 한국문화사.
최인철. (1993). 외국어능력 검정시험 개발모델. 어학연구, 29(3), 383-425.
Alderson, C. (1988). *Innovations in language testing: Can the microcomputer*

help? Special Report No 1. Language Testing Update. Lancaster, UK: University of Lancaster.

Alderson, J. C. (1990a). Testing reading comprehension skills (Part One). *Reading in a Foreign Language, 6*(2), 425–438.

Alderson, J. C. (1990b). Testing reading comprehension skills (Part Two). *Reading in a Foreign Language, 7*(1), 465–503.

Alderson, J. C. (1991). Language testing in the 1990s: How far have we come? How much further have we to go? In S. Anivan (Ed.), *Current developments in language testing* (pp. 1-26). Singapore: SEAMEO Regional Language Centre.

Alderson, J. C. (2000). *Assessing reading.* Cambridge: Cambridge University Press.

Alderson, J. C. (2006). *Diagnosing foreign language proficiency: The interface between learning and assessment.* London: Continuum.

Alderson, J. C., & Banerjee, J. (2001). Language testing and assessment. (Part 1). *Language Teaching, 34*(4), 213-236.

Alderson, J. C., & Banerjee, J. (2002). Language testing and assessment. (Part 2). *Language Teaching, 35*(2), 79-113.

Alderson, J. C., Clapham, C., & Wall, D. (1995). *Language test construction and evaluation.* Cambridge: Cambridge University Press.

Alderson, J. C., & Hamp-Lyons, L. (1996). TOEFL preparation courses: A study of washback. *Language Testing, 13*(3), 280-297.

Alderson, J. C., & Huhta, A. (2005). The development of a suite of computer based diagnostic tests based on the Common European Framework. *Language Testing, 22,* 301-320.

Alderson, J. C., Krahnke, K. J., & Stansfield, C. W. (1987). *Reviews of English language proficiency tests.* Washington, DC: Teachers of English to Speakers of Other Languages.

Alderson, J. C. & Lumley, T. (1995). Responses and replies. *Language Testing, 12*(1), 121-130.

Alderson, J. C., & Wall, D. (1993a). Does washback exist? *Applied Linguistics, 14*, 115-129.

Alderson, J. C., & Wall, D. (1993b). Examining washback: The Sri Lankan impact study. *Language Testing, 10*, 41-69.

American Educational Research Association. (1999). *Standards for educational and psychological testing*. Washington, D.C.: American Educational Research Association, American Psychological Association, & National Council on Measurement in Education.

Anderson, N., Bachman, L. F., Cohen, A. D., & Perkins, K. (1991). An exploratory study into the construct validity of a reading comprehension test: Triangulation of data sources. *Language Testing, 8*, 41 - 66.

Bachman, L. F. (1988). Problems in examining the validity of the ACTFL oral proficiency interview. *Studies in Second Language Acquisition, 10*(2), 149-161.

Bachman, L. F. (1990). *Fundamental considerations in language testing*. Oxford: Oxford University Press.

Bachman, L. F. (2000). Modern language testing at the turn of the century: Assuring that what we count counts. *Language Testing, 17*(1), 1-42.

Bachman, L. (2004). *Statistical analyses for language assessment*. Cambridge: Cambridge University Press.

Bachman, L. F. (2005). Building and supporting a case for test use. *Language Assessment Quarterly, 2*(1), 1-34.

Bachman, L. F., & Cohen, A. D. (Eds.). (1998). *Interfaces between second language acquisition and language testing research*. Cambridge: Cambridge University Press.

Bachman, L. F., Davidson, F., & Milanovic, M. (1996). The use of test methods in the content analysis and design of EFL proficiency tests. *Language Testing, 13*, 125 - 150.

Bachman, L. F., & Palmer, A. (1981). The construct validation of the FSI oral interview. *Language Learning, 31*, 67-86.

Bachman, L. F., & Palmer, A. S. (1982). The construct validation of some components of communicative proficiency. *TESOL Quarterly, 16*(4), 449-465.

Bachman, L. F., & Palmer, A. S. (1996). *Language testing in practice.* Oxford: Oxford University Press.

Bachman, L. F., & Palmer, A. S. (2010). *Language assessment in practice.* Oxford: Oxford University Press.

Bachman, L. F., & Savignon, S. J. (1986). The evaluation of communicative language proficiency: A critique of the ACTFL oral interview. *Modern Language Journal, 70*(4), 380-389.

Bae, J., & Bachman, L. F. (1998). A latent variable approach to listening and reading: testing factorial invariance across two groups of children in the Korean/English two-way immersion program. *Language Testing, 15*(3), 380-414.

Bae, J., & Bachman, L. F. (2010). An investigation of four writing traits and two tasks across two languages. *Language Testing, 27*(2), 213-234.

Bernhardt, E. B. (1991). *Reading development in a second language.* Norwood, NJ: Ablex.

Bridgeman, B. & Carlson, S. (1983). *Survey of academic writing tasks required of graduate and undergraduate students.* TOEFL Research Report 15. Princeton, NJ: Educational Testing Service.

Bridgeman, B., & Carlson, S. B. (1983). *Survey of academic writing tasks required of graduate and undergraduate foreign students.* (TOEFL Research Report No. 15). Princeton, NJ: Educational Testing Service.

Brown, J. D. (1989). Improving ESL placement tests using two perspectives. *TESOL Quarterly, 23*, 65-83.

Brown, J. D. (1998). *New ways of classroom assessment.* Alexandria, VA: TESOL.

Brown, J. D. (2005). *Testing in language programs.* NY: McGraw Hill.

Brown, J. D., & Hudson. T. (1998). The alternatives in language assessment.

TESOL Quarterly, 32, 653-675.

Brown, J. D., & Hudson, T. (2002). *Criterion-referenced language testing.* Cambridge: Cambridge University Press.

Brown, J. D., Hudson, T., Norris, J. M., & Bonk, W. J. (2002). *An investigation of second language task-based performance assessments.* (Vol. SLTCC Technical Report 24). Honolulu: Second Language Teaching & Curriculum Center: University of Hawai'i at Manoa.

Buck, G. (1991). The test of listening comprehension: An introspective study. *Language Testing, 8*(1), 67-91.

Buck, G. (2001). *Assessing listening.* Cambridge: Cambridge University Press.

Buck, G., & Tatsuoka, K. (1998). Application of the rule-space procedure to language testing: Examining attributes of a free response listening test. *Language Testing, 15*(2), 119–157.

Campbell, D. T., & Fiske, D. W. (1959). Convergent and discriminant validation by the multitrait-multimethod matrix. *Psychological Bulletin, 56*, 81-105.

Canagarajah, S. (2006). Changing communicative needs, revised assessment objectives: Testing English as an international language. *Language Assessment Quarterly, 3*(3), 229–242.

Canale, M., & Swain, M. (1980). Theoretical bases of communicative approaches to second language teaching and testing. *Applied Linguistics, 1*(1), 1-47.

Carroll, J. B. & Sapon, S. (1959). *Modern language aptitude test: Form A.* New York: The Psychological Association.

Celce-Murcia, M. & Larsen-Freeman, D. (1999). *The Grammar book: An ESL/EFL teacher's course* (2nd ed.). Boston: Heinle and Heinle.

Chalhoub-Deville, M. (2001). Task-based assessments: Characteristics and validity evidence. In M. Bygate, P. Skehan & M. Swain (Eds.), *Researching pedagogic tasks: Second language learning, teaching and testing* (pp. 210–228). Harlow, England: Longman.

Chapelle, C. (1998). Construct definition and validity inquiry in SLA research. In L. F. Bachman & A. D. Cohen (Eds.), *Second language acquisition and language testing interfaces* (pp. 32-70). Cambridge: Cambridge University Press.

Chapelle, C. A. (1999). Validity in language assessment. *Annual Review of Applied Linguistics, 19,* 254-272.

Chapelle, C., & Douglas, D. (2006). *Assessing language through computer technology.* Cambridge: Cambridge University Press.

Chapelle, C. A., Enright, M. K., & Jamieson, J. M. (2008). *Building a validity argument for the test of English as a foreign language.* New York: Routledge.

Chapelle, C. A., Jamieson, J., & Hegelheimer, V. (2003). Validation of a web-based ESL test. *Language Testing, 20*(4), 409-439.

Cheng, L., Watanabe, Y., & Curtis, A. (Eds.) (2004). *Washback in language testing: Research contexts and methods.* Mahwah, NJ: Laurence Erlbaum Associates.

Cho, D. (2004). Use of standardized tests as university graduation requirement. *English Teaching, 59*(1), 251-265.

Choi, I.-C., Kim, K.-S., & Boo, J. (2003). Comparability of a paper-based language test and computer-based language test. *Language Testing, 20*(3), 295-320.

Chomsky, N. (1965). *Aspects of the theory of syntax.* Cambridge, MA: The MIT Press.

Cizek, G. J. (Ed.) (2001). *Setting performance standards.* Mahwah, NJ: Lawrence Erlbaum Associates.

Cizek, G. J., & Bunch, M. B. (Eds.) (2007). *Standard setting: A guide to establishing and evaluating performance standards on tests.* Thousand Oaks, CA: Sage.

Clapham, C. (1996). *The development of IELTS: A study of the effect of background knowledge on reading comprehension.* Cambridge:

Cambridge University Press.

Clapham, C. (1998). The effect of language proficiency and background knowledge on EAP students' reading comprehension. In A. J. Kunnan (Ed.), *Validation in language assessment* (pp. 141-168). Mahwah, NJ: Erlbaum.

Clapham C., & Corson, D. (Eds.) (1997). *Encyclopedia of language and education, Volume 7: Language testing and assessment*. Dordrecht, Netherlands: Kluwer.

Cohen, A. D. (1984). On taking language tests: What the students report. *Language Learning, 1*(1), 70-81.

Cohen, A. D. (1994). *Assessing language ability in the classroom*. Boston: Heinle & Heinle.

Cohen, A. D., & Upton, T. A. (2007). I want to go back to the text: Response strategies on the reading subset of the new TOEFL. *Language Testing, 24*(2), 209-250.

Coniam, D. (2000). The use of audio or video comprehension as an assessment instrument in the certification of English language teachers: A case study. *System, 29*, 1 - 14.

Council of Europe. (2001). *Common European Framework of Reference for languages: Learning, teaching, assessment*. Cambridge: Cambridge University Press.

Cumming, A., & Berwick, R. (Eds.) (1996). *Validation in language testing*. Clevedon: Multilingual Matters.

Cumming, A., Kantor, R., & Powers, D. E. (2001). *Scoring TOEFL essays and TOEFL 2000 prototype writing tasks: An investigation into raters' decision making, and development of a preliminary analytic framework* No. TOEFL MS-22. Princeton, NJ: Educational Testing Service.

Davidson, F., & Lynch, B. K. (2002). *Testcraft: A teacher's guide to writing and using language test specifications*. New Haven, CT: Yale University Press.

Davies, A. (2008). *Assessing academic English: Testing English proficiency 1950-1989: The IELTS solution.* Cambridge: Cambridge University Press.

Davies, A. (2009). Assessing world Englishes. *Annual Review of Applied Linguistics, 29,* 80-89.

Davis, F. B. (1968). Research in comprehension in reading. *Reading Research Quarterly, 3,* 499-545.

Davis, L. (2009). The influence of interlocutor proficiency in a paired oral assessment. *Language Testing, 26*(3), 367-396.

Dörnyei, Z. (2005). *Psychology of the language learner: Individual differences in second language acquisition.* Mahwah, NJ: Lawrence Erlbaum Associates.

Douglas, D. (2000). *Assessing languages for specific purpose.* Cambridge: Cambridge University Press.

Douglas, D. (2001a). Language for specific purposes assessment criteria: Where do they come from? *Language Testing, 18*(2), 171 - 185.

Douglas, D. (2001b). Performance consistency in second language acquisition and language testing research: A conceptual gap. *Second Language Research, 17*(4), 442-456.

Douglas, D. (2010). *Understanding language testing.* London: Hodder Education.

Douglas, D., & Myer, R. K. (2000). Assessing the communication skills of veterinary students: Whose criteria? In A. Kunnan (Ed.), *Fairness and validation in language assessment* (pp. 60-81). Cambridge: Cambridge University Press.

Eades, D. (2009). Testing the claims of asylum seekers: The role of language analysis. *Language Assessment Quarterly, 6,* 30-40.

Ebel, R. L. (1979). The case for norm-referenced measurement. *Educational Researcher, 7*(11), 3-5.

Educational Testing Service. (2001). *Information Bulletin for the Test of*

Spoken English. TSE 2001-02. Princeton, NJ: Educational Testing Service. from http://www.toefl.org/tse/tseindx.html.

Educational Testing Service. (2008). *TOEFL iBT tips: How to prepare the TOEFL iBT.* from http://www.ets.org/toefl.

Educational Testing Service. (2008). *TOEIC examinee handbook: Speaking and writing.* Princeton, NJ: Educational Testing Service.

Educational Testing Service. (2009). *The official guide to the TOEFL test* (3rd ed.). New York: McGraw Hill

Educational Testing Service. (2010). *TOEIC examinee handbook*: Listening and reading. Princeton, NJ: Educational Testing Service.

Embretson, S. E. & Reise, S. (2000). *Item response theory for psychologists.* Mahwah, NJ: Erlbaum Publishers.

Enright, M. K. & Quinlan, T. (2010). Complementing human judgment of essays written by English language learners with e-rater® scoring. *Language Testing, 27*(3), 317-334.

Finch, A. (2004). An analysis of EBS preparation materials for the CSAT, English section. *English Teaching, 59*(3), 307-331.

Freedle, R., & Kostin, I. (1993). The prediction of TOEFL reading item difficulty: Implications for construct validity. *Language Testing, 10*, 133-170.

Freedle, R., & Kostin, I. (1999). Does text matter in a multiple-choice test of comprehension? The case for the construct validity of TOEFL's mini talks. *Language Testing, 16*(1), 2‐32.

Fulcher, G. (1997). An English language placement test: Issues in reliability and validity. *Language Testing, 14*, 113-138.

Fulcher, G. (2003). *Testing second language speaking.* London: Longman/Pearson Education.

Fulcher, G. (2004). Deluded by artifices? The Common European Framework and harmonization. *Language Assessment Quarterly, 1,* 253‐266.

Fulcher, G. (2010). *Practical language testing.* London: Hodder Education.

Fulcher, G., & Davidson, F. (2007). *Language testing and assessment: An advanced resource book.* NY: Routledge.

Ginther, A. (2002). Context and content visuals and performance on listening comprehension stimuli. *Language Testing, 19*, 133-167.

Glaser, R. (1963). Instructional technology and the measurement of learning outcomes: Some questions. *American Psychologist, 18,* 519-521.

Hale, G. A., Rock, D. A., & Jirele, T. (1989). *Confirmatory factor analysis of the Test of English as a Foreign Language.* TOEFL research report, 32. Princeton, NJ: Educational Testing Service.

Hale, G. A., & Courtney, R. (1994). The effects of note-taking on listening comprehension in the Test of English as a Foreign Language. *Language Testing, 11*, 29-47.

Hambleton, R. K., Swaminathan, H., & Rogers, H. J. (1991). *Fundamentals of item response theory.* Newbury Park, CA: Sage Press.

Harris, D. P. (1969). *Testing English as a second language.* New York: McGrawHill.

Hawkey, R. (2009). *Examining FCE and CAE.* Cambridge: Cambridge University Press.

Hawthorne, L. (1997). The political dimension of English language testing in Australia. *Language Testing, 14*(3), 248-260.

Hughes, A. (2003). *Testing for language teachers* (2nd ed.). Cambridge: Cambridge University Press.

Hughes, A., Porter, D., & Weir, C. (Eds.). (1988). *Validating the ELTS test: A critical review.* Cambridge: The British Council and University of Cambridge Local Examinations Syndicate.

Hughes, A. & Trudgill. P. (1996). *English accents and dialects: An introduction to social and regional varieties of British English* (3rd ed.). London: Edward Arnold.

Hyland, K. (2003). *Second language writing.* Cambridge: Cambridge University Press.

Hymes, D. (1972). On communicative competence. In J. B. Pride & J. Holmes (Eds.), *Sociolinguistics* (pp. 269-293). Harmondsworth, UK: Penguin.

International Language Testing Association. (2000). *Code of ethics for ILTA.* from http://iltaonline.com/code.pdf.

Jacobs, H. L., Zingraf, S. A., Wormuth, D. R., Hartfiel, V. F., & Hughey, J. B. (1981). *Testing ESL composition: A practical approach*. Rowley, MA: Newbury House.

Jacoby, S. & McNamara, T. (1999). Locating competence. *English for specific purposes, 18*(3), 213-241.

Jacoby, S. & Ochs, E. (1995). Co-construction: An introduction. *Research on language and social interaction, 28*(3), 171-183.

Jin, Y. (2005). *The national college English test of China*. Paper presented at the International Association of Applied Linguistics (AILA) 2005 Conference in Madison, WI.

Johns, A. M. & Mayes, P. (1990). An analysis of summary protocols of university ESL students. *Applied Linguistics, 11,* 253-272.

Johnson, R. (1970). Recall of prose as a function of the structural importance of linguistic units. *Journal of Verbal Learning and Linguistic Behavior, 9,* 12-20.

Kane, M. T. (1992). An argument-based approach to validity. *Psychological Bulletin, 112*(3), 527-535.

Kane, M. (2006). Validation. In R. L. Brennan (Ed.), *Educational measurement* (4th ed.). (pp. 17-64). New York: American Council on Education and Praeger Publishers.

Kim, H.-J. (2007). Ethical English language testing and test-taker's right. *Korean Journal of English Language and Linguistics, 7*(3), 439-455.

Kim, H.-J. (2007). Influence of English language teachers' attitudes toward world Englishes on English language assessment. *Foreign Languages Education, 14*(4), 207-228.

Kim, J. T. (2006). *The effectiveness of test-takers' participation in development of an innovative web-based speaking test for international teaching assistants at American colleges.* Doctoral Thesis. University of Illinois at Urbana-Champaign.

Kim, S. A. (2009). An analysis of the multiple choice test items constructed by middle school English teachers. *Korean Journal of Applied Linguistics, 25*(2), 143-169.

Knoch, U. (2009). Collaborating with ESP stakeholders in rating scale validation: The case of the ICAO rating scale. *Spaan Fellow Working Papers in Second or Foreign Language Assessment, 7*, 21-46.

Kramsch, C. (1986). From language proficiency to interactional competence. *The Modern Language Journal, 70*(4), 366-372.

Kunnan, A. J. (1992). An investigation of a criterion-referenced test using G-theory, factor and cluster analyses. *Language Testing, 9*, 30-49.

Kunnan, A. J. (2000). *Fairness and validation in language assessment: Selected papers from the 19th language testing research colloquium. Orlando, Florida.* Cambridge: Cambridge University Press.

Kunnan, A. J. (2004). Test fairness. In M. Milanovic & C. Weir (Eds.), *European language testing in a global context* (pp. 27-48). Cambridge: Cambridge University Press.

Larsen-Freeman, D. (1991). Teaching Grammar. In M. Celce-Murcia (Ed.), *Teaching English as a Second or Foreign Language* (pp. 279-296). New York: Harper & Row/Newbury House.

Lazaraton, A. (1992). The structural organization of a language interview: A conversation analytic perspective. *System, 20*(3), 373-386.

Lee, Y.-J. (2006). The process-oriented ESL writing assessment: Promises and challenges. *Journal of Second Language Writing, 15*(4), 307-330.

Lee, Y.-W. (2006). Dependability of scores for a new ESL speaking assessment consisting of integrated and independent tasks. *Language Testing, 23*(2), 131-166.

Lee, H. (2005). Validity of self- and peer-ratings in an EFL essay-writing

test. *English Teaching, 60*(3), 195-219.
Lee, H.-K., & Anderson, C. (2007). Validity and topic generality of a writing performance test. *Language Testing, 24,* 307-330.
Leo, R., & Murphy, S. (1988). *Designing writing tasks for the assessment of writing.* Norwood, NJ: Ablex.
Leung, C., & Scott, C. (2009). Formative assessment in language education policies: Emerging lessons from Wales and Scotland. *Annual Review of Applied Linguistics, 29,* 64-79.
Lewkowicz, J. A. (1997). *Investigating authenticity in language testing.* Unpublished doctoral dissertation. UK: University of Lancaster.
Lewkowicz, J. A. (2000). Authenticity in language testing: Some outstanding questions. *Language Testing, 17*(1), 43-64.
Linn, R. L., & Gronlund, N. E. (1995). *Measurement and assessment in teaching.* (7th ed.). Upper Saddle River, NJ: Prentice Hall.
Lowenberg, P. H. (1993). Issues of validity in tests of English as a world language: Whose standards? *World Englishes, 12*(1), 95-106.
Lumley, T. (1993). The notion of subskills in reading comprehension tests: An EAP example. *Language Testing, 10*(3), 211–234.
Lumley, T. (2002). Assessment criteria in a large-scale writing test: What do they really mean to the raters? *Language Testing, 19*(3), 246-276.
Luoma, S. (2004). *Assessing speaking.* Cambridge: Cambridge University Press.
Lynch, B., Hill, K., & Storch, N. (1999). *A comparison of IELTS and TOEFL as predictors of academic success.* (IELTS Research Reports 1999 Vol. 2). Cambridge ESOL.
Lynch, B., & McNamara, T. F. (1998). Using G-theory and many-facet Rasch measurement in the development of performance assessments of the ESL speaking skills of immigrants. *Language Testing, 15,* 158-180.
Madsen, H. S. (1983). *Techniques in testing.* Oxford: Oxford University Press.
Major, R. C., Fitzmaurice, S. M., Bunta, F., & Balasubramanian, C. (2002).

The effects of nonnative accents on listening comprehension: Implications for ESL assessment. *TESOL Quarterly, 36*(2), 173-190.

Major, R. C., Fitzmaurice, S. M., Bunta, F., & Balasubramanian, C. (2005). Testing the effects of regional, ethnic, and international dialects of English on listening comprehension. *Language Learning, 55*(1), 37-69.

McMillan, J. H. (2007). *Classroom assessment: Principles and practice for effective standards-based instruction.* (4th ed.). Boston, MA: Pearson Education.

McNamara, T. F. (1996). *Measuring second language performance.* London: Longman.

McNamara, T. F. (1997). Interaction in second language performance assessment: Whose performance? *Applied Linguistics, 18*, 446-466.

McNamara, T. (2000). *Language testing.* Oxford: Oxford University Press.

McNamara, T. (2004). Language Testing. In A. Davies & C. Elder. (Eds.), *The handbook of applied linguistics* (pp. 763-783). Oxford: Basil Blackwell.

Messick, S. (1989). Validity. In R. L. Linn (Ed.), *Educational measurement* (3rd ed.) (pp. 13-103). New York: American Council on Education & Macmillan.

Messick, S. (1996). Validity and washback in language testing. *Language Testing, 13*, 241-256.

Meyer, B. J. F. (1985). Prose analysis: Purpose, procedures, and problems: Parts I and II. In B. K. Britton, & J. B. Black (Eds.), *Understanding expository text* (pp. 11-64). Hillsdale, NJ: Lawrence Erlbaum.

Morrow, K. (1979). Communicative language testing: revolution or evolution? In C. J. Brumfit, & K. Johnson (Eds.), *The communicative approach to language teaching* (pp. 143 - 157). Oxford: Oxford University Press.

Morrow, K. (1986). The evaluation of tests of communicative performance. In M. Portal (Ed.), *Innovations in language testing* (pp. 1-3). London: NFER/Nelson.

Moss, P. A. (1994). Can there be validity without reliability? *Educational Researcher, 23*(2), 5-12.

Mun, C.-Y., Yu, K.-A., & Shin, S.-K. (2009). Construct validation of picture description items on the TOEIC listening section. *Korean Journal of Applied Linguistics, 25*(3), 417-443.

Munby, J. (1978). *Communicative syllabus design*. Cambridge: Cambridge University Press.

Nation, I. S. P. (2001). *Learning vocabulary in another language*. Cambridge: Cambridge University Press.

North, B. (2000). *The development of a common framework scale of language proficiency*. New York: Peter Lang.

North, B., & Schneider, G. (1998). Scaling descriptors for language proficiency scales. *Language Testing, 15,* 217-263.

Norton, B., & Stein, P. (1998). Why the "monkeys passage" bombed: Tests, genres, and teaching. In A. Kunnan (Ed.), *Validation in language assessment* (pp. 231-249). Mahwah, NJ: Lawrence Erlbaum Associates.

Ockey, G. J. (2007). Construct implications of including still image or video in computer-based listening tests. *Language Testing, 24*(4), 517-537.

O'laughlin, K. (2001). *The equivalence or direct and semi-direct speaking tests*. Cambridge: Cambridge University Press.

Oller, J. W. (1979). *Language tests at school: A pragmatic approach.* London: Longman.

Pae, T.-I. (2004). DIF for examinees with different academic backgrounds, *Language Testing, 21*(1), 53-73.

Paribakht, T., & Wesche, M. (1997). Vocabulary enhancement activities and reading for meaning in second language vocabulary acquisition. In J. Coady, & T. Huckin (Eds.), *Second language vocabulary acquisition*. Cambridge: Cambridge University Press.

Phakiti, A. (2003). A closer look at the relationship of cognitive and metacognitive strategy use to EFL reading achievement test performance. *Language Testing, 20,* 26-56.

Plakans, L. (2009). Discourse synthesis in integrated second language writing assessment. *Language Testing, 26*(4), 561-587.

Popham, W. J. (1978). The case for criterion-referenced measurements. *Educational Researcher, 7*(11), 6-10.

Popham, W. J. (2005). *Classroom assessment: What teachers need to know.* MA: Allyn and Bacon.

Powers, D. E. (2005). *Effects of preexamination disclosure of essay prompts for the GRE analytical writing assessment.* (GRE Board Research Rep. No. 01-07R, ETS RR-05-01). Princeton, NJ: Educational Testing Service.

Powers, D. E., & Fowles, M. E. (1998). Effects of preexamination disclosure of essay topics. *Applied Measurement in Education, 11,* 139-157.

Purpura, J. E. (2004). *Assessing grammar.* Cambridge: Cambridge University Press.

Pyo, K.-H. (2001). Construct validation of a placement test: A structural equation modeling approach. *English Teaching, 56*(4), 163-186.

Pyo, K.-H. (2003). Classroom assessment in a university freshmen English curriculum: Case study. *Foreign Languages Education, 10*(2), 273-290.

Pyo, K.-H. (2004). Teachers' decision-making in EFL classroom assessments. *English Language Teaching, 16*(1), 55-78.

Pyo, K.-H. (2008). Students' perceptions on English teachers' assessment practices in university. *Foreign Languages Education, 15*(1), 23-44.

Raimes, A. (1983). *Techniques in teaching writing.* New York: Oxford University Press.

Read, J. (2000). *Assessing vocabulary.* Cambridge: CUP.

Rea-Dickens, P. (1991). What makes a grammar test communicative? In J. C. Alderson & B. North (Eds.), *Language testing in the 1990s: The communicative legacy* (pp. 112-131). London: Macmillan.

Rea-Dickens, P. (2001). Fossilisation or evolution: The case of grammar testing. In C. Elder, A. Brown, E. Grove, K. Hill, N. Iwashita, T. Lumley, T. McNamara, & K. O'Loughlin (Eds.), *Studies in language testing 11: Experimenting with uncertainty: Essays in honour of Alan Davies* (pp. 22-32). Cambridge: Cambridge University Press.

Rea-Dickens, P., & Gardner, S. (2000). Snares and silver bullets: disentangling the construct of formative assessment. *Language Testing, 17*(2), 215-243.

Richards, J. C. (1983). Listening comprehension: Approach, design, procedure. *TESOL Quarterly, 17,* 219-239.

Rodriguez, M. C. (2005). Three options are optimal for multiple-choice items: A meta-analysis of 80 years of research. *Educational Measurement: Issues and Practice, 24*(2), 3-13.

Roever, C. (2006). Validation of a web-based test of ESL pragmalinguistics. *Language Testing, 23*(2), 229-256.

Ross, S. (1998). Self-assessment in second language testing: A meta-analysis and analysis of experiential factors. *Language Testing, 15*, 1 - 20.

Ruth, L., & Murphy, S. (1988). *Designing Writing Tasks for the Assessment of Writing.* Norwood, NJ: Ablex.

Ryan, C., & Bachman, L. (1992). Differential item functioning on two tests of EFL proficiency. *Language Testing, 9*, 12-29.

Salaberry, R. (2000). Revising the revised format of the ACTFL oral proficiency interview. *Language Testing, 17*, 289-310.

Sawaki, Y. (2001). Comparability of conventional and computerized tests of reading in a second language. *Language Learning and Technology, 5*(2), 38-59.

Scott, M. L. (1986). Student affective reactions to oral language tests. *Language Testing, 3*, 99 - 118.

Shavelson, R. J., & Webb, N. M. (1991). *Generalizability theory: A primer.* Thousand Oaks, CA: Sage.

Sherman, J. (1997.) The effect of question preview in listening comprehension tests. *Language Testing, 14*, 185-213.

Shin, D., & Sul, H.-S. (2005). Understanding rating patterns through new FACETS program. *Foreign Languages Education, 12*(2). 191-211.

Shin, N., & Shin, S.-K. (2010). Effects of diagnostic tests on classroom teaching and learning. *Korean Journal of Applied Linguistics, 26*(3), 325-349.

Shin, S.-K. (2003). A construct validation study of emphasis type questions in the Michigan English language assessment battery. *Spaan Fellow Working Papers in Second or Foreign Language Assessment, 1,* 25-37.

Shin, S.-K. (2005). Did they take the same test? Examinee language proficiency and the structure of language tests. *Language Testing, 22*(1), 31-57.

Shizuka, T., Takeuchi, O., Yashima, T., & Yoshizawa, K. (2006). A comparison of three- and four-option English tests for university entrance selection purposes in Japan. *Language Testing, 23*(1), 35-57.

Shohamy, E. (1984). Does the testing method make a difference? The case of reading comprehension. *Language Testing, 1*(2), 147-176.

Shohamy, E. (2001). *The power of tests: A critical perspective on the uses of language tests*. Harlow: Longman/Pearson.

Shohamy, E., & McNamara, T. (2009). Language tests for citizenship, immigration, and asylum. *Language Assessment Quarterly, 6*(1), 1-5.

Sohn, S. O., & Shin, S. K. (2007). True beginners, false beginners, and fake beginners: Placement strategies for Korean heritage speakers. *Foreign Language Annals, 40*(3), 353-363.

Song, M.-Y. (2008). Do divisible subskills exists in second language (L2) comprehension? A structural equation modeling approach. *Language Testing, 25*(4), 435-464.

Spolsky, B. (1995). *Measured words: The development of objective language testing*. Oxford: Oxford University Press.

Stansfield, C. W., & Hewitt, W. (2005). Examining the predictive validity of a screening test for court interpreters. *Language Testing, 22*, 1-25.

Stansfield, C. W., & Scott, M. L., & Kenyon, D. M. (1992). The measurement of translation ability. *The Modern Language Journal, 76*(4), 455-467.

Stevenson, D. K. (1985). Authenticity, validity and a tea party. *Language Testing, 2*(1), 41-47.

Stoynoff, S., & Chapelle, C. A. (2005). *ESOL tests and testing: A resource for teachers and administrators*. Alexandria, VA: Teachers of English to Speakers of Other Languages, Inc.

Swain, M. (1985). Large-scale communicative testing. In Y. P. Lee, C. Y. Y. Fok, R. Lord, & G. Low (Eds.), *New directions in language testing* (pp. 35-46). Hong Kong: Pergamon Press.

Swinton, S. S., & Powers, D. E. (1980). *Factor analysis of the TOEFL. TOEFL Research Reports 6*. Princeton, NJ: Educational Testing Service.

Swinton, S. S., & Powers, D. E. (1980). *Factor analysis of the Test of English as a Foreign Language for several language groups*. (TOEFL Research Report 6). Princeton, NJ: Educational Testing Service.

Tauroza, S., & Allison, D. (1990). Speech rates in British English. *Applied Linguistics, 11*(1), 90-105.

Thomas, M. (1994). Assessment of L2 proficiency in second language acquisition research. *Language Learning, 44*, 307-336.

Thornbury, S. (2002). *How to teach vocabulary*. Harlow: Longman.

Tribble, C. (1996). *Writing*. Oxford: Oxford University Press.

University of Cambridge Local Examinations Syndicate. (2010). *First Certificate in English (FCE) handbook*. Cambridge: UCLES.

University of Cambridge Local Examinations Syndicate. (2010). *Cambridge Young Learners handbook*. Cambridge: UCLES.

Vander Linden, W. J., & Hambleton, R. K. (1997). *Handbook of modern item response theory*. New York: Springer.

Vollmer, H. J. (1983). The structure of foreign language competence. In A.

Hughes & D. Porter (Eds.), *Current developments in language testing* (pp. 3-29). London: Academic Press.

Vollmer, H. J., & Sang, F. (1983). Competing hypotheses about second language ability: A plea for caution. In J. W. Oller (Ed.), *Issues in language testing* (pp. 29-79). Rowley, MA: Newbury House Publishers.

Wagner, E. (2007). Are they watching? Test-taker viewing behavior during an L2 video listening test. *Language Learning & Technology, 11*(1), 67-86.

Wall, D. (2005). *The impact of high-stakes testing on classroom teaching: A case study using insights from testing and innovation theory.* Cambridge: Cambridge University Press.

Wall, D., & Alderson, J. C. (1996). Examining washback: The Sri Lankan impact study. In A. Cumming & R. Berwick (Eds.), *Validation in language testing* (pp. 194 - 221). Clevedon, England: Multilingual Matters.

Wall, D., Clapham, C., & Alderson, J. C. (1994). Evaluating a placement test. *Language Testing, 11*, 321-344.

Watanabe, Y. (1996). Does grammar translation come from the entrance examination? Preliminary findings from classroom-based research. *Language Testing, 13*, 318-333.

Weigle, S. C. (2002). *Assessing writing.* Cambridge: Cambridge University Press.

Weir, C. J. (1990). *Communicative language testing.* Hemel Hempstead: Prentice Hall.

Weir, C. J. (1993). *Understanding and developing language tests.* New York: Prentice Hall.

Weir, C. J., Milanovic, M. (2003). (Eds.). *Continuity and innovation: Revising the Cambridge proficiency in English examination 1913-2002.* Cambridge: Cambridge University Press.

Wesche, M., & Paribakht, T. S. (1996). *Assessing second language vocabulary knowledge: Depth versus breadth. Unpublished manuscript.* Ottawa: Second Language Institute, University of Ottawa.

Widdowson, H. G. (1978). *Teaching language as communication.* Oxford: Oxford University Press.

Wigglesworth, G. (1997). An investigation of planning time and proficiency level on oral test discourse. *Language Testing, 14,* 85‑106.

Wu, Y. (1998). What do tests of listening comprehension test? A retrospection study of EFL test-takers performing a multiple-choice task. *Language Testing, 15,* 21-44.

Xi, X. (2010). Aspects of performance online graph description tasks: Influenced by graph familiarity and different task features. *Language Testing, 27*(1), 73-100.

Young, R., & He, A. W. (Eds.) (1998). *Talking and testing: Discourse approaches to the assessment of oral proficiency.* Amsterdam: Benjamins.

Yu, K.-A., Mun, C.-Y., & Shin, S.-K. (2007). Placement practices in university English language programs in Korea. *Foreign Languages Education, 14*(4), 27-48.

Zieky, M. J., & Livingston, S. A. (1977). *Manual for setting standards on the basic skills assessment tests.* Princeton, NJ: Educational Testing Service.

|부록 1|

상관계수

상관계수는 두 변수가 같이 변해가는 정도를 나타낸다. 한 변수가 높아질 때 다른 변수도 높아지는지, 아니면 낮아지는지를 살펴봄으로써 두 변수가 관련이 있는지, 없는지 그리고 관련이 있다면 어느 정도나 있는지를 알려준다. 상관계수를 구하는 공식은 다음과 같다.

$$\text{X와 Y변수의 상관계수} = \frac{\sum(X - M_X)(Y - M_Y)}{NS_X S_Y}$$

X = 수험자의 첫 번째 시험 점수
Mx = 첫 번째 시험의 평균 점수
Y = 수험자의 두 번째 시험 점수
My = 두 번째 시험의 평균 점수
N = 총 응시자 수
Sx = 첫 번째 시험 점수의 표준편차
Sy = 두 번째 시험 점수의 표준편차

상관계수는 -1과 +1 사이에 위치하는데 -1에 가까울수록 두 변수간에 반비례관계가 있다는 뜻이고, +1에 가까울수록 정비례 관계가 강하다는 점을 알 수 있다. 상관계수는 두 변수간의 관계를 보여주는 값이지 어느 하나가 원인이 되어서 다른 하나가 변하게 된다는 인과관계를 보여주지는 않는다는데 주의해야 한다.
한편 상관계수의 제곱을 설명된 변량(explained variance) 또는 결정계수(coefficient of determination)로 '두 변수 간의 산관계수가 예를 들어 .5이면 한 변인이 다른 변인의 25%를 설명한다'라고 해석한다.

High demand causes 'Toefl crisis' in South Korea

By Su-Hyun Lee
Published: Monday, May 14, 2007

SEOUL — Thailand has its attractions for foreign visitors: its famed temples, seaside resorts, tom yum soup. But what drew Oh Sun Yee to Bangkok recently for a three-day stay was something considerably less recreational. Like an increasing number of South Koreans, she had gone abroad to take the Test of English as a Foreign Language, or Toefl.

"It would have been easier for a camel to pass through a eye of a needle than to sit for the Toefl in Korea," said Oh, 31, who spent two days cramming for the test in her Bangkok hotel room, took it on the third day, and then caught the six-hour redeye back to Seoul.

Forget the North Korean nuclear crisis. What has many South Koreans in an uproar these days is the "Toefl crisis." With demand for the test far outstripping available slots, and scalpers demanding exorbitant prices, desperate South Koreans have been hunting for possible test sites from Japan to Southeast Asia, even Australia. Travel agencies have begun offering "Toefl tours" that include test preparation courses, a guaranteed test slot and sometimes even a bit of tourism on the side. One test preparation school estimates that about 500 Koreans a month travel to other countries to take the test.

With South Koreans making up one of the largest foreign student communities in the United States - about 93,000 students in 2006, according to the U.S. immigration authorities - it is hardly surprising that demand for the test would be high. American colleges and graduate schools typically require foreign students to submit Toefl scores with their applications.

But in recent years, Toefl scores have also become a necessity even for South Koreans with no intention of leaving the country. Many people, from teenagers applying to selective secondary schools to adults applying for jobs - even jobs with no obvious need for fluency in English - must submit Toefl scores. Dozens of universities require Toefl for graduation. Governmental offices and quasi-governmental agencies - city councils, jails, the Korea Racing Association - ask applicants for scores.

"I think English ability is a basic criterion now," said Kim Jae Yoon, the human resources director of Chongga Kimchi, a major producer of the traditional Korean condiment. The company had recently hired an accountant and an operational manager after factoring in their Toefl results.

The number of people taking the test in South Korea jumped from 50,311 in 2001 to about 130,000 in 2006, according to Educational Testing Service, the Princeton, New Jersey-based company that administers the test.

The crisis erupted last year, when ETS changed testing methods. In September, partly in an effort to tighten security and discourage cheating, ETS switched to a new Internet-based test that would be given simultaneously throughout the region, about four times a month, and then discarded. Previously, the test was given as many as 50 times a month, as local demand warranted, from a bank of questions.

But the abrupt reduction in the number of times the test would be given meant that, from September to December 2006, only about 20,000 South Koreans could take the test. ETS had initially expected that it would be able to allocate 64,000 test slots for South Korea in all of 2007. This was so far below demand that, in April, the senior vice president of ETS, Paul Ramsey, told reporters in Seoul that another 70,000 slots would be created for Korea in 2007.

But it is unclear whether even this will be enough, with some private cram schools anticipating a demand of 200,000 this year. As an indication of the fierce competition for the available slots, the ETS Web site recorded 32 million hits in one day from South Korea when it opened online registration for the July test; available seats were gobbled up "within moments."

It is this disparity between supply and demand that sends so many South Koreans abroad.

Oh, who wants to study marketing at an American graduate school, organized her Toefl trip to Bangkok on her own.

But travel agencies offer two- to three-day Toefl tours to other Asian countries and territories, including Hong Kong, Taiwan and the Philippines. The packages typically include registration, crash courses and Korean breakfasts for those unwilling to risk indigestion on the important day.

"You don't know when you'll ever be able to sign up for the test in Korea, and if you go overseas, you can also enjoy some travel!" says the advertisement for an agency called "English-Up."

Agencies say that these tours, which typically cost about $850 to $1,000, flight tickets included, are almost fully booked for the next few months.

For those who do not want to leave the country, trying to register for Toefl can be like playing the lottery. Two days after the July test was announced, ETS said registration was open in all locations except South Korea. But later, without notice, it reopened registration for the July tests four times in Korea as more seats became available. It also offered a one-time-only paper-based test for 8,000.

With so little warning, some South Koreans registered by clicking away frantically at their computers for days on end. Others hired people to register for them. Kim Hye Sook, 29, paid a student $100 to secure a seat.

"Since I am working, I can't click on the computer all day," said Kim, who wants to study public health in the United States and will take the paper-based test in Seoul on June 3.

Ahn Jung Hoon, 25, ran to the computer as soon as his Toefl preparation agency sent him a text message alerting him to new openings.

"Some teachers at my agency register for their students," said Ahn, who wants to study hotel management in the United States.

The shortage of seats has attracted scalpers who register for the test and then resell the slots for far more than the $170 registration fee. Stories of would-be test-takers cheated out of their money are common.

During his visit in April, Ramsey announced several other measures to help alleviate the situation, including the opening of an ETS representative office and the creation of a Korean-language page on its Web site. ETS also said it would provide at least 72 hours notice of when registration would open, so South Koreans would not have to sit in front of their monitors day after day.

The Toefl crisis has prompted calls for South Korea to establish its own national English proficiency test.

"We need a test run by this country," said Sohn Jung A, 39, the mother of a ninth-grade girl who registered for the June 3 test in hopes of entering a selective secondary school next year.

"I don't know why my daughter has to take the Toefl," Sohn said. "She's probably not mature enough to understand the questions made for older students going to the United States."

Still, if her daughter does not score well in June, Sohn plans to send her to the Philippines for a second try.

'대사(大使)고시' 왜 이렇게 어려운거야

'영어시험' 문제 몇 개가 청와대와 외교통상부를 미묘한 갈등 분위기로 몰아가고 있다. 대통령이 고른 한 신임 공관장이 외교관들이 보는 영어시험, 일명 '대사(大使)고시'를 본 뒤 청와대측에 외교부의 '텃세'를 '고발'하면서 촉발된 것이다.

◆ 청와대 "영어로 장벽 쌓나"

 지난달 15일 공관장 인사에서 LA총영사로 내정된 김재수 인하대 교수는 그 직후 '대사 고시'를 치렀다. 김 내정자는 지난 대선 때 한나라당 BBK 해외대책팀장을 맡았던 인물로, 미국 변호사 출신이다. 외교부는 2003년부터 처음 공관장에 임명되는 사람은 이 시험을 치러 통과하는 것을 자격 기준으로 삼고 있다. 중국·일본 등 비(非)영어권 국가에 부임하는 공관장도 이 시험을 치러야 한다.
 20년 이상 미국 생활을 한 김 내정자는 시험을 보고 난 뒤 청와대 인사들을 찾아가 "시험 내용이 외교관 업무 수행과 상관없는 것들이다. 외교부가 외부 인사를 배척하려고 일부러 그랬을 것"이라는 취지로 말했다고 한다. 그가 예로 든 문제는 '(물리학의) 끈 이론과 상대성이론에 대한 지문을 읽고 영어로 설명하라', '밍크 털과 토끼털의 차이에 대해 영어로 설명하라' 등이었다.
 청와대 관계자들은 이를 듣고 "외교부가 자신들의 밥그릇을 지키려고 이런 식으로 외부 인사들에게 장벽을 만든다"며 "지금까지 외교부가 낸 영어 시험문제를 전부 가지고 오라"고 요구했다고 한다.
 외교부측은 "영어시험은 전적으로 서울대에 위탁해 하는 것이라 외교부가 개입할 수 없고, 모든 외교관이 똑같은 시험을 치른다"고 해명했지만 청와대측 '분노'가 가라앉지 않았다. 결국 "유명환 외교부 장관까지 나서서 사과성 해명을 했다"고 여권의 한 핵심인사는 전했다.

◆ 청와대-외교부 앙금 여전

 청와대의 한 관계자는 "영어시험은 한 계기였을 뿐 외교부에 대한 불만은 이전부터 계속 쌓여왔던 것"이라고 했다. 특히 공관장 인사 발표 때 일부 특임공관장의 '미국 시민권·영주권 문제' 등 일반인들이 접근하기 힘든 정보가 곧바로 언론을 통해 나온 것을 보고, "외교부가 자신들의 기득권을 지키기 위해 일부러 흘린 게 아니냐"는 의구심이 생겼다고 한다. "대통령은 총영사직에 동포 출신을 임명해 영사 업무에 새 바람을 일으키려 했는데 외교부가 구태의연한 부처이기주의로 맞섰다"는 것이다.

◆ 대사 고시가 뭐기에

문제가 된 영어 시험은 서울대 언어교육원이 실시하는 'TOP'(영어 말하기 평가)와 'TWP'(영어 작문 평가)다. 일반인들도 보는 시험이지만 외교관들이 보는 시험은 외교 업무와 관련 있는 내용으로 지문, 주제 등이 특화된 '맞춤형'이고 난이도도 일반 시험보다 높다.

출제와 채점은 모두 서울대가 담당하며, 외교부 환산 점수로 전체 5등급 중 4등급 이상을 받아야 한다. 토익(TOEIC) 900점대를 받는 사람도 어려움을 느낄 정도로 알려져 있다. 지금껏 1등급을 받은 사람은 대통령 영어 통역요원 등 외교부 안에서도 극소수에 불과하다. 외교부 관계자는 "직업외교관들도 낙제점을 받는 사람들이 있다"고 했다.

이 시험에도 예외는 있다. 한나라당 3선 의원 출신인 권철현 주일대사는 이 시험을 보지 않고 지난달 17일 부임했다.

임민혁 기자

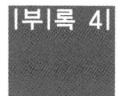

'Golf Tour's Rule: Speak English to Stay in Play

By LARRY DORMAN
Published: August 26, 2008

Concerned about its appeal to sponsors, the women's professional golf tour, which in recent years has been dominated by foreign-born players, has warned its members that they must become conversant in English by 2009 or face suspension.

"We live in a sports-entertainment environment," said Libba Galloway, the deputy commissioner of the tour, the Ladies Professional Golf Association. "For an athlete to be successful today in the sports entertainment world we live in, they need to be great performers on and off the course, and being able to communicate effectively with sponsors and fans is a big part of this.

"Being a U.S. based tour, and with the majority of our fan base, pro-am contestants, sponsors and participants being English speaking, we think it is important for our players to effectively communicate in English."

The L.P.G.A. and the other professional golf tours, unlike professional team sports, are dependent on their relationships with corporate sponsors for their financial survival.

Although Galloway insisted that "the vast majority" of the 120 international players on the L.P.G.A. circuit already spoke enough English to get by, she declined to say how many did not. There are 26 countries represented on the L.P.G.A. Tour. South Korea, with 45 golfers, has the largest contingent.

The L.P.G.A.'s new language policy — believed to be the only such policy in a major sport — was first reported by Golfweek magazine on its Web site Monday. According to Golfweek, the L.P.G.A. held a meeting with the tour's South Korean players last week before the Safeway Classic, at which the L.P.G.A. commissioner, Carolyn Bivens, outlined the policy. Golfweek reported that many in attendance misunderstood the penalty, believing they would lose their tour cards if they did not meet the language requirement.

Even so, the magazine reported, many South Korean players interviewed supported the policy, including the Hall of Famer Se Ri Pak. "We agree we should speak some English," said Pak, who added that she thought fines seemed a fairer penalty than suspensions. "We play so good over all. When you win, you should give your speech in English."

She added: "Mostly what comes out is nerves. Totally different language in front of camera. You're excited and not thinking in English."

Major League Baseball, which has a high percentage of foreign-born athletes, said it had not seen the need to establish a language guideline. Pat Courtney, a spokesman for M.L.B., said baseball had not considered such a policy because it wanted its players to be comfortable in interviews and wanted to respect their cultures.

"Given the diverse nature of our sport, we don't require that players speak English," he said. "It's all about a comfort level."

The National Hockey League, which is based in Canada where English and French are the official languages, also places no such requirements on its players, although several clubs provide players with tutors if they express a desire to learn English.

The National Basketball Association, which had 76 international players from 31 countries and territories last season, follows a similar approach to the N.H.L.

"This is not something we have contemplated," said Maureen Coyle, the N.B.A.'s vice president for basketball communications.

The only N.B.A. players in recent years to have used an interpreter are China's Yao Ming and Yi Jianlian. Yao, who began playing in the N.B.A. with the Houston Rockets in 2002, no longer needs an interpreter.

In fairness, comparisons between the L.P.G.A., an independent organization not affiliated with the PGA Tour, and other sports bodies are imprecise. The L.P.G.A., much like the PGA Tour, is a group of individual players from diverse backgrounds whose success as an organization depends on its ability to attract sponsorships from companies looking to use the tour for corporate entertainment and advertisement.

Rarely are N.B.A. players called upon to play one-on-one with a corporate executive whose decision to write a sponsorship check is predicated on whether one had a good time shooting free throws with Kobe Bryant.

There is much more to it, but a large part of the economic success of a golf organization is predicated on whether a corporate entity decides to underwrite a tournament and whether a television network decides to broadcast it. All of those decisions are based on the tour's being able to market its athletes.

The L.P.G.A. started a program in 2006 to help international players learn English and transition into American culture.

"It's been very successful thus far," Galloway said.

There are risks to the path on which the L.P.G.A. is about to embark. Legal experts said the new policy could result in legal action. Arthur S. Leonard, a professor of law at New York Law School and an expert on employment issues, said that in some states a potential claim of national origin discrimination could be made if the players were able to show that the rule singled out players of a particular origin.

He added that the L.P.G.A. "would be subject to the New York state human rights law with respect to any tournaments taking place in New York, and it is possible that the public accommodations provisions of that law could apply to this situation."

Galloway said the policy had been thoroughly vetted by the tour's lawyers and that it did not single out any one group.

"Absolutely not," she said. "This applies to all of our membership."

In South Korea, Yonhap, a news agency, disagreed, saying on its Web site that the decision "raises suspicions that it is targeting Korean players."

Kwak Sang Il, an official for the Korea Ladies Professional Golf Association, said that the organization's board of directors expected to meet to discuss the L.P.G.A.'s requirement, although the group had no comment.

Kwak said he was concerned about the impact the requirement would have on Korean players, but he said that to a degree, he could see the motivation behind the L.P.G.A.'s decision.

"When a player wins the championship, you want to expose her to the media, but if she can't speak English well, it limits the publicity efforts of the organizers," he said.

"We have a similar problem when a foreign player wins a title in a tournament held in Korea and the player can't speak Korean at all," he said.

Leonard's analysis of the L.P.G.A. policy as it related to Title VII of the Civil Rights Act, which prohibits workplace discrimination based on race, color, religion, sex and national origin, seemed to concur, up to a point.

"This is not really an English-only requirement," he said, noting that players would not be required to speak only English. He added, "If the L.P.G.A. can show that English proficiency is a relevant qualification to competing in a professional golf tournament in the U.S., they would have a defense to any claim that they are discriminating unlawfully."

평가와 교육의 관계

Characteristics of Assessment *of* Learning, *for* Learning, and *as* Learning

Assessment *of* Learning	Assessment *for* Learning	Assessment *as* Learning
• Summative	• Formative	• Nature of assessment engages students in learning
• Certify learning	• Describes needs for future learning	• Fosters student self-monitoring of learning
• Conducted at the end of a unit; sporadic	• Conducted during a unit of instruction; ongoing	• Conducted during a unit of instruction
• Often uses normative scoring guidelines; ranks students	• Tasks allow teachers to modify instruction	• Emphasizes student knowledge of criteria used to evaluate learning
• Questions drawn from material studied	• Suggests corrective instruction	• Student selects corrective instruction
• General	• Specific	• Specific
• Used to report to parents	• Used to give feedback to students	• Fosters student self-monitoring
• Can decrease student motivation	• Enhances student motivation	• Enhances student motivation
• Highly efficient, superficial testing	• In-depth testing	• Testing teaches students
• Focus on reliability	• Focus on validity	• Focus on validity
• Delayed feedback	• Immediate feedback	• Immediate feedback
• Summary judgments	• Diagnostic	• Diagnostic

찾아보기

A

accent ················· 120, 235
acceptable responses ········· 111
Achievement tests ············ 27
ACTFL scale ········ 66, 278, 279
ACTFL ······················ 271
administration ··············· 134
alternative assessment ········ 44
analytic scoring ············· 248
aptitude test ················· 45
assessment ··················· 46
Authenticity ················· 118

C

central tendency ············· 194
Cloze test ··············· 52, 209
communicative language testing ······ 45
computer adaptive testing ····· 44
concurrent validity ······· 71, 80
Consequential validity ········ 76
construct validity ············ 71
construct ····················· 30
content validity ·············· 71
Criterion-referenced testing ··· 35
criterion-related validity ····· 71
Critical language testing ···· 130
Cronbach alpha ··············· 103
C-test ······················· 210
cut score ··········· 22, 144, 200

D

Debate ······················ 277
decision consistency ········· 108
Diagnostic tests ·············· 33
DIALANG ······················ 33
dictation ················ 52, 234
Differential Item Functioning ······· 89
Direct testing ················ 38
Discrete-point testing ········ 42
distractor ··················· 166

F

Face validity ················· 76
Factor analysis ··············· 84
fairness ····················· 154
Fill-in-the-blanks ··········· 173
formative assessment ·········· 43

G

gate keeper ··················· 16
Generalizability theory ······ 105

H

handbook or manual ··········· 152
holistic scoring ············· 247

I

Impact ················· 123, 124
Indirect testing ·············· 38

Information gap activity ········· 277
Information transfer ············ 233
Integrative testing ··············· 42
interactional authenticity ······ 119
internal consistency ············ 101
inter-rater reliability ············ 105
interval scale ···················· 187
interview ························· 269
intra-rater reliability ············ 105
item discrimination ············· 186
Item facility ····················· 185
item response theory ············ 88
item-test correlation ············ 187

K

Kappa 계수 ······················ 109
KR-20 ···························· 103
KR-21 ···························· 103

M

Mantel-Haenszel ················· 89
Matching items ·················· 170
Mean ····························· 194
Median ····················· 194, 195
Mental measurements yearbook ····· 153
Mode ······················· 194, 195
Monologue ······················ 274
multiple choice test ·············· 44
Multiple choice ········ 162, 208, 209
Multi-Trait Multi-Method ········ 86

N

needs analysis ··················· 143
nominal scale ···················· 187
normal distribution ··············· 99

Norm-referenced testing ········· 35
note taking ······················ 235

O

objective testing ················· 45
option ···························· 163
organizational competence ······· 57
overall ability ··················· 52

P

parallel or equivalent forms ······ 100
peer-assessment ·················· 177
performance assessment ·········· 44
Picture description ··············· 266
Placement tests ·················· 32
Portfolio assessment ············· 247
power tests ······················ 44
Practicality ······················ 131
predictive validity ············ 71, 80
Proficiency tests ················· 29
psychophysiological mechanisms ····· 56

R

Rasch Model ····················· 191
Rasch modeling ············ 105, 106
readability ······················ 218
Read-aloud ······················ 264
Role play ························ 275

S

scale ····························· 192
self-assessment ·················· 176
semi-direct testing ··············· 38
Short answer questions ·········· 217
situational authenticity ·········· 119

Spearman-Brown ············ 101, 103
specification ·························· 144
speed tests ···························· 44
split-half ······························· 101
standard deviation ················ 195
Standard Error of Measurement
   (SEM) ································ 98
Standard score ······················ 198
subjective testing ·················· 45
Summary ······························· 210
summative assessment ·········· 43

T

tailored test ···························· 44
Test of Spoken English(TSE) ······· 38
································· 267, 268
Test of Written English(TWE) ······ 38
·· 248
test-retest ······························· 100
think-aloud ···························· 151
TOEFL ······················ 14, 248, 267
TOEIC ······································ 14
trialing ·································· 149

U

Unitary trait hypothesis ············ 52
Usefulness ······························ 132

V

validation ································ 71
validity ·································· 134
Variability ····························· 195

W

washback ······························· 124

ㄱ

간접평가 ································· 38
개인적응평가 ·························· 44
객관적인 시험 ························ 45
검사 사용설명서 ··················· 152
검사 ············ 45, 46, 80, 82, 102, 103
   111, 184, 192
결과 타당도 ··························· 76
고전검사이론 ········· 88, 96, 106, 184
   188, 190
공인 타당도 ······················ 71, 80
공정성 ··················· 89, 130, 133, 154
관찰법 ································· 176
관찰점수 ······················ 96, 99, 184
괄호형 문항 ···················· 173, 175
구술 면접 시험 ················ 41, 273
구술 면접 ······ 15, 38, 41, 42, 47, 87
   269, 271, 283
구인 타당도 ······· 71, 73, 83, 89, 123
   132, 134, 234, 237
구인 ········ 30, 32, 45, 61, 63, 83, 87
   89, 90, 93, 100, 113, 119, 143 144,
   151, 152, 154, 161, 228, 308
국지독립성 ··························· 189
규준참조평가 ············· 27, 33, 35, 36
   46, 108, 184, 185, 186, 314
규칙 빈칸 메우기 시험 ········ 52, 209
그림 묘사 과제 ······················ 266

ㄴ

난이도 ············ 35, 44, 105, 107, 136
   147, 150, 151, 158, 184, 186 188,
   189, 190, 191, 192, 197 202, 203,
   218
내용 타당도 ······················ 71, 78

내적 일관성 신뢰도 계수 ·········· 101
내적 일관성 ······························ 101
내적구조에 근거한 타당도 ·········· 84
능숙도 평가 ···················· 29, 123

ㄷ

다속성다측정방법 ························ 86
단답식 ······································ 159
단답형 문항 ····························· 217
단답형 ························· 22, 159, 309
단일 언어 능력 가설 ·················· 52
단일 차원성 ···························· 188
담화적 능력 ······················· 55, 66
답안 ··· 111
대안적 평가 ······························ 44
대학수학능력시험 ······ 19, 38, 81, 90
  129, 131, 226, 229, 232, 299, 307
동료평가 ································· 177
동형검사 신뢰도 ···················· 101
동형검사 ································· 100
듣기 ·· 225
등간척도 ······················ 187, 192, 193

ㅁ

맞춤검사 ·································· 44
명명척도 ······················· 187, 192
문지기 ······································ 16
문항 난이도 ·········· 88, 184, 190, 201
  203
문항 변별도 ····················· 186, 191
문항 용이도 ····························· 185
문항 ·· 190
문항반응이론 모델 ················· 106
문항반응이론 ·········· 88, 90, 184, 188
  189, 190, 191, 192, 201

문항특성곡선 ········ 90, 107, 189, 190
  191

ㅂ

반분검사 신뢰도 ······················ 104
반분검사 ································· 101
반직접평가 ································ 38
받아쓰기 ···················· 52, 159, 234
발음 ·· 120
배치평가 ······ 32, 46, 48, 52, 79, 131
  314
백분위수 ································· 199
변별도 ········ 107, 147, 150, 151, 158
  184, 186, 188, 190, 191, 202, 203
분리평가 ···················· 46, 51, 52, 304
분산도 ···································· 195
분석적 채점 ················ 248, 250, 278
분할점수 ···················· 22, 144, 200, 201
비율척도 ·························· 192, 193
비판적 언어 평가 ····················· 130

ㅅ

사고기술 ································· 151
상관계수 ········ 81, 87, 100, 101, 102
  105, 190
상호작용성 ······························ 132
상호작용적 진정성 ·············· 119, 121
상황적 진정성 ····················· 119, 121
서답형 ····························· 174, 233
서술형 평가 ····························· 129
서열척도 ····························· 192, 193
선다형 문항 ····························· 208
선다형 평가 ······························ 44
선다형 ····· 15, 21, 22, 29, 34, 83, 87
  112, 119, 127, 134, 159, 162, 170

176, 188, 228, 286, 295, 298, 309
선다형시험 ·································· 158
선택지 매력도 ···················· 151, 188
선택지 ·· 163
성취도 평가 ········ 27, 30, 33, 42, 79
144, 174, 285, 304, 314
소리 인식 ··································· 225
속도평가 ······································ 44
수용어휘 ···································· 286
수행평가 ············ 44, 46, 59, 60, 105
139, 176
시험 점수의 상관 ························ 187
시험-재시험 ······························· 100
신뢰도 계수 ··········· 97, 98, 101, 103
112, 115, 202
신뢰도 ····· 32, 69, 91, 95, 96, 97, 99
100, 104, 106, 108, 110, 111 112,
113, 114, 115, 129, 132 134, 150,
151, 154, 250, 313
실시 ·································· 134, 150
실용도 ······································· 280
실용성 ·········· 69, 118, 131, 132, 134
252
심리 생리적 기제 ············ 56, 58, 59

ㅇ

안면 타당도 ································· 76
양류상관계수 ····························· 187
언어 평가 ······· 14, 18, 21, 24, 26, 27
30, 38, 41, 48, 50, 51, 62, 64, 69
72, 78, 79, 80, 83, 87, 89, 90, 92
110, 118, 119, 121, 123, 136 139,
143, 153, 159, 162, 176 189, 192,
225, 275, 294, 307 308, 309, 311,
313

언어구사력 ·································· 52
언어적성검사 ······························ 45
역량평가 ······································ 44
역류효과 ··································· 124
역할극 ······························ 119, 275
연결형 문항 ······················· 170, 173
영향 ··································· 123, 124
예비시험 ··································· 149
예측 타당도 ····························· 71, 80
오차점수 ····················· 96, 100, 184
요약하기 ··································· 210
요인분석 ························· 52, 53, 84
유용성 ···························· 73, 132, 135
유창성 ······························· 51, 234
의사소통중심 평가 ······················· 45
이독성 ······································· 218
이원분류표 ································ 144
일반화가능도 이론 ····················· 105
일치도 ······································· 108

ㅈ

자기평가 ······················ 87, 176, 177
작업 ·· 71
절대평가 ······························· 37, 155
정규분포 ····································· 99
정보 전이 ·························· 216, 233
정보차 활동 ······························· 277
정확성 ························ 62, 90, 147, 234
조작적 정의 ······· 143, 226, 239, 262
조직 능력 ···································· 57
주관적인 시험 ····························· 45
준거 타당도 ································ 71
준거 ······················ 35, 143, 155, 177
준거관련 타당도 ························· 71
준거점수 ··································· 201

준거참조평가 ······· 27, 33, 35, 46, 48
　　108, 184
중심경향값 ································ 194
중앙값 ······························· 194, 195
직접평가 ·········· 38, 41, 46, 127, 129
　　280
진단평가 ······ 33, 42, 43, 46, 48, 304
　　314
진점수 ······························ 96, 99, 184
진정성 ································· 118, 132
집단 비교 방법 ··························· 200

ㅊ

차별기능문항 ································ 89
채점자간 신뢰도 ·········· 98, 105, 115
채점자내 신뢰도 ························· 105
척도 ····· 107, 143, 176, 192, 279, 308
총괄적 채점 ······· 247, 248, 250, 251
　　278
총괄평가 ································ 43, 46
총평 ··· 47
최빈값 ······························· 194, 195
측정 ·· 18, 27, 31, 38, 42, 45, 46, 49
　　50, 52, 61, 63, 66, 67, 71, 76, 80
　　82, 83, 84, 86, 88, 89, 90, 96 100,
　　101, 104, 105, 106, 107 110, 113,
　　114, 115, 119, 121 123, 127, 130,
　　135, 139, 142 143, 144, 146, 150,
　　152, 154 161, 168, 169, 173, 188,
　　192 207, 209, 226, 236, 237, 241

243, 244, 262, 264, 267, 280 285,
293, 295, 302, 304, 305 306, 309,
310
측정의 표준오차 ··························· 98

ㅌ

타당도 ······· 32, 68, 69, 70, 113, 132
　　133, 134, 144, 151, 152, 154 192,
　　311, 313
토론 ··· 277
토익 ··· 14
토플 ··· 14
통합평가 ······································ 42

ㅍ

편파성(Bias) 문항 분석 ················ 89
평가 계획서 ································ 144
평가 ··· 162
평균 ··· 194
포트폴리오 평가 ························· 247
포트폴리오 ··································· 47
표준오차 ····································· 115
표준점수 ······················ 151, 197, 203
표현어휘 ····································· 286
필기 ··· 235

ㅎ

학업성취도 평가 ························· 233
형성평가 ························· 43, 46, 314
환류효과 ····· 124, 127, 128, 130, 219